●누구나 쉽게 배우는 **프로바둑강좌 / 완전초급 9**

초보자를 위한
중반전의 기술

9단 林 海 峯 지음 / 프로바둑연구회 편

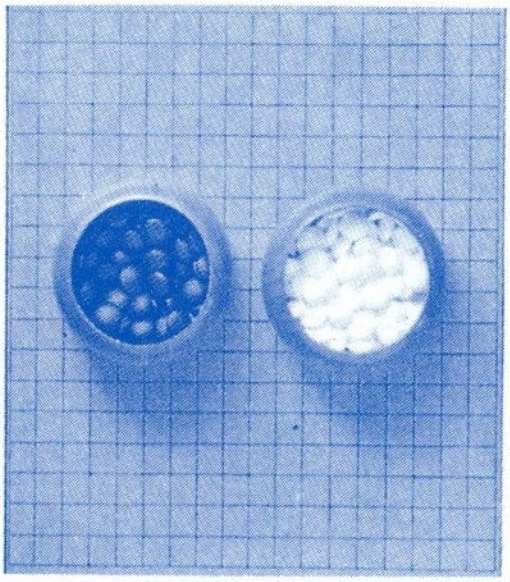

도서출판 眞華堂

머 리 말

아마추어의 바둑은 사실 즐기는데 목적이 있다고 할 수 있을 것이다. 가장 재미있고 어려운 곳이 아마 중반전일 것이다.

중반전에서 여러 가지의 형태를 알아야만 유단의 실력을 갖출 수 있고 따라서 고단자에 이르는 길에 접어들 수 있을 것이다. 중반전에는 어떻게 두어야 할까? 돌의 경합에 따른 강약을 알아야만 전국적으로 바둑을 리드해 나갈 수 있을 것이다.

자기 바둑의 약점을 보완하고 상대의 약점을 찌르는 것이 중반전의 전투에서 유리한 고지를 선점하게 된다.

따라서 이 책에서는 중반전에 나타나는 여러 가지의 중요한 형태를 중점적으로 설명하였다.

이것을 자신의 바둑 실력에 접목을 시키는 것이 바둑향상의 지름길이 될 것이라 믿는다.

저자 씀.

차 례 *

*차 례

제1장

중반이란

〔1〕중반의 정의

1. 어디서 어디까지가 중반인가

초반, 중반, 종반이라는 말을 사용한다. 그런데 초반이라는 것은 포석 당시의 초기를 말하는 것이지만, 중반은 포석의 마무리 단계에서 중앙전을 개시하는 그 무렵으로 구별되는데 이것은 당연하다고 말할 수 있다. 이것은 일응 정의가 아닐 수 없다.

중반전에의 돌입은 서로간의 돌이 접촉이 되어 있는 상태에서 전투 상태로 변화되어가는 것을 말할 수 있다. 전투 돌입의 상태, 이 상태가 중반이다.

2. 중반의 초반, 중반, 종반

세분하여 보면 중반이라고 하더라도 초반, 중반, 종반으로 나눌 수가 있다. 여기에서는 중반의 중반과 종반에서 자주 나타나는 모양과 함께 전투를 유리하게 이끌 수 있도록 중반의 초반에도 중점을 두었다.

〔2〕 이곳이 중반

1. 일반형

1도 이 바둑에서 중반전까지를 생각하여 보자. 두고 있는 바둑의 돌이 접촉하고 있는 시점을 원칙으로 하여 생각하여 보자.

흑17이 침입의 시작이다. 21까지, 백22에서 완전히 중반전의 모양이다. 백30 이하의 큰 곳에 되돌아 간다. 흑33은 큰 곳이고 백34로 좌변의 흑을 공격한다. 이하 흑41까지 중앙으로 나가면 완전히 중반전에 돌입을 한다.

본도는 4귀 걸침, 협공, 큰 곳의 진행 등 일반적인 모습이다.

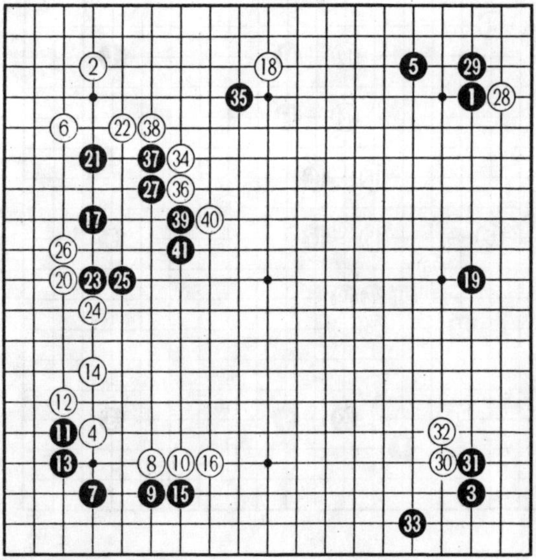

1도

2. 이 외의 방법, 이것도 하나의 모형

2도 이것도 하나의 모형이다. 진행 방법을 생각하여 보자. 프로 기사인 후지사와(藤沢明斎) 9단의 자료이다. 백20으로 전진에 단기돌입을 하였다. 흑21로 중반전의 개시이다.

이 바둑기보는 아마추어가 서로간에 집의 경계선을 긋고 있음을 알 수 있다. 확실한 진행으로 서로의 집을 견제하고 있음을 본다.

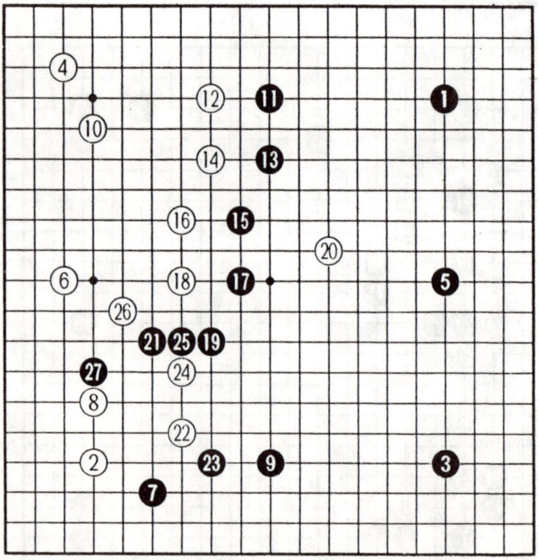

2도

3. 힘과 싸움 바둑 모형

3도 아마추어가 좋아하는 싸움 바둑의 모형이다. 우하귀에 큰 눈사태형의 정석이 있다. 중반전에 돌입이다.

아마추어의 바둑에서는 일반적으로 돌이 나뉘어져 있음을 거의 싫어한다. 재미있는 풍경이라고 아니할 수 없다.

이것도 한판의 바둑이다. 선악을 따지기 전에 자주 나타나는 모양에서 대국관을 길러야 한다.

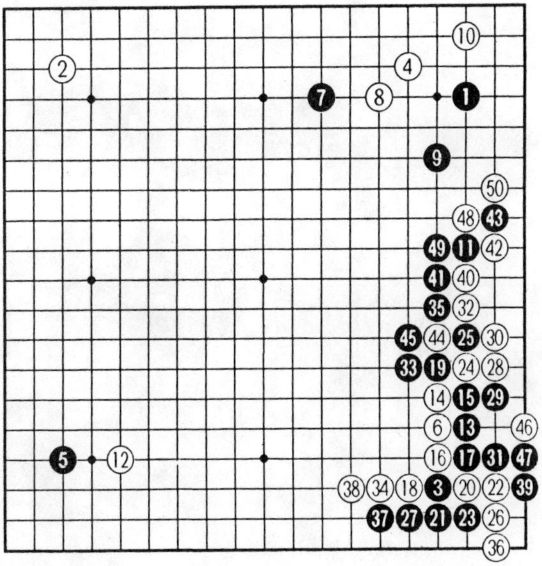

3도

제2장

중반의 기본 테크닉

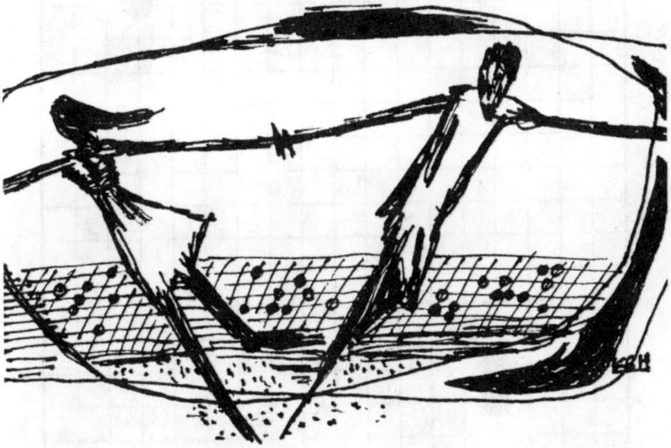

〔1〕 축

축을 모르고선 바둑을 둘 수 없다는 말이 있다. 축은 이렇듯 중요한 의미를 갖는다. 대체로 중반전에는 축의 기술이 중요한 의미를 갖는다. 단순한 모양에선 간단한 것도 있지만 실전에서는 모양에 따른 변화가 많은 곳이다.

1도 백1로 축이다. 반면이 실제로 간단함을 볼 수가 있다. 아래쪽에 머리를 내밀은 곳이 있는데……

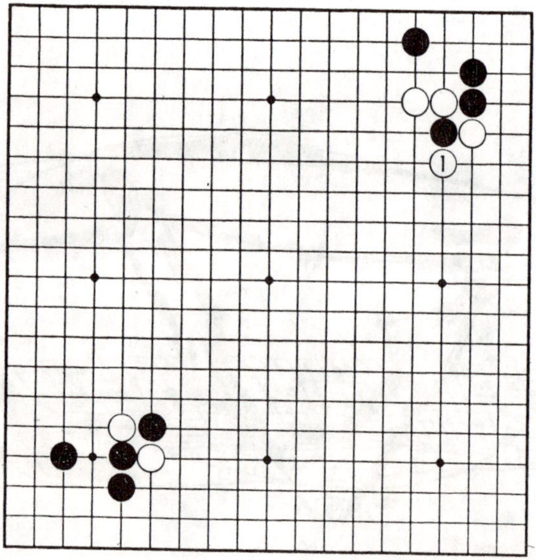

1도

1. 평행이동

2도 최초에서부터 추급하여 나가보자. 이것을 도중에서 나타내보면 2도의 모양이다. 원형에서 평행이동을 시켜보면 쉽게 알 수가 있다. 흑1로 도망하여 백6까지 전 상태이다.

축이 성립됨을 한 눈에 알 수가 있다.

즉, 축이란 이 평행이동에 따라 성립이 되고 안됨을 알 수가 있다. 물론 이것은 연습이지만 때로는 복잡한 축도 많다.

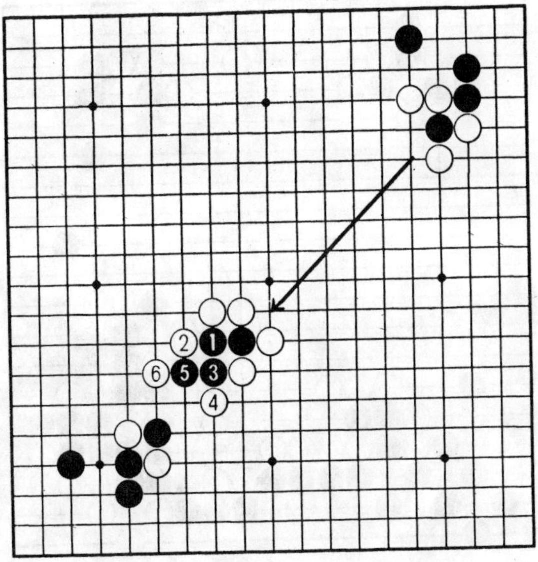

2도

2. 축의 단수

축의 단수를 살펴보기로 하자. 이런 모양에서의 방법도 알고 있지 않으면 안된다.

어떤 작전이 있는 곳일까? 양쪽의 작전을 동시에 만족시키는 수가 필요하다.

1도 백1로 축몰이를 하였다. 우하 방면에 백 3점이 단수가 될 위기에 있다.

이것을 활용하는 흑의 탈출에 대하여 백의 대항책은 없을까?

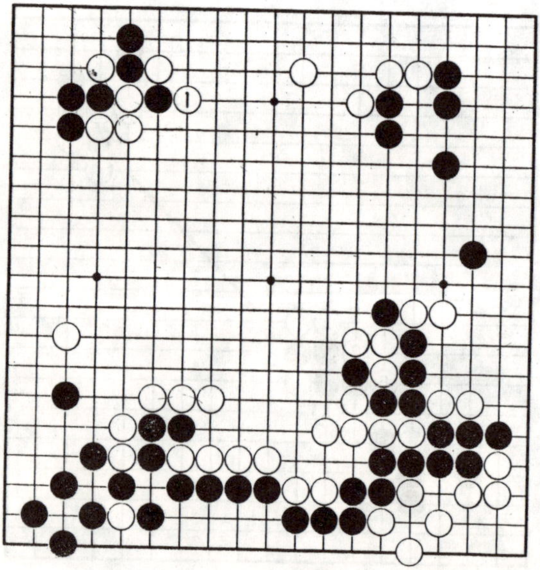

1도

2도 앞에서 말한 평행이동 방법으로 가까이 가보자. 흑**1**로 도망을 하면 백**4**까지 축의 성립이다. 여기에서 흑이 도망을 하기 전에 흑a의 단수로 백b를 교환하였다면, 또는 흑b, 백a를 교환하였다면 어떨까?

이 바둑은 아마추어 2단과 1급의 바둑에서 자료로 선정하였다.

흑의 1급을 둔 분은 흑c로 나가도 d의 곳 축이라고 보고 있었다.

직접 관련이 없는 사항이지만 지면을 할애하여 살펴보기로 하자.

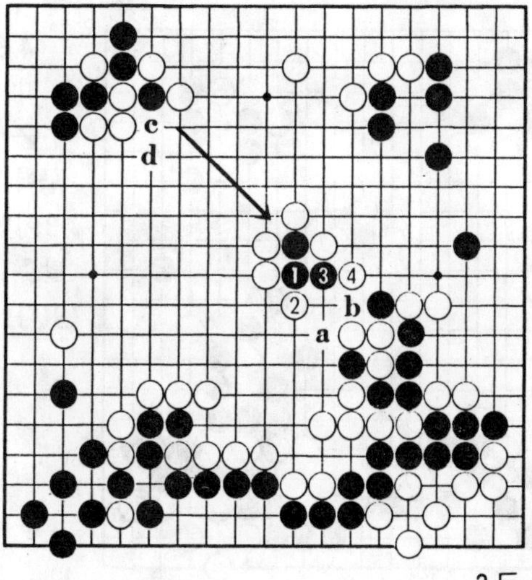

2도

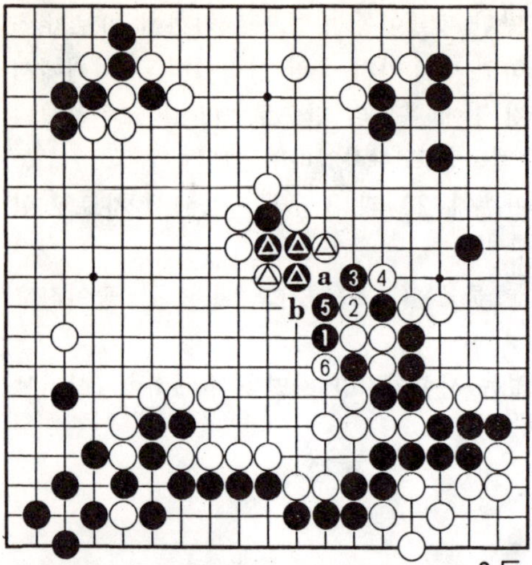

3도

3도 흑 **1**에서 **6**까지된 모양이면 어떨까? 결국 백이 a, b를 찔러 축이다.

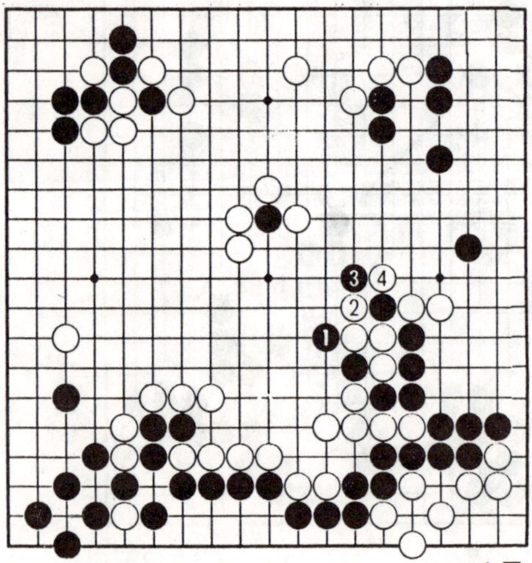

4도

4도 전도의 흑 **5**로 수순을 바꾸어 본도의 **3**이면 흑은 탈출할 수가 있다.

3. 축의 변화

1도 이것은 접바둑에서 나타난 모양의 하나이다. 독자들도 많이 알고 있으리라 본다.

흑1 다음 백2점 축인가 하는 점이다. 백◬가 있어서 어떨까?

처음 본도를 접한 사람은 기발한 착상에 놀라움을 금치 못한다. 최후에는 우변 화점에 돌이 있어서 의외의 추격이 있다.

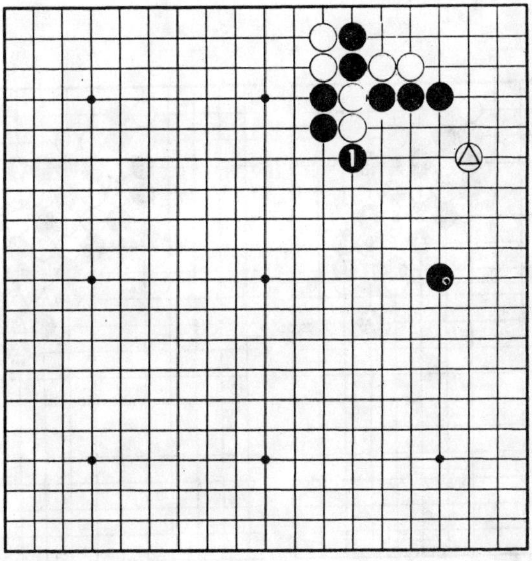

1도

2도 백1의 도망이다. 흑2로 단수할 수밖에 없다. 이것은 9까지 단수인데 이때 흑10의 반발이 있다. 백11다음에 12로 추격을 한다. 이 모양은 흑▲가 없다면 흑2로 3, 백2, 흑6으로 둔다.

3도 전도에 계속하여 흑▲와 백△의 순으로 계속하여 추격해 나간다.

최후에 백이 단수하여 1로 따내면 흑2 다음 6까지이다.

이런 모양에서 알 수 있듯이 축 관계는 자세히 수를 읽지 않으면 십분 이해하기가 쉽지 않다는 점이다.

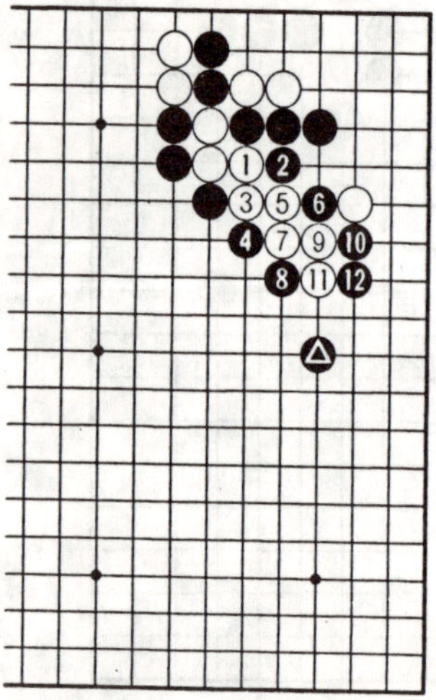

2도

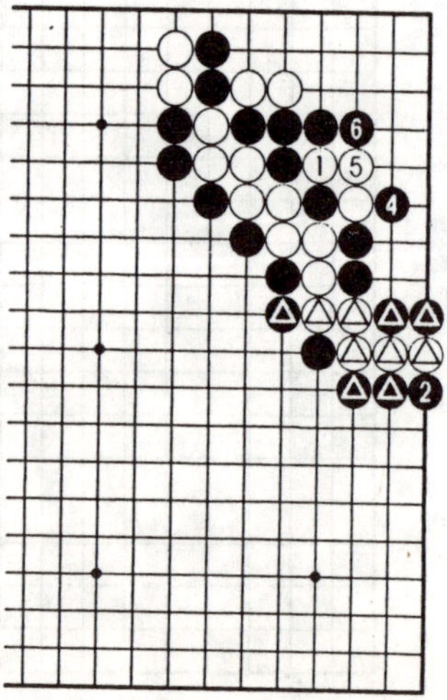

③이음 3도

4. 축의 단수와 변화

1도 이것은 상당히 고급스런 문제이다. 백1에 흑2의 교환 다음에 축을 방지한다면 백3이다.

일견, 움직임이 있는 곳이다. 단순한 생각으로는 흑b, 백c 이하 백e인데 흑b의 한 점이 단수이다.

전도를 참고하여 보자. 의외성이 있는 곳이다.

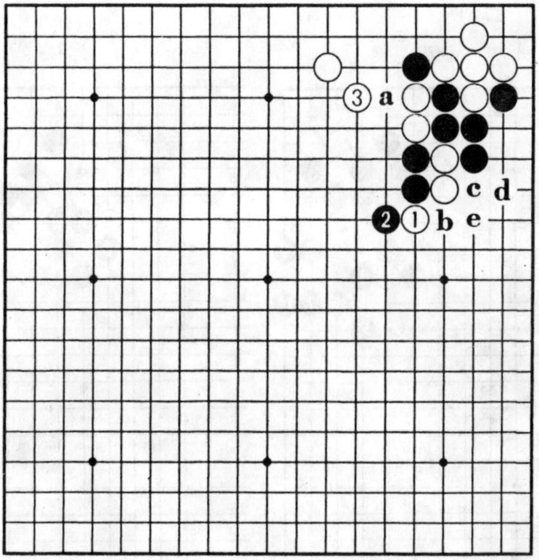

1도

2도 축의 변화를 살펴보자. 흑1로 끊지 않을 수가 없다.

백4에는 흑5의 반발에서 11까지 조임인데, 이것은 13으로 흑이 추격을 하여 축이다.

실전에서 많이 나타나는 모양이다.

3도 백이 축을 방지한다면 3의 끊음에서 5의 반발이 좋은 점이다.

흑6에서 9의 이음까지 외길의 수순이다.

흑6으로 7의 곳을 두는 것은 백a로 되어 축이 해소가 된다.

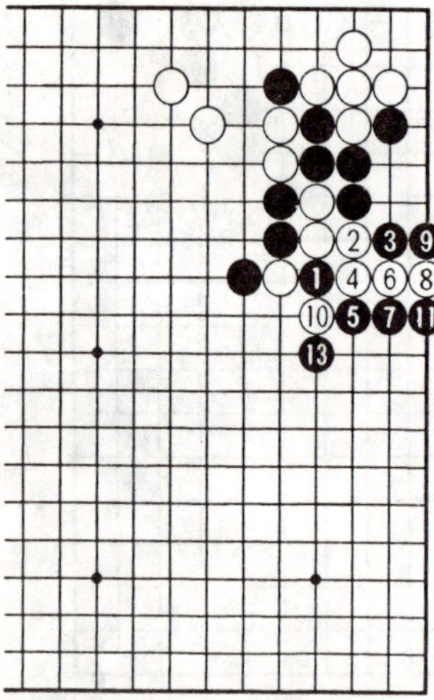

⑫이음 2도

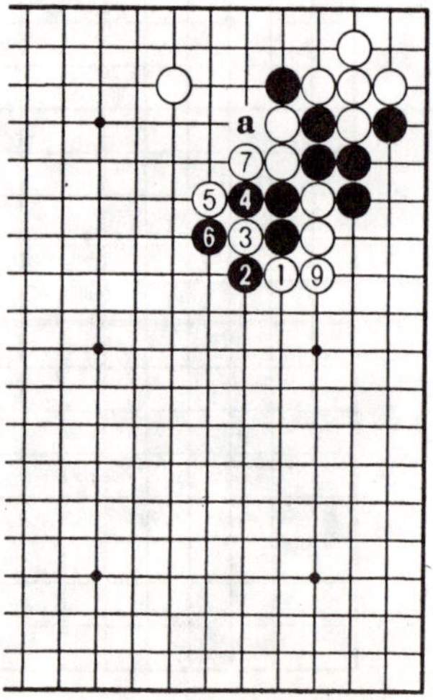

❽이음 3도

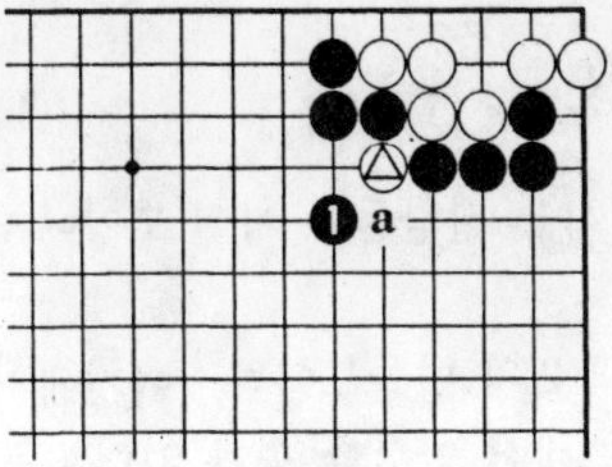

1도

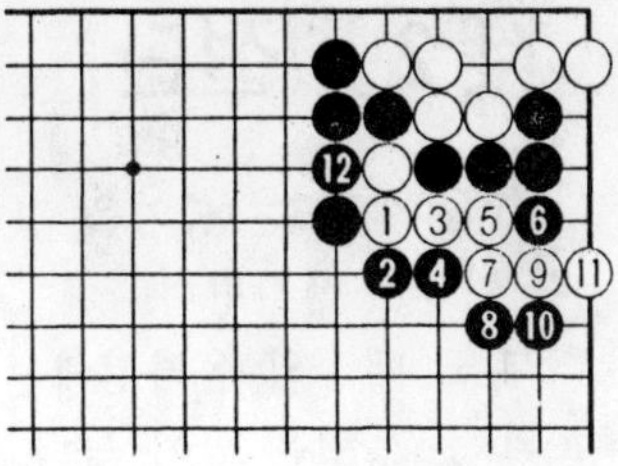

2도

5. 늘어진 축

1도 백◬로 끊고 있는 모양이다. a의 곳을 나가는 것은 축이 어떨까?

2도 백1로 나가면 흑 2, 4이다. 다음 6에서 12까지 한 수 늘어진 축이다.

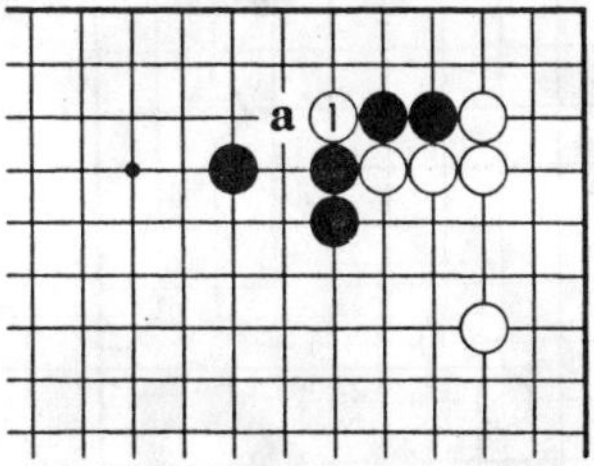

3도

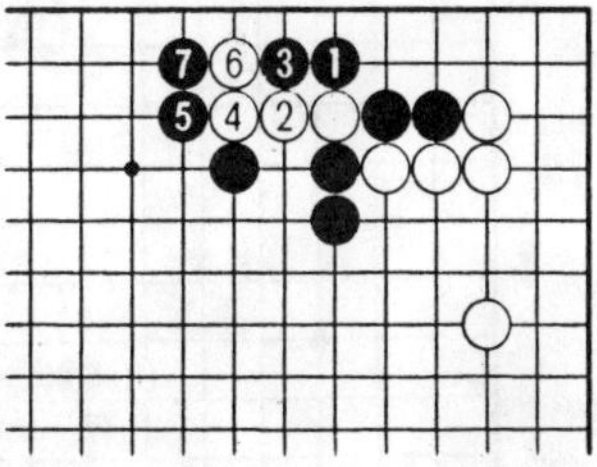

4도

3도 백1로 끊어 왔다. 흑a는 간단하지 않다. 백한점을 잡는 수는?

4도 흑1, 3 다음 백4에는 이하 흑7까지 추격을 하여 나간다.

1, 2는 같은 늘어진 축의 모양이다. 활용범위가 넓은 맥점이다.

〔2〕 절단

돌을 살리고, 죽임을 경험하는 사람들은 이런 모양에서의 절단을 생각한다.

1도 백**1**의 올라섬에는 흑**2**의 마늘모이다. 여기에서 a의 곳 쌍립은 발이 늦다. 그래서 안심할 수가 없다. 독자라면 이런 모양에서 어떤 생각을 많이할까? 통렬한 맥점이 있다.

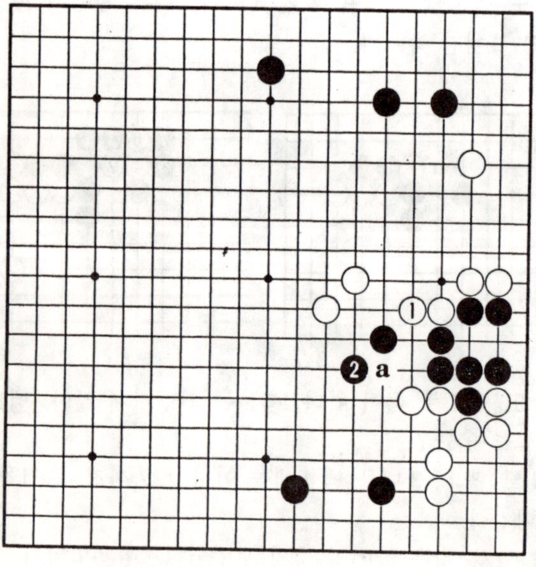

1도

2도 백1의 마늘모로 두는 수이다. 여기에서는 a, b의 절단이 있는 곳이다.

이 모양에서는 흑은 a의 곳을 쌍립할 수밖에 없는 곳이다.

3도 백1로 그냥 밀고 나오는 것은 흑2로 안성맞춤의 모양이 된다. 물론 초심자라면 2도 백1을 생각할 수가 없다. 세심한 주의가 필요한 곳이다.

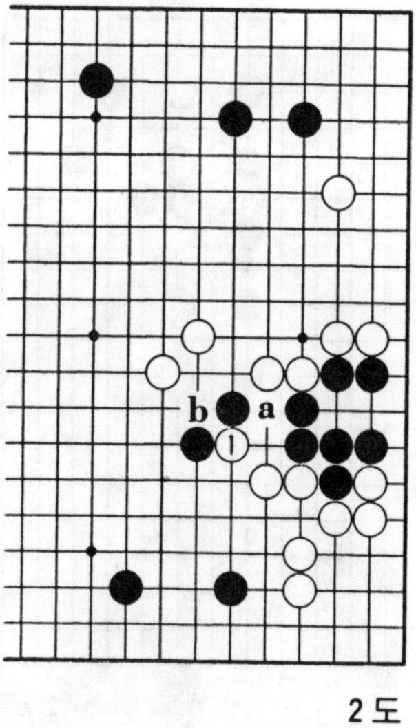

2도

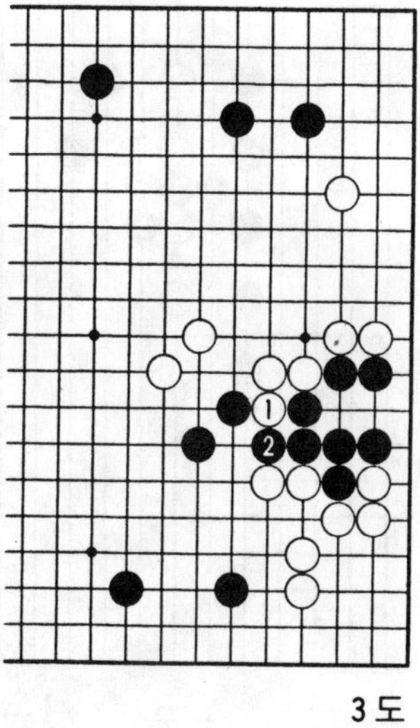

3도

1. 한칸 뜀의 절단법

1도 한칸 뜀에 악수 없다는 말이 있듯 보통 한칸 뜀에는 좋은 수가 많다. 이것은 초반이나 중반의 기본형이다.

한칸 뜀에도 절단은 있다. 절대성이 있는 것은 아니다. 1도와 2도는 절단에 대한 차이이다.

2도 여기에서 흑1, 3은 자기 쪽에 파탄이 온다. 주의를 요하지 않으면 안된다.

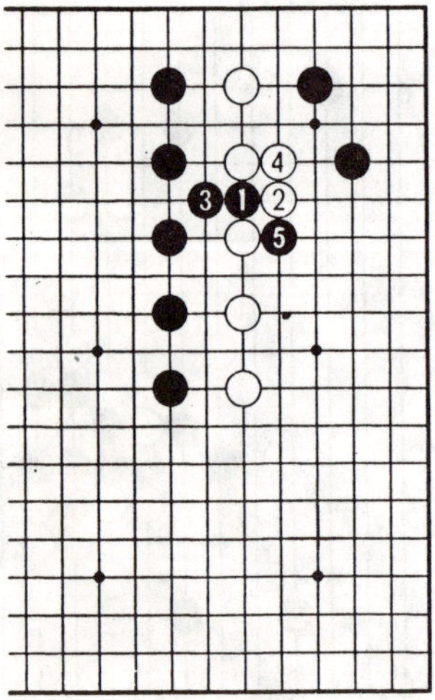

1도

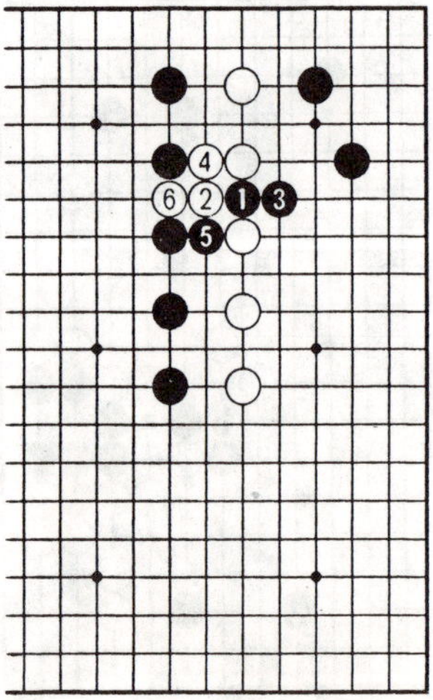

2도

2. 건너붙임

날일자는 건너 붙여라는 격언대로이다. 이런 모양에서 자주 나타나는 형이다.

1도 백◬의 날일자이다. 이 수는 상변의 흑을 압박하는 동시에 우변의 모양을 부풀리는 좋은 수이다.

2도 흑에서 두는 수는 1의 곳이다. 1도의 백◬의 날일자에 대한 대책이다.

여기에서는 백a, 흑b, 백c로 싸우게 되는데 흑1에 대하여 백a로 둘 수 없을 때는 c의 곳을 둔다.

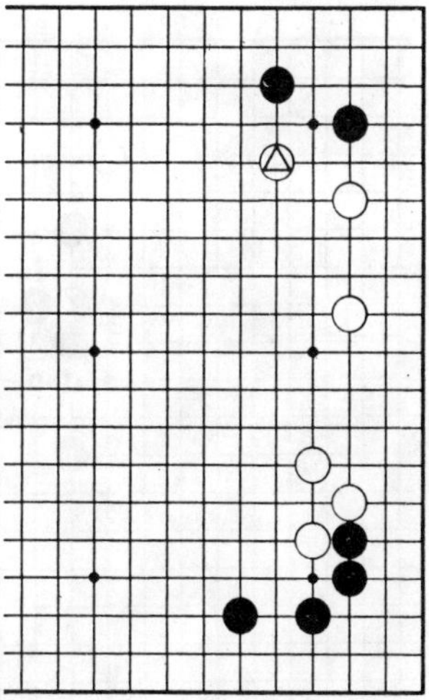

1도

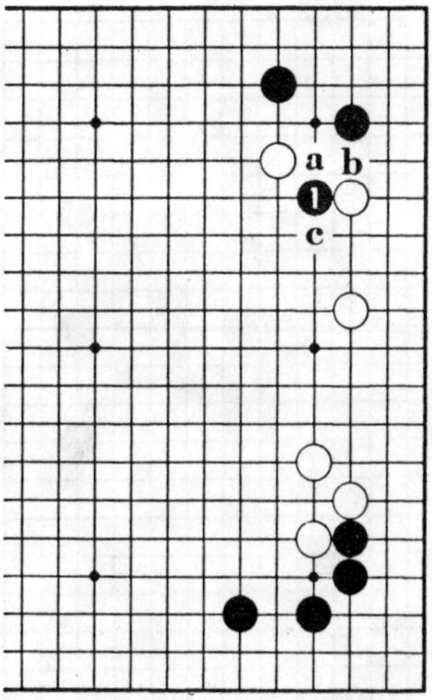

2도

3. 2칸 벌림의 절단

제 3 선의 2칸 벌림도 안정이 있는 모양이다. 초급자에게 있어 2칸 벌림은 대장부와 같은 기개가 있다.

1도 2칸 벌림이 확실한 곳이기는 하다. 본도를 살펴보자.

2칸 벌려 있는 모양이지만 백에서 절단을 하는 수단도 없지 않다.

2도 백 **1**의 붙임에서 **3**의 곳 끊음이 맥이다. 효과 있는 절단이다.

백 **3**에 흑 a, 백 b 이고, 흑 c 에서 백 d 의 반발이 있다. 어쨌거나 **1**, **3**으로 흑은 연락할 수 없다.

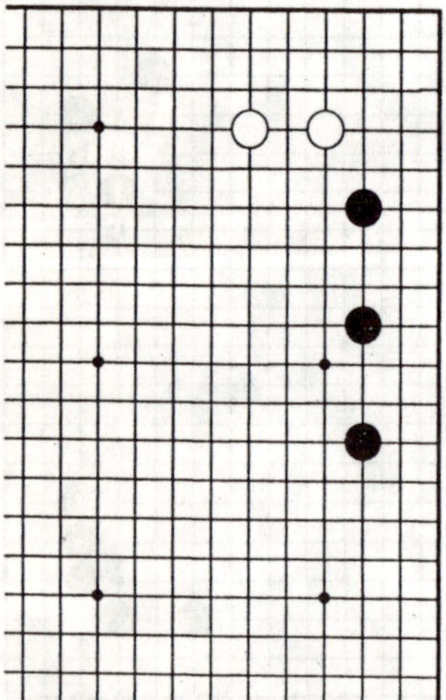

1도

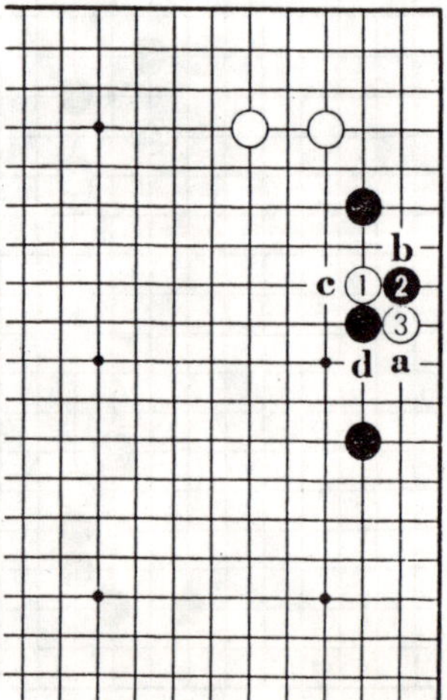

2도

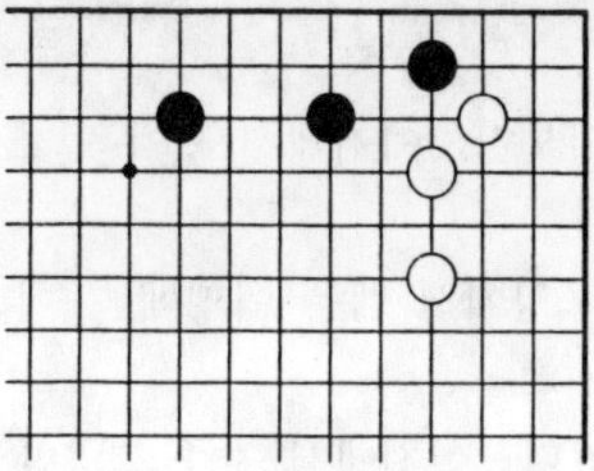

3 도

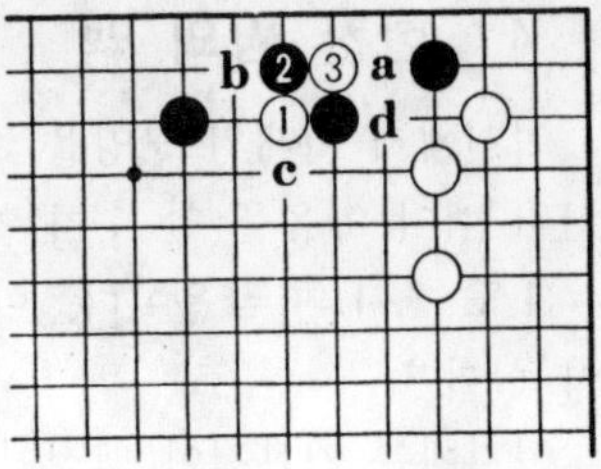

4 도

3 도 전도의 맥과 같다. 이것은 많이 알고 있는 정석형이다. 우변의 날일자에 대한 수단을 구하는 것이다. 흑의 방어책은?

4 도 백 1, 3 으로 두는 수이다. 여기에서는 흑 a 에서 백 b, 흑 c 에 백 d 이다. 그러나 이것은 생각이 부족하다.

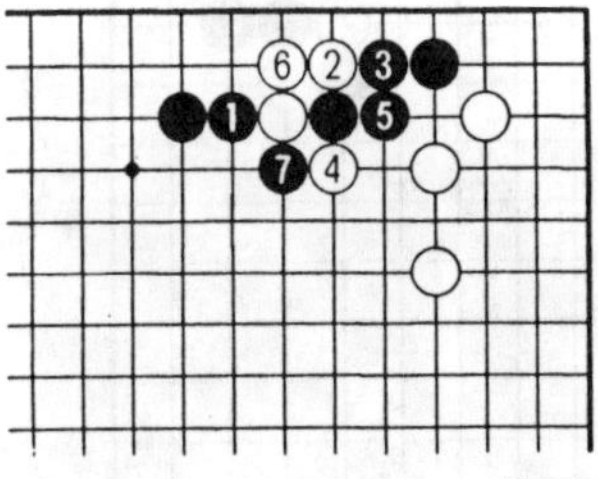

5 도

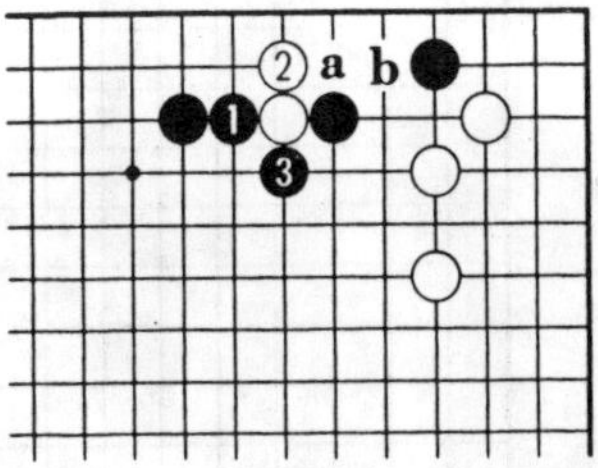

6 도

5 도 생각하여야 될 수는 흑 1 이다. 좋은 수이다. 백은 절단을 할 수가 없다. 백 2 이하 7 까지이다.

6 도 백 2 의 내려섬에는 흑 3 으로 차단한다. 여기에서 백 a 는 흑 b 로 전도로 환원이 된다.

4. 한칸 뜀의 맥

여기에서 아래의 모양을 살펴보자. 여기에서도 일응 정석의 맥이 있음을 알 수가 있다.

1도 흑**1**의 끊음이다. 이 모양에서 백은 어떻게 두어야 할까?

여기에는 기본적인 맥점이 있다. 실전에서 자주 나타나는 형태다.

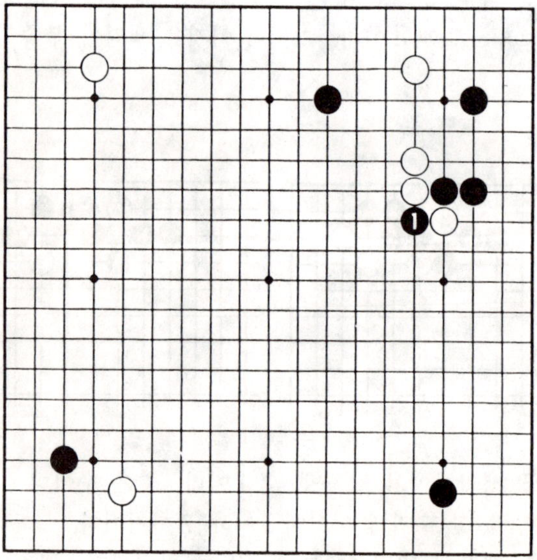

1도

2도 많이 두는 것은 백 1의 뻗음이다. 그러면 흑도 2의 곳을 뻗는다. 다음에 a의 봉쇄와 b의 압박을 노리는 수가 맞보기이다. 백의 고전이다.

원인은 백 1의 뻗음이 무겁다. 이것은 속맥이 아닐 수 없다.

3도 여기에서는 백 1이다. 흑 2, 4에서 백 5로 한 걸음 더 나아간다. 이 후에 흑a로 b의 압박은 없다. 흑 2로는 c, 백 d의 교환 다음에 e의 곳을 뻗는 변화가 있다. 5까지 된 다음에 흑a나 e로 전투의 양상이다.

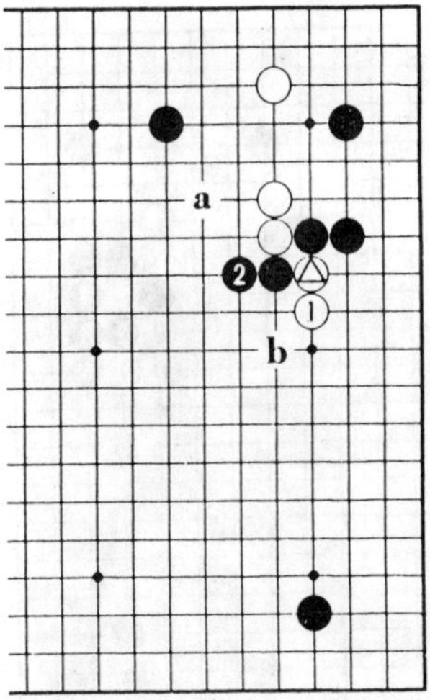

2도

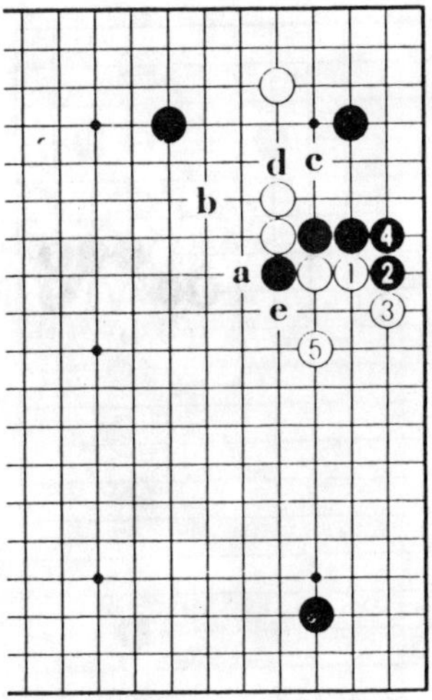

3도

4도 초심자가 둘 수 없는 착상이 있다. 그것은 백 1의 한칸 뜀이 있다.

백 △의 한 점에 대한 태도는 가볍게 본다. 흑 2로 반격을 하면 백 3에서 7까지는 필연의 수순이다.

앞의 모양과 비슷하지만 정신이나 내용에 있어서는 큰 차이가 있다. 흑 2로는 a이면 백은 b로 되어 한걸음 더 나아가는 모양이 된다.

5도 흑 2의 단수는 백의 주문이다. 3의 끊음이 맥점이다. 흑은 6으로 저위를 기어갈 수밖에 없다.

다음은 b의 곳을 두는 것이 요령이다.

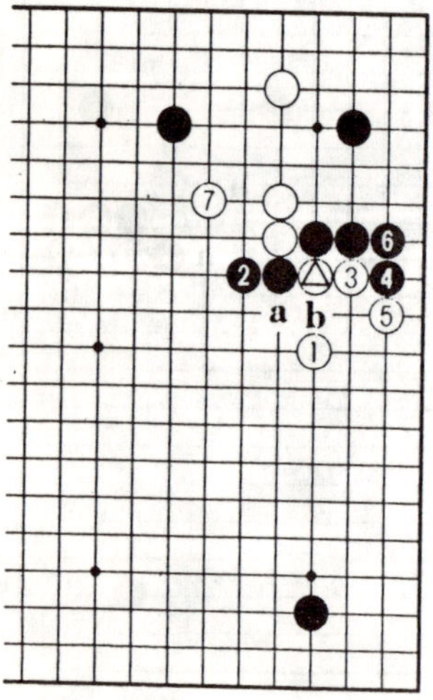

4도

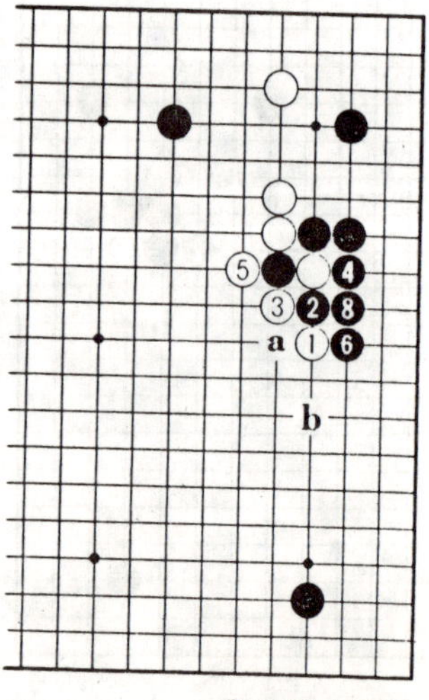

⑦ 패따냄 5도

5. 방파제

1도 백에게 포위되어 있는 흑 1점이 비마로 날아갔다. 이것은 백의 포위망을 파괴하는 방법이다. 앞에서 나온 맥을 참고하여 대책을 강구하여 보자. 흑의 대책도 생각하여 보자.

2도 제1착은 백 1의 붙임이다. 흑 2에 백 3, 흑 4에는 5, 7이 맥점이다. 앞 모형과 비슷한 맥이다.

백 9의 지킴으로 출구를 봉쇄하면 백의 대성공이 아닐 수 없다.

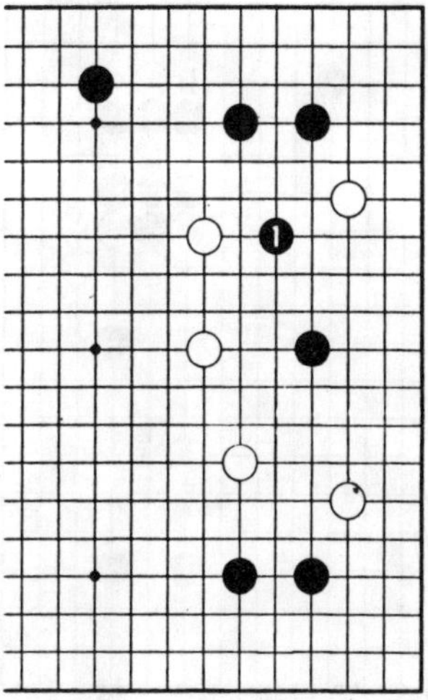

1도

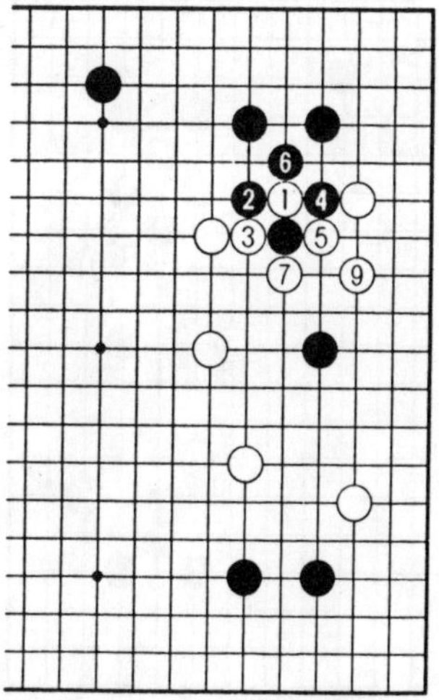

❽이음 2도

3 도 이것은 전도에 비해 고도의 테크닉을 요한다. 백 1, 흑 2의 교환에서 백 3의 이음이다. 이하 전도와 같은 모양이라고 생각할 수 있다. 그러나 이것은 분명히 전도와는 차이가 있다. 백 1, 흑 2의 교환이 그것이다.

4 도 전도 백 3에서 11까지 된 결과가 2도이다. 여기에서 백 1, 흑 2의 교환이 있는 곳이다. 나중에 a나 b의 곳을 둔다. 이것이 전도와의 차이이다.

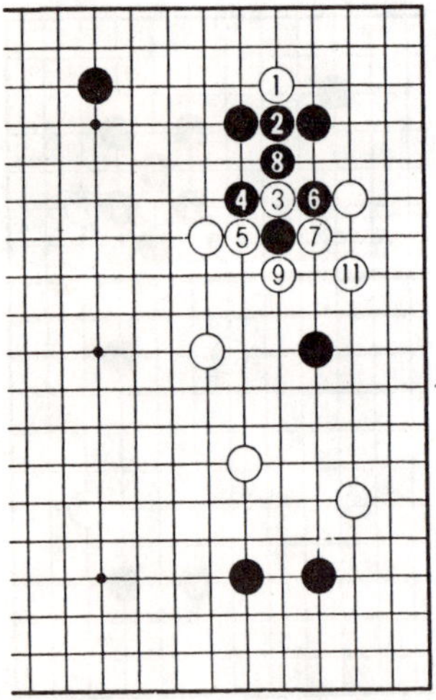

❿ 이음 3 도

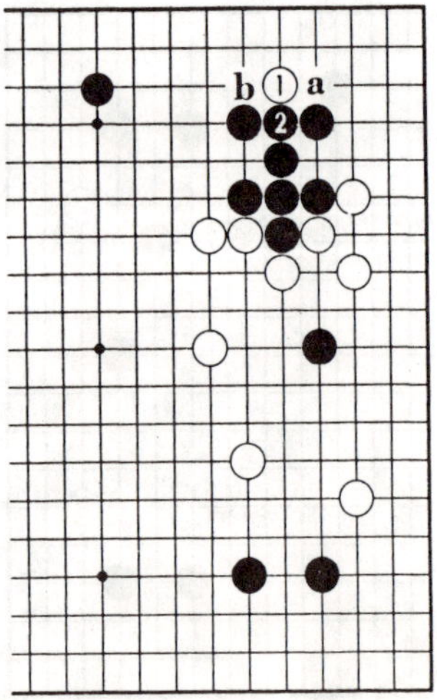

4 도

5도 전도는 백의 주문이라고 할 수 있다. 흑에게 반발을 하는 수단이 있다. 백 2의 끊음에 흑 3의 뻗음이다. 중증의 공포가 흑에게 있지 않음을 말함이다.

6도 전도 이후의 변화이다. 백이 두는 방법은 한정이 되어 있다. 최선이라고는 할 수 없으나 보통의 가상도이다.

흑10까지 되면 백의 모양이 엷다. 백의 포위망 가운데에서 당당히 산다.

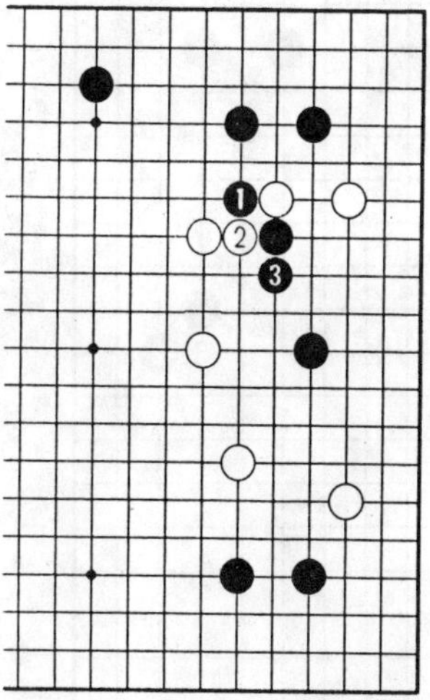

5도

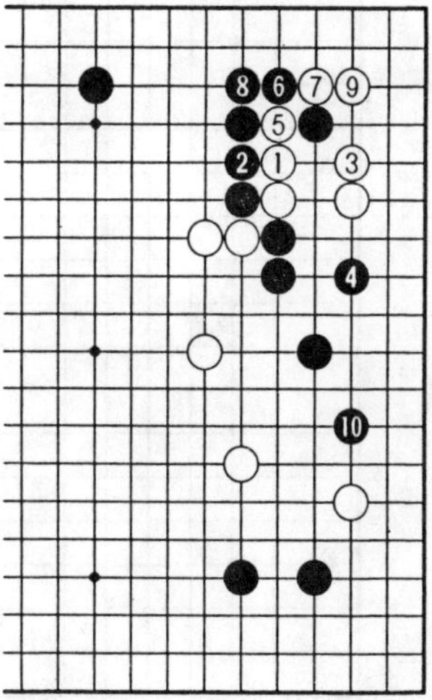

6도

〔3〕맞 끊음

1. 맞끊음의 기본형

맞끊음은 하수에게 잘 사용하는 수법이다. 그러나 맞끊음을 피할 수는 없다. 기본적인 기술이 요하는 곳이다.

맞끊음에 있어서는 한쪽을 뻗음이 격언이다.

1도 백 1에 흑 2, 다음에 백 3의 끊음이다. 상황에 따른 하나의 모양이다.

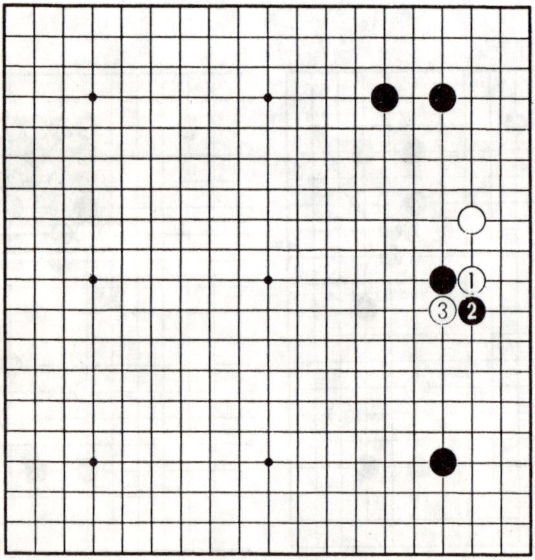

1도

2 도 맞끊음에는 한쪽을 뻗으라고 알고 있으면 족하다. 여기에는 a , b , c , d 의 4 곳이 있다.

여기에서 생각을 하여 보자. 사활에 관한 특수한 모양에서 초반, 중반, 다음에 중앙을 향하여 진행하여 나간다. 이것이 원칙이다.

3 도 흑 1 의 뻗음이다. 이것이 상기의 원칙에 대한 점이다. 백은 2 의 곳을 는다.

이것도 백의 원칙이다.

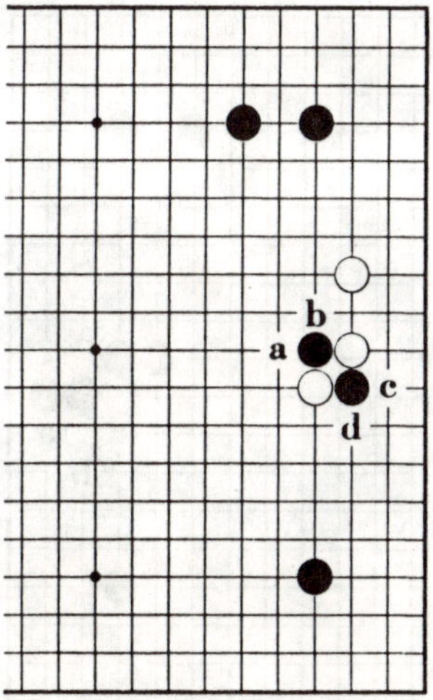

2 도

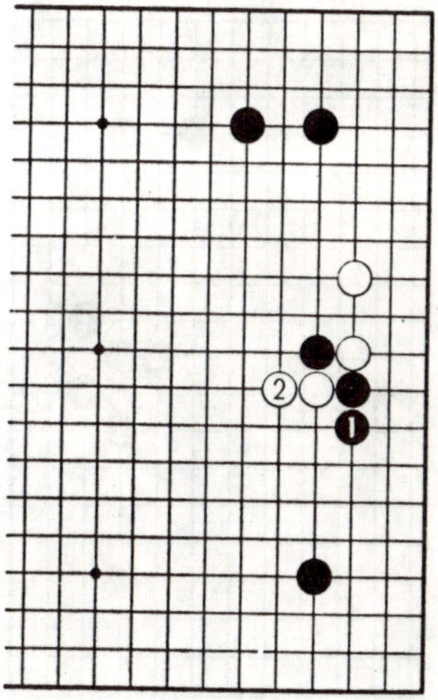

3 도

4도 흑은 전기의 원칙에서 흑3으로 중앙을 향하여서 뻗는 것이 원칙이다. 이 전에 흑1과 백2의 교환이 있다. 이것도 맞끊음의 변화의 하나이다.

백4에 흑5로 축이다.

이 흑1, 3, 5가 전형적인 모양이다.

5도 흑1로 단순히 뻗는 것은 백2에서 4의 곳을 내려섬이다.

흑이 a의 곳을 꼬부리면 백은 b의 곳을 늘거나 c의곳 이음으로 둔다. 선택의 여지가 있는 곳이다.

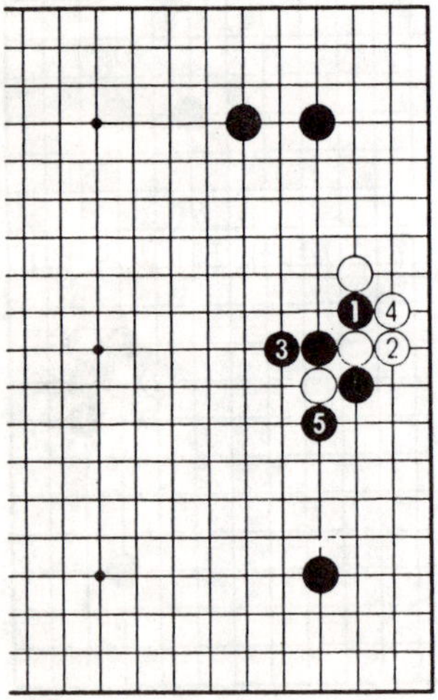

4도

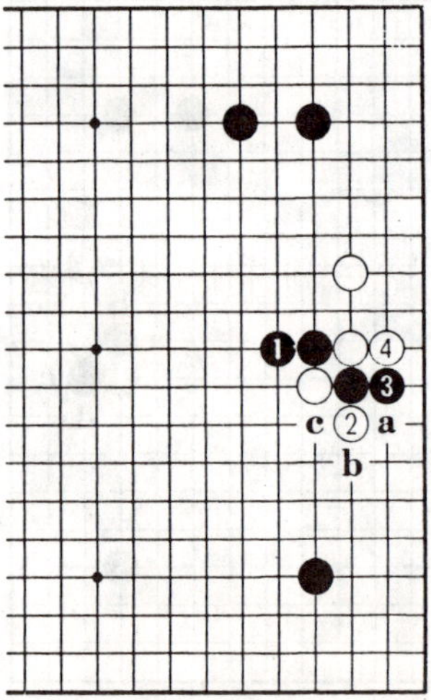

5도

6 도 여기에서 백 1 의 단수이다. 흑 2 , 4 로 된 모양이다. 이것이 결론이다. 백은 가벼운 모양이다. a 의 곳 단점이 남는다.

흑 4 로 b 의 곳을 단수하는 수도 있다.

7 도 모형에서 흑 ▲, 백 △의 교환이 있다면 흑 2, 4 까지이다. 이렇게 되면 전도의 뒷맛이 사라져 버린다.

이상이 맞끊음의 기본적인 방법이다.

상황에 따라 대처하는 곳이지만 당연하다.

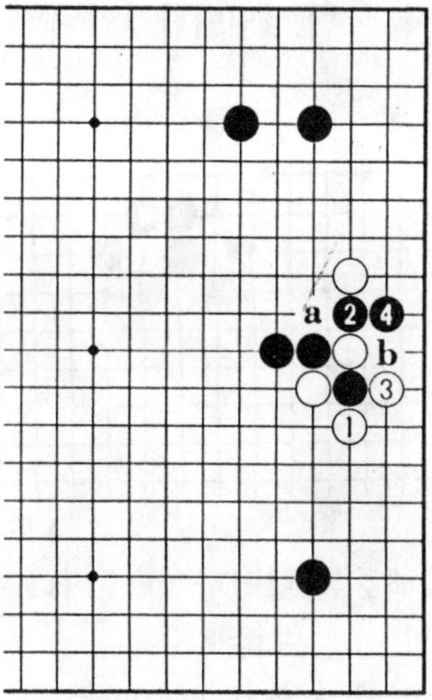

6 도

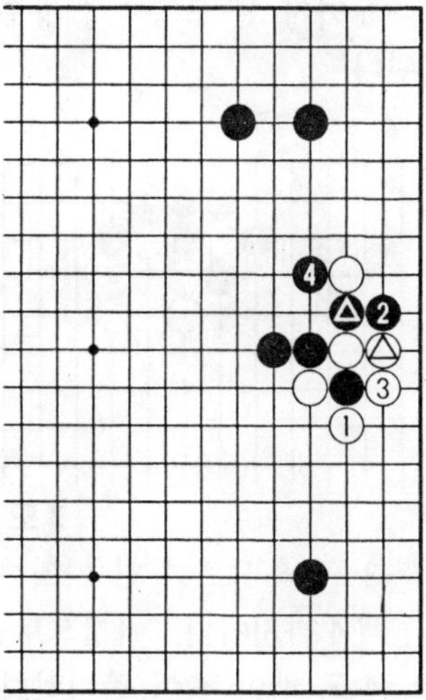

7 도

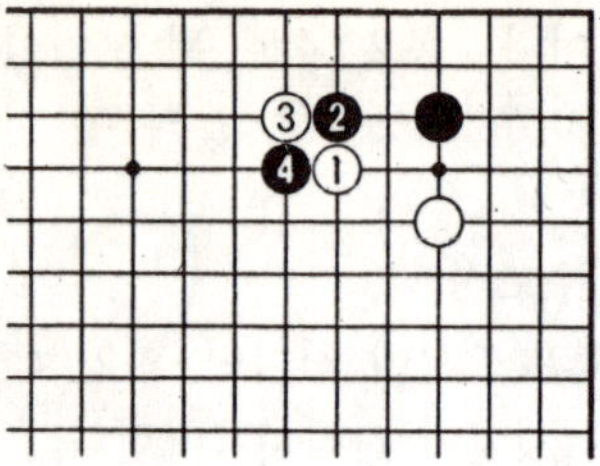

1 도

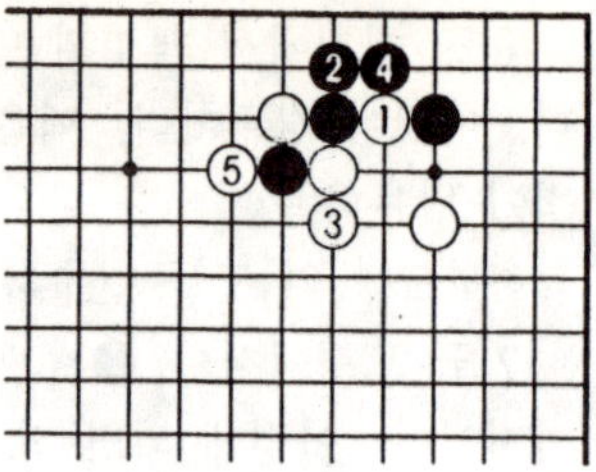

2 도

2. 정석에서

1 도 고목 정석의 하나이다. 백 1 의 날일자에 흑 2 의 붙임에서 4 의 끊음까지이다. 백은 이 다음에 어떻게 두어야 하나?

2 도 백 1 의 단수에서 3 의 뻗음까지 전형적이다. 5 까지 된 모양에서 정수이다. 축의 성립여하가 문제가 된다.

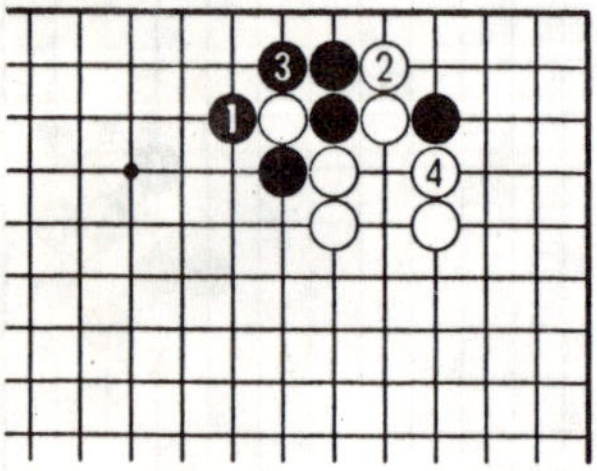

3 도

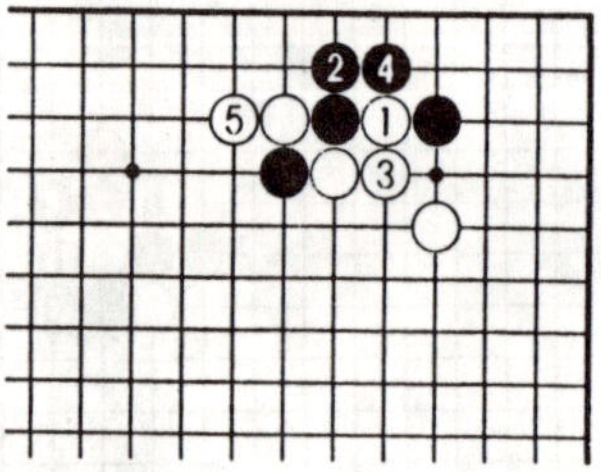

4 도

3 도 흑 1 로 두면 어떨까? 백 2 는 당연한 한 수이다. 백 4 까지이다. 이것으로 귀의 집은 크다.

4 도 백이 축이 불리하다면 이하 5 까지가 일반적인 모양이다. 돌의 움직임이 무겁다.

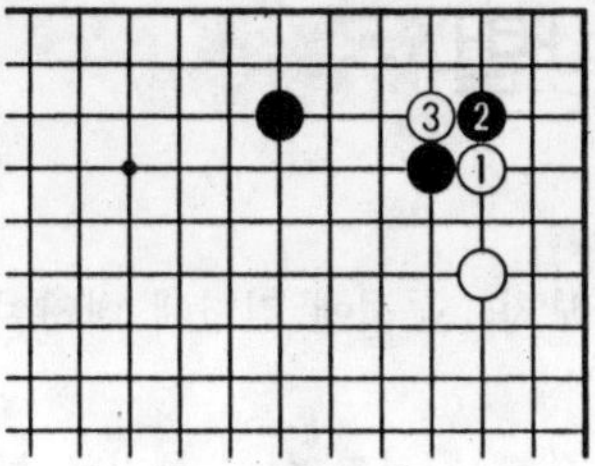

1 도

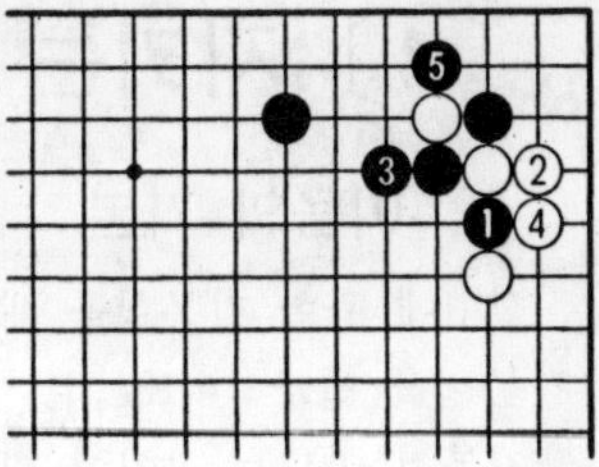

2 도

3. 귀의 맞끊음

1 도 상수에게서 이렇듯 경험이 있는 일이 있을 것이다.

자, 다음의 변화를 보자.

2 도 이미 배워온 기본형의 학습이다. 흑 1 의 단수에서 5 까지이다. 여기서 지금의 도는 특수한 경우이다.

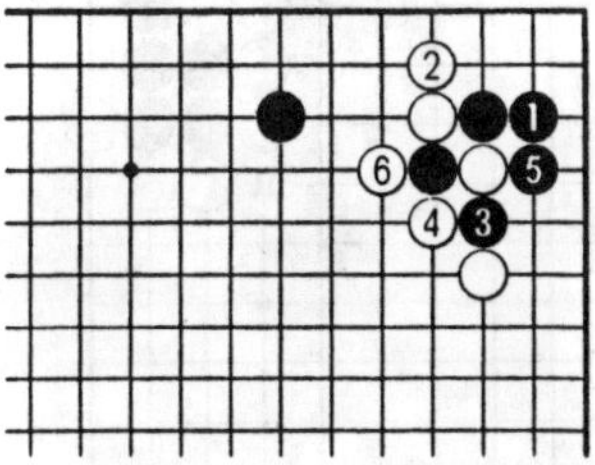

3 도

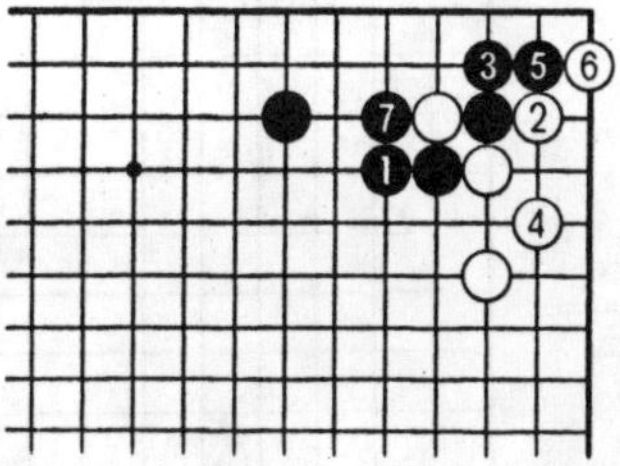

4 도

3 도 흑 1 로 아래쪽을 두면 어떨까? 백도 2 로 아래쪽을 뻗는다. 흑 3 에 백 4, 6 이 상용의 맥점이다.

4 도 결론은 흑 1 의 뻗음이 정수이다. 백도 2 의 단수에서 4 까지 정형이다. 7 까지 모양이다.

수순 중 5 의 내림이 중요하다.

〔4〕 지키는 방법

1. 이음의 기본

절단에 관한 기본형을 배워보자. 동시에 절단에 대하여 기본형을 연구하여 보자.

기본적 태도는 확인이 필요하다. 순서를 살펴 보기로 하자.

1도 백은 a의 곳에 단점이 있다. 이곳을 잇는 방법으로 교졸(巧拙)을 논할 수가 있다.

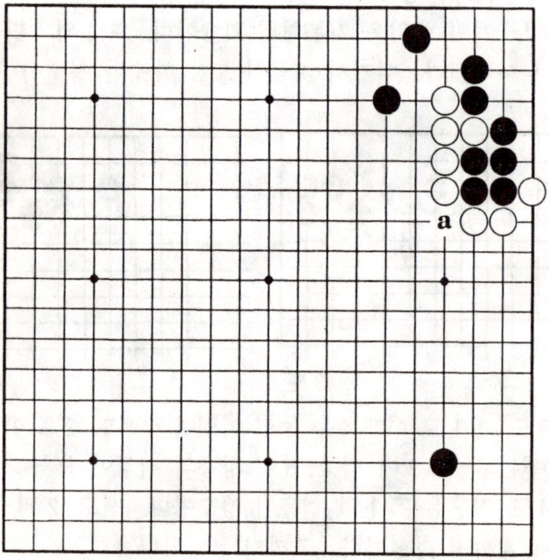

1도

2 도 백 1 은 견실한 이음이다. 그러나 움직임의 폭이 둔하되고 있다. a ,b 의 벌려 이음도 있는 곳이다. c ,d , e 의 곳도 있다. 비약을 한다면 f의 곳도 있다.

이런 형태에서는 바른 방향이 아니니다.

3 도 백 1 의 날일자가 정착이다. 이것은 변에서 중앙의 빌진을 꾀하고 있는 점이다.

백 a 나 b 는 불만이 아닐 수 없다. a , b 의 곳은 들여다 보는 것이 기분 나쁘다.

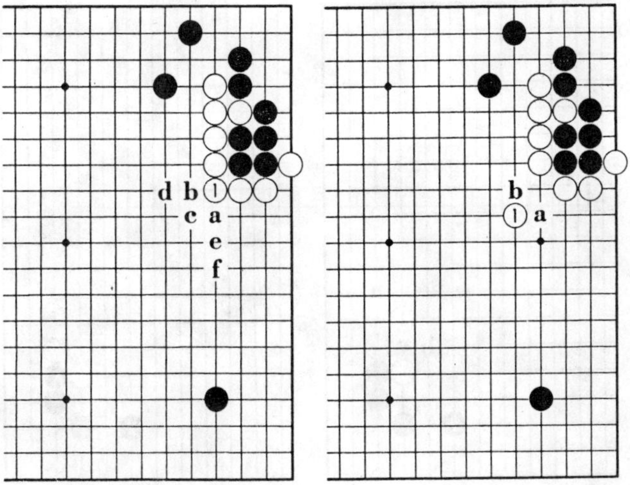

2 도 3 도

2. 정석이라면

1도 현대의 화점 정석의 하나이다. 백 1의 벌려이음에서 3까지의 전개이다.

여기에서 백 1이 포인트이다. 1의 곳 때문에 3까지 전개할 수가 있다. 불리한 점은 a의 곳을 침입하는 약점과 b의 곳 들여다 보는 맛이다. 그렇지만 이렇게 받는 것이 현대바둑의 특성이다.

2도 백 1의 견실한 이음도 있다. 전도에서 보는 침입이나 들여다 보는 맛은 없다. 3까지 전개된다. 그러나 전도보다는 한 걸음이 늦다.

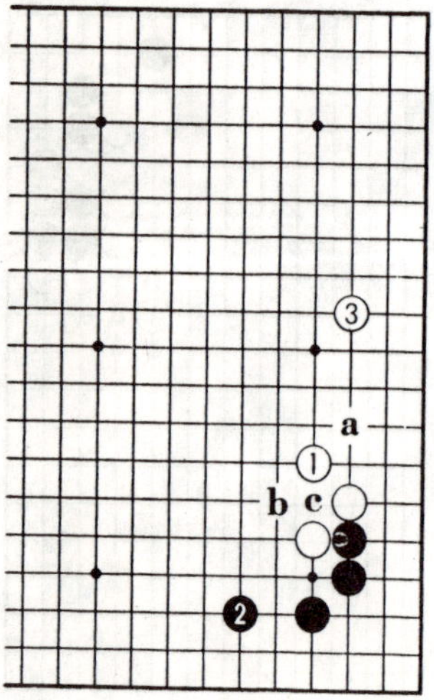

1도

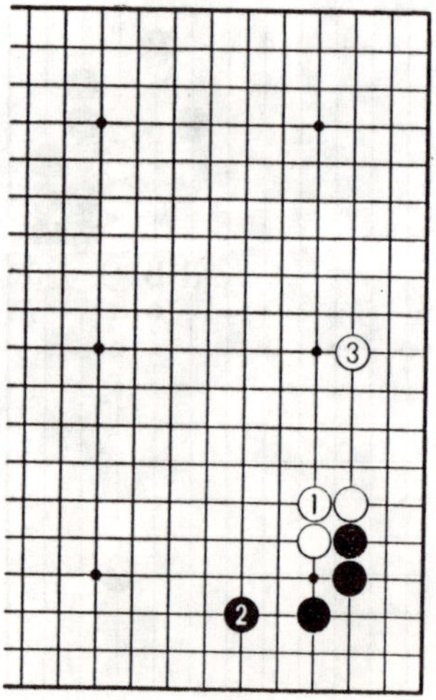

2도

3도 부분적으로는 같은 모양이라 하더라도 주위의 상황에 따라 변화한다. 본도의 장면, 맥은 앞 2도와는 다르다. a,b는 무겁다. 가볍게 1의 곳을 날일자 하는 수가 좋다.

적의 강한 곳에서는 적당히 끊어라는 기훈에 따른 수이다.

4도 여기에서 축이 흑이 유리하다면 흑1의 끊음이다. 백은 2, 4로 가볍게 활용하여 조이는 것이 요령이다.

전기의 바둑 기훈에 따라 a의 곳은 무거운 착상이 아닐 수 없다.

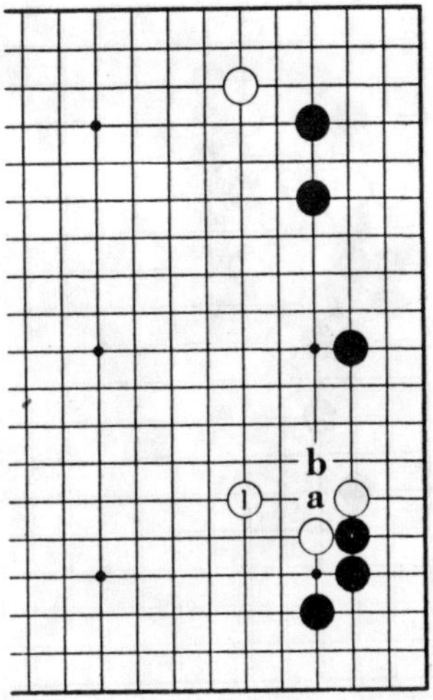

3도

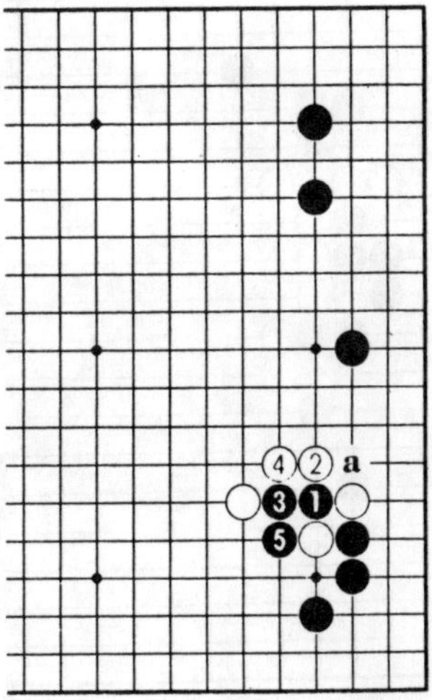

4도

3. 지키는 장면

견실한 이음과 벌려 이음도 주위의 상황을 고려하여야 한다.

다음을 보기로 하자.

1도 여기에서는 백 1의 벌려 이음이 정수이다. 이 점이 좋은 이유는 흑이 a의 곳을 들여다 보아도 별것이 없기 때문이다.

2도 본도의 모양을 보자. 이곳은 백 1의 방향이 절대이다. 흑a로 들여다보아도 별것이 없는 모양이다. 상변에 전개하는 것이 옳다.

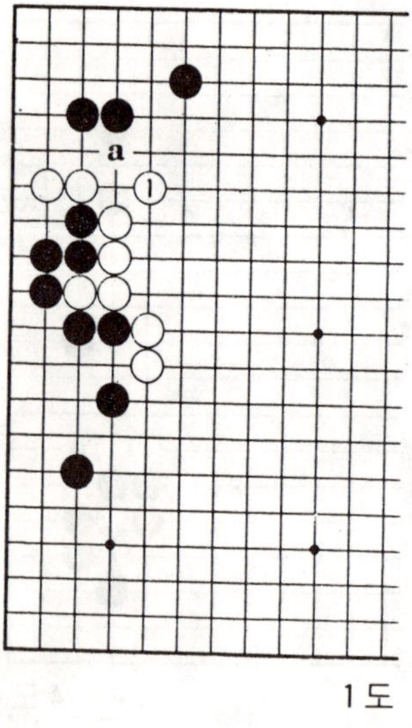

1도

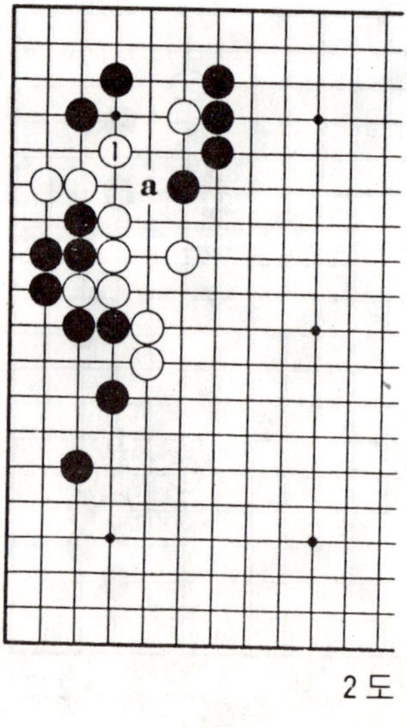

2도

〔5〕 연락

1. 연락의 움직임

돌의 연락은 중반전에서는 상당히 중요한 의미를 갖는다. 자기의 집 모양을 만들며 상대의 연락을 차단함이 중요하다. 이로써 전투에 유리한 고지를 선점할 수 있다. 이것은 대단한 능력을 발휘한다.

1도 흑1이 조화있는 벌림이다. 흑은 일응 상하변을 연락하고 있다.

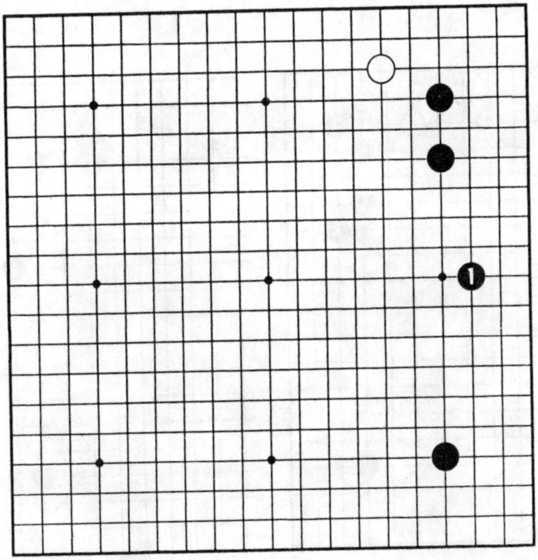

1도

2 도 연락을 함에 있어서 **1 도**는 완전하지 못하다. 백에서 침입의 여지가 있다. 본도를 보기로 하자. 본도의 흑 **1**의 마늘모는 완벽하다. 백이 절단을 할 수가 없다. 백은 **2**, **4** 로 움직인다. 그러나 이렇게 두어서는 바둑을 이길 수 없다. 연락을 취하는 것은 최대한의 벌림이 요구된다.

3 도 **2 도**는 좋은 연락이 아니다. 본도의 날일자는 어떨까? 이것도 **2 도**와 같다.

돌의 움직임에 조화가 없다.

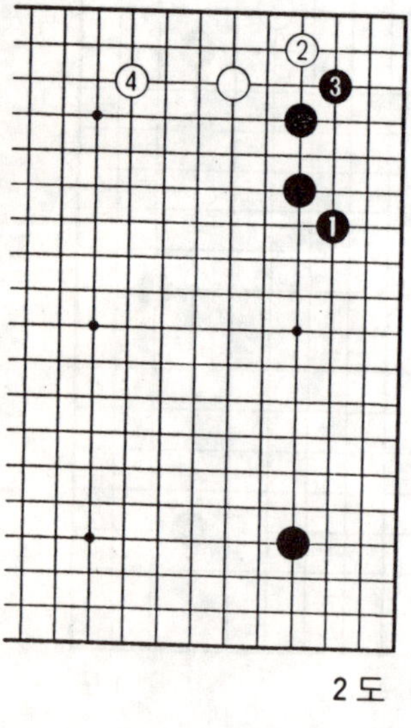

2 도

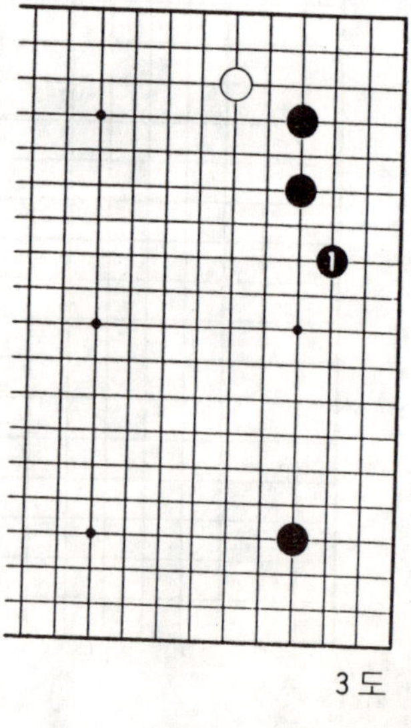

3 도

4도 그렇다고 본도처럼 눈목자는 어떨까? 흑도 좋은 모양이다. 그러나 이것은 부분적인 것이고 이상적인 모양은 1도다.

본도에서는 a의 곳을 침입하는 수가 한 눈에 들어온다. 견실하기는 하지만 이것은 대세감각이 떨어진 점이다.

5도 결론을 짓기로 하자. 흑1이 이상형이라는 것은 백2, 4까지 된 다음에 백에서는 a, b, c, d, e의 침입의 여지가 남는다. 흑은 비록 크게 연락을 취할 수는 없지만 유리한 전투를 전개할 수 있다.

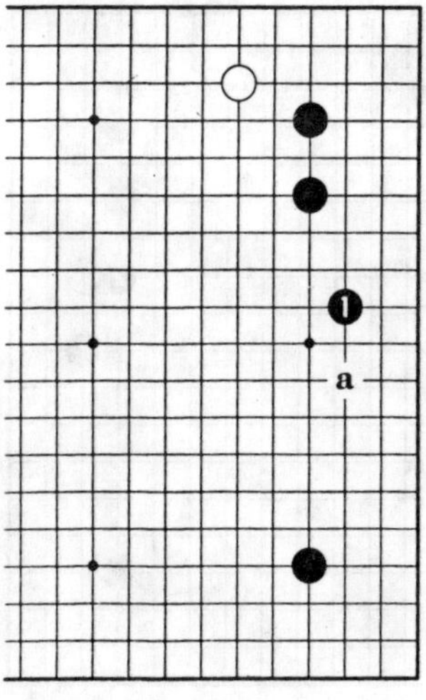

4도

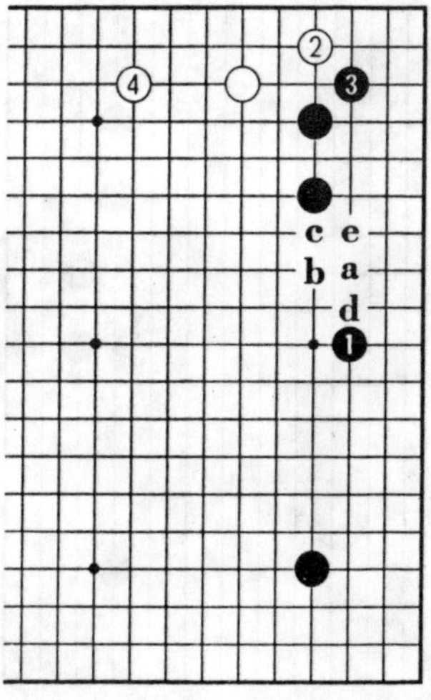

5도

6도 백 1로 두는 것도 침입의 한 수단이다. 흑 2의 붙임이 있다. 흑 2에는 백 a이면 흑 b 다음에 백 c라도 건너감이 남는다.

이것은 좋은 결과를 기대할 수 없다.

7도 백 1의 침입에는 흑 2이다. 흑 2로는 a의 마늘모도 있는 곳이다.

백의 삶은 간단하지가 않다. 왜냐하면 흑에게 두터운 외세를 허락하기 때문이다.

흑이 유리한 결과의 마무리이다.

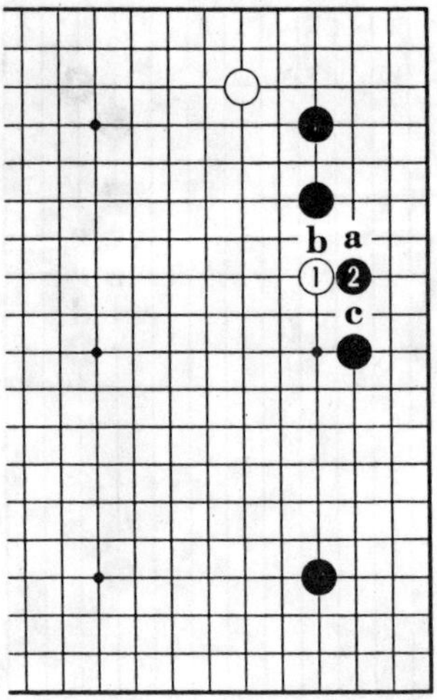

6도

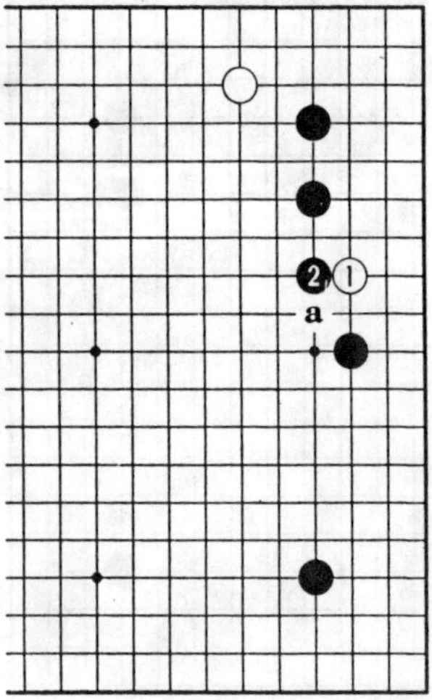

7도

8 도 이런 모양에서는 백 1 이 상용의 맥점이다. 흑 2 의 젖힘에서 3 의 곳 젖힘 다음 흑은 4 , 6 의 올라섬까지 이다.

흑 2 로는 a나 b의 곳의 응수도 있다. 흑 6 의 누름까지는 철칙이다.

9 도 전도의 다음 백 1 의 끊음에서 3 의 뻗음까지가 맥점이다. 흑 4 에는 백 5 도 수가 있다. 흑도 6 의 단수에서 8 의 누름까지 다음에 10의 장문이다. 이것은 14의 먹여침의 따냄까지 일단락이다.

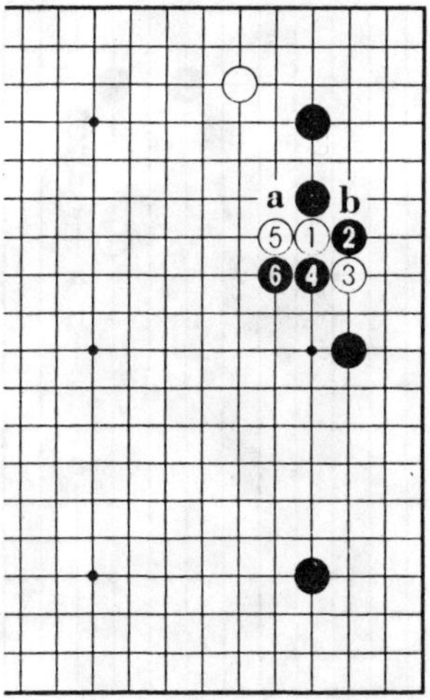

8 도

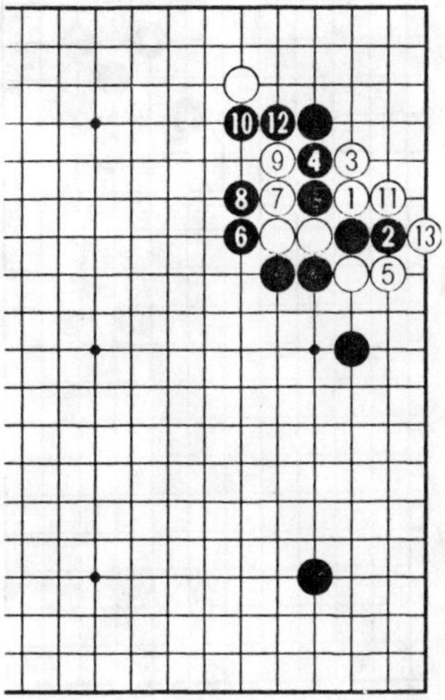

⓮ 먹여침 9 도

10도 고목정석의 하나이다. 많은 생각이 있는 곳이다. 백 5 로는 a 나 b 의 벌림도 있는 곳이다. 현재는 흑에서 a 의 곳에 침입할 수 없다. 침입은 좋은 결과를 기대할 수 없다.

11도 한칸 높은 걸침의 정석이다. 이것은 6 까지가 상형이다. 여기에는 흑a 나 b 등의 침입이 있는 곳이다. 부분적으로는 완전하여도 주위의 상황에 따라 지배받는다.

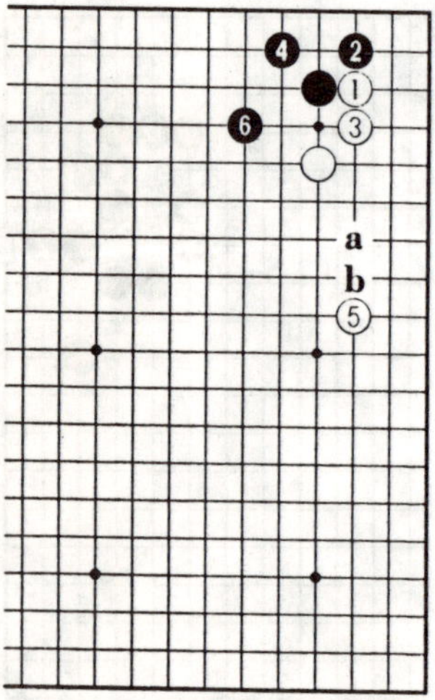

10도

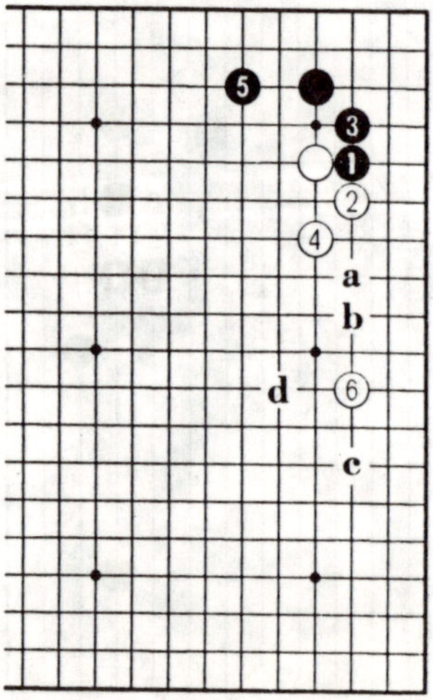

11도

2. 벌림의 원칙

1립 2전, 2립 3전, 3립 4전의 기준이다.

1도 1립에는 백◬에서 2립으로 백**1**의 2칸 벌림이다. 한번으로 안전을 취한 모습이다.

2도 2립 3전이다. 여기에서는 백**1**이다. 흑에서 a의 곳을 침입하는 수는 없다. 이것이 원칙이다.

백이 b의 곳에 한점이 늘어 있다면 c의 곳까지 벌림이 원칙이다.

이와 같은 원칙을 기억하여야 한다.

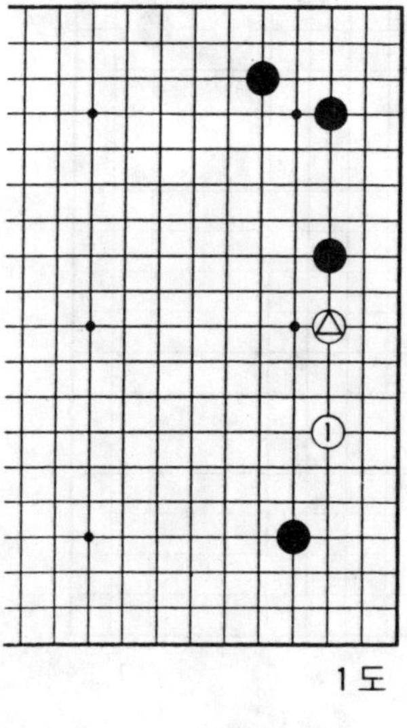

1도

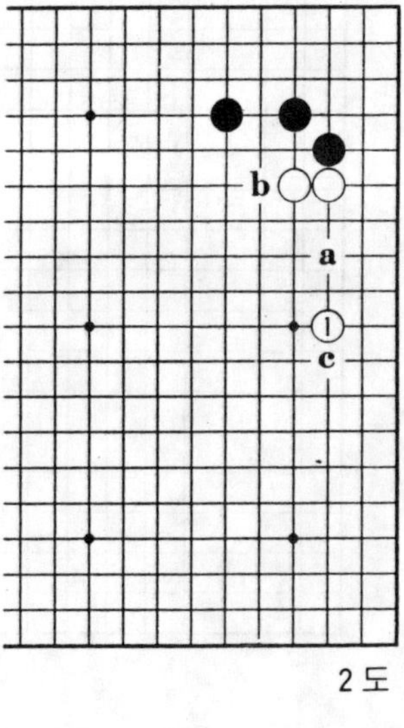

2도

3. 한칸 높은 걸침, 협공의 정석

1도 본도는 소목에서 백 1로 높게 걸친 모양이다. 흑 2의 협공도 정석의 하나이다. 흑 2는 백 1의 돌을 공격하려는 의도가 있다.

이에 대하여 '연락'에 관한 문제가 발생한다.

백 1은 공격의 대상이 된다.

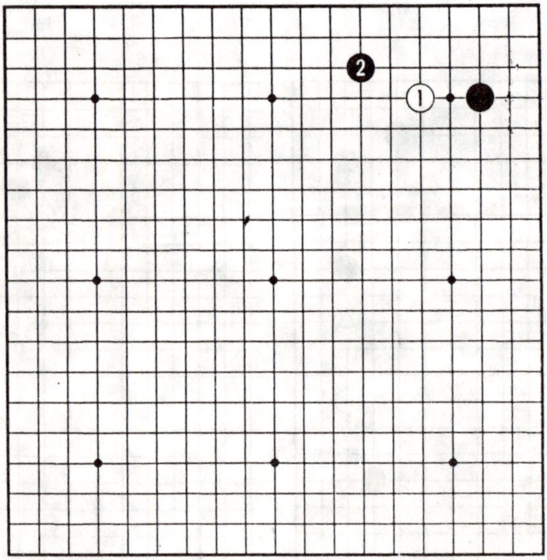

1도

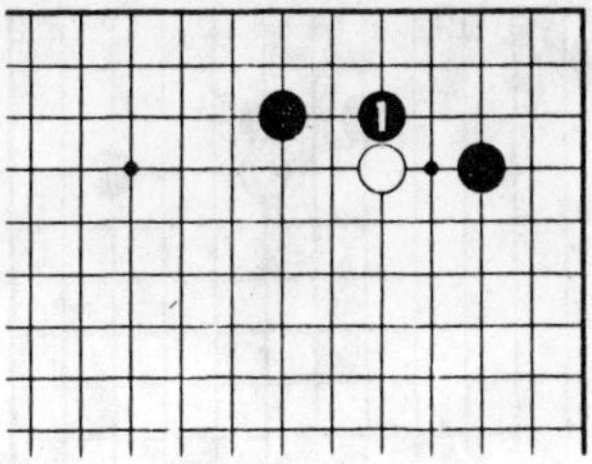

2 도

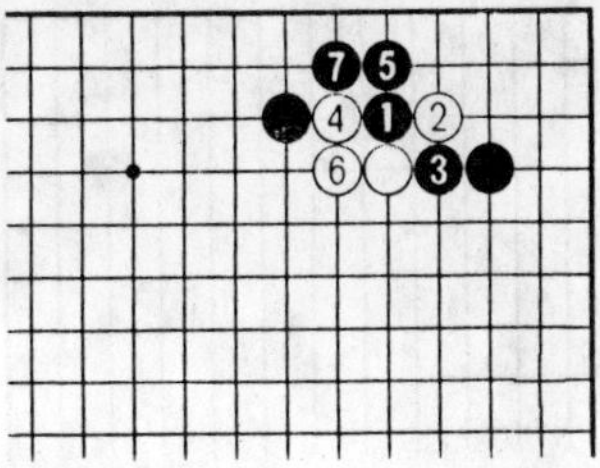

3 도

2 도 흑의 협공에 대하여 백이 손을 뺀다면 흑 **1**의 붙임이다. 흑돌은 맛좋게 연락을 취한다. 백돌은 중간에 떠 있는 돌이 된다.

3 도 공격하는 모양을 살펴보자. 백 **2**로 흑돌의 연락을 차단하여도 결국 **7**까지 흑은 연락이 된다.

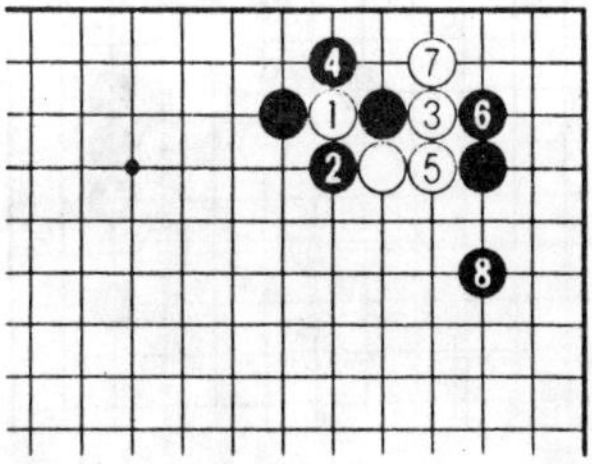

4 도

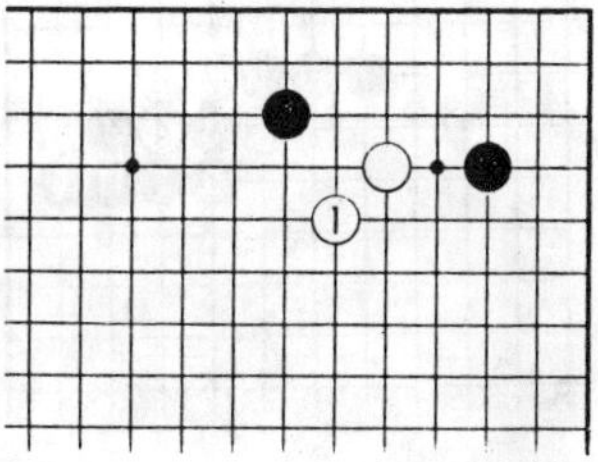

5 도

4 도 백 **1**은 어떨까? 이것은 **5**까지 연락을 차단할 수 있지만 백이 좋지 않다.

5 도 **3**, **4**도에서 백이 손을 빼지 않고 둔다면 **1**의 곳이다. 이것이 전투의 요점이다.

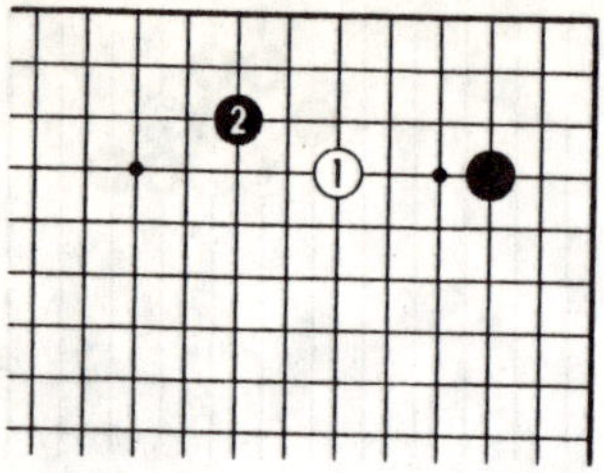

1 도

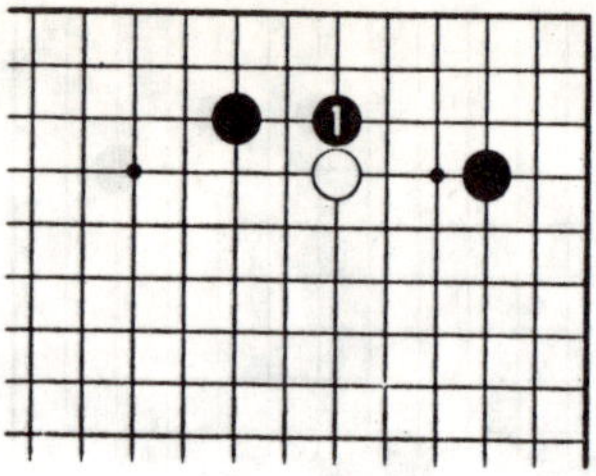

2 도

1 도 백 **1**의 2칸 높은 걸침에 흑 **2**의 다가섬이다. 국면을 유리하게 이끌려는 의도는 어디에 있을까 생각하여 보자.

2 도 이에 대하여 백이 손을 빼면 흑은 **1**의 곳으로 연락을 취한다. 일석이조로 흑의 성공의 국면이다.

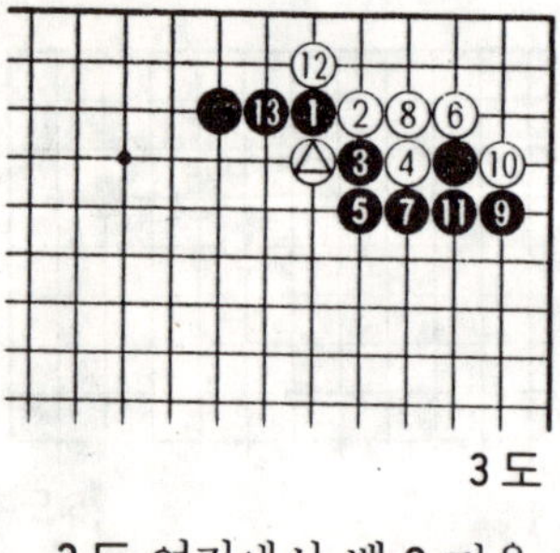

3 도

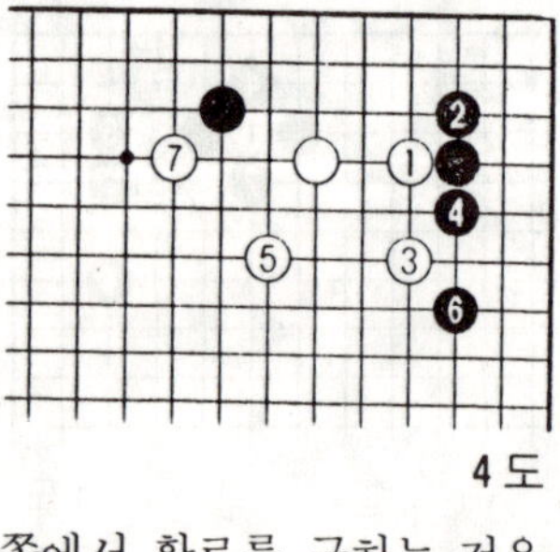

4 도

3 도 여기에서 백 **2** 다음 안쪽에서 활로를 구하는 것은 흑에게 외세를 허락한다.

백 ⓐ표 한 점은 도망할 수 없다.

4 도 이상의 결과에서 백은 **1**의 곳을 부딪혔다. 흑돌과 소목의 흑돌이 방해하고 있다. 백 **7**까지 일단락이다.

4. 건너감

1도 여기에서는 실전에서의 건너감을 나타내고자 한다. 본도는 우상의 백 1점을 공격하고 있다.

백이 한칸으로 도망을 하는 것은 우상귀가 견고한 날일자여서 불가하다.

수단의 여지가 있는 곳이다. 백은 변에 2칸 벌림이 있다.

백돌의 연락을 어떻게 구할까? 주위의 악 영향을 고려하여야 한다.

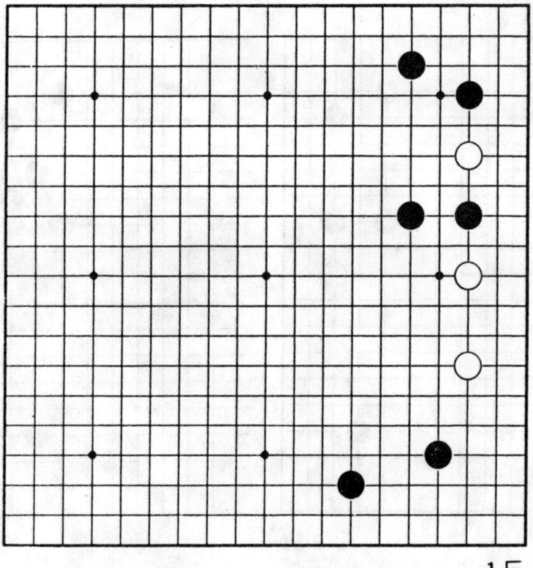

1도

2 도 일찍 연락을 취하는 것이 공격을 받는 것보다 현명한 방법이다. 백은 1의 곳을 붙여왔다. 이하는 반격에 대하여 흑의 처리방법을 표시하여 본다.

3 도 흑의 저항의 제 1호이다.

흑 1의 젖힘에서 7까지이다. 연락은 할 수 있지만 한 점이 균열이 되었다.

백의 돌에는 활력이 넘친다. 실리와 외세의 절충이다.

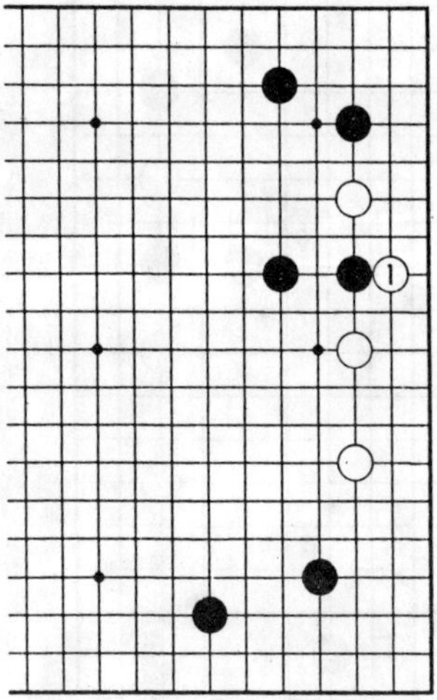

2 도

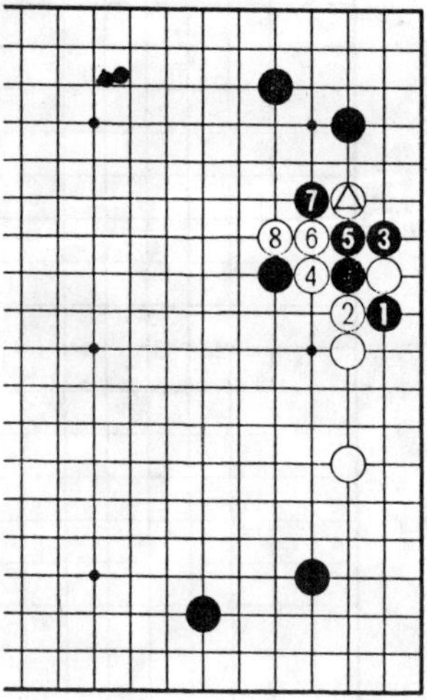

3 도

4도 반격의 제 2호이다. 이것은 **8**까지이다. **3도**와 같은 모양으로 흑은 실리를 얻고 백은 건너간다.

3도와 **4도**와 같이 백은 완벽하게 연락을 취할 수가 있다. 2곳 다 맞보기의 곳이다.

5도 백이 우상변에 남아 있는 한점을 움직이지 않는다면 흑**1**로 모자를 씌워 공격을 한다.

3도, **4도** 다음의 어려움은 다음에 설명을 하기로 한다.

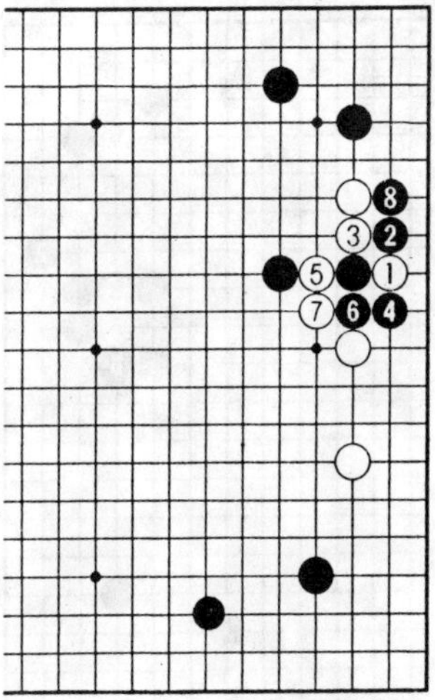

4도

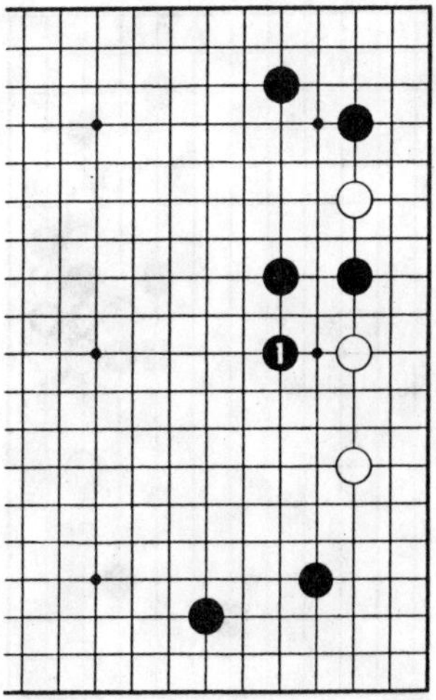

5도

6 도 백 **1**로 두는 것은 흑 **2**로 반격하는 수가 있다. 이것은 **8**까지 외길이다.

백의 일단이 분단이 된다. 본도와 **4 도**를 비교하여 보면 **5 도**의 흑 **1**이 사실은 효과적인 움직임이다.

7 도 흑 **2**에 대하여는 백 **3**이 맥이긴 하지만 이때 흑 **4**가 강수이다.

본도의 결과도 **6 도**와 대동소이하다. 백이 나쁜 결과이다.

이렇듯 연락은 실전에서 좋은 역할을 한다.

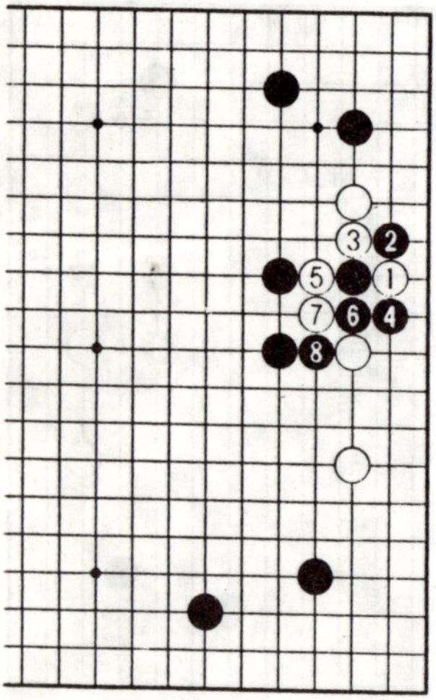

6 도

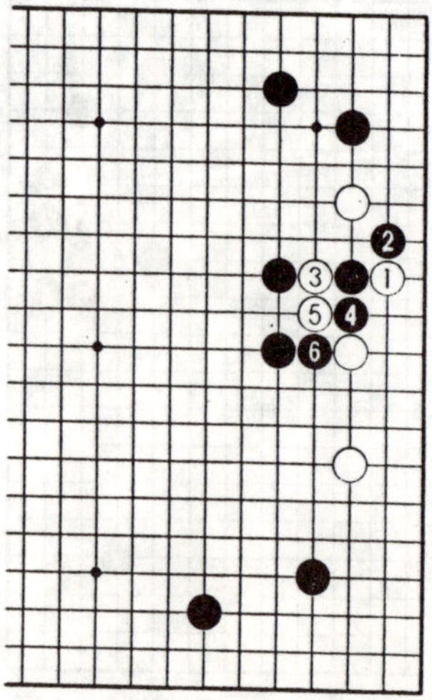

7 도

5. 제1선의 건넘

1도 실전에서 나타나는 연락에 관한 문제이다. 이것으로써 사활에 관한 문제가 크게 대두가 된다. 연락은 방치하여 두면 끊긴다는 사실을 항상 염두에 두어야 한다.

본도는 좌변의 흑의 포위하에 백 2점이 본대(本隊)와 연락을 취하려고 하고 있다.

끝내기로서도 크게 응용이 되는 맥이다.

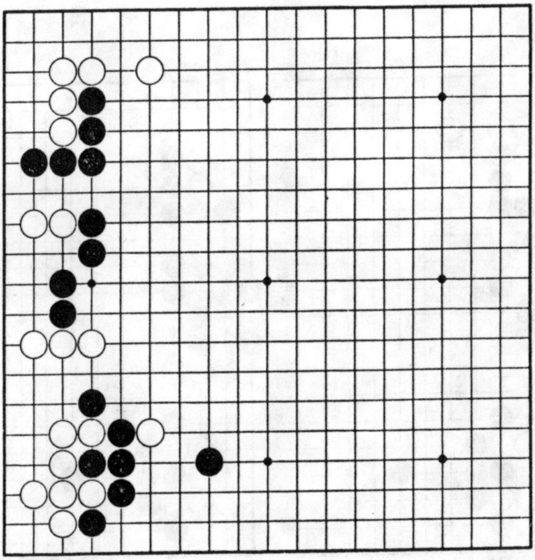

1도

2 도 백 **1**로 두면 무사하게 건너간다. 끝내기로서도 큰 곳이다. 주위의 상황에 따라 집모양이 달라진다. 백 **1**이하의 연락은 없는 곳이다.

다음 도에서 그것을 설명하고 있다.

백 **1**은 1선의 백으로 실전에서 자주 나타난다.

3 도 백 **1**의 날일자에는 흑이 **2**, **4**로 건너붙이면 끊기는 곳이다. 이것은 백 **1**의 날일자 라고 하더라도 악수이다. 전도의 백 **1**의 마늘모 대신 본도의 흑 **2**의 마늘모도 본대와 연락을 취할 수 있지만 정수는 아니다.

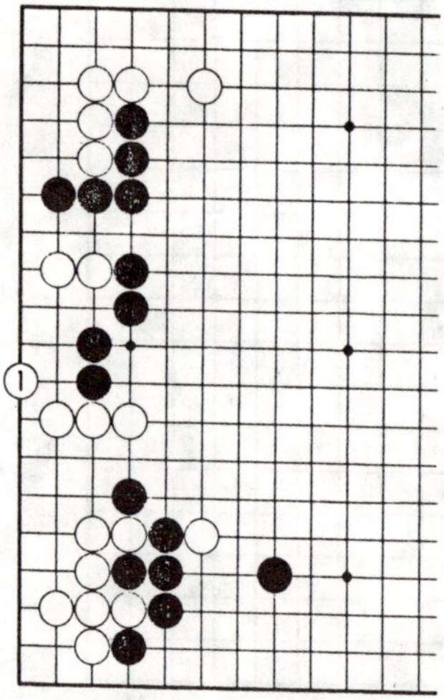

2 도

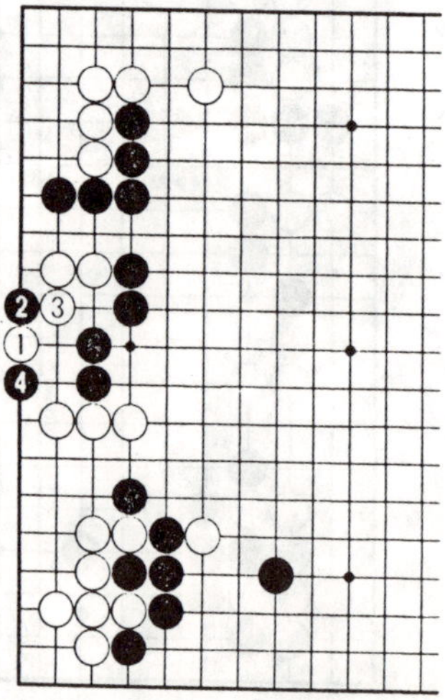

3 도

1 도〈대사정석에서〉

이것은 대사정석에서 나타나는 변화의 하나이다. 흑 1에는 백 2 이하 7까지 움직인다, 평연한 진행이다. 자, 이곳에서는 어떻게 둘까? a의 누름일까? 이 부분을 연구하여 보자.

2 도〈끊음은 보류〉

백 1의 단수에서 그 다음의 응수가 쉽지 않다.

흑 2로 먹여치고 백 3 다음 4의 곳을 내려선다. 백이 5의 곳을 이으면 6으로 따낸다. 한점을 잡으면 백 5로 패를 다투게 된다.

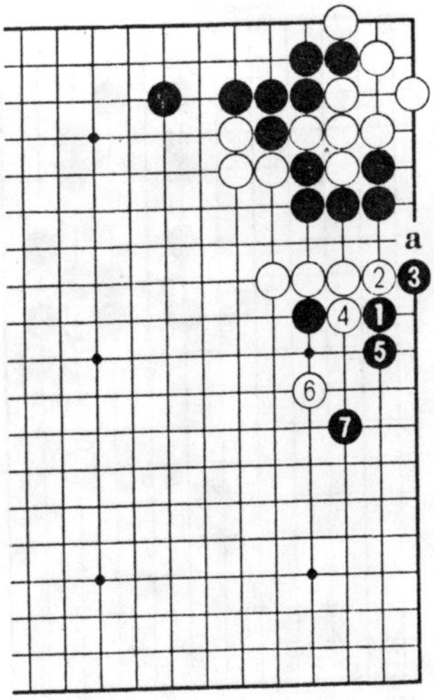

1 도

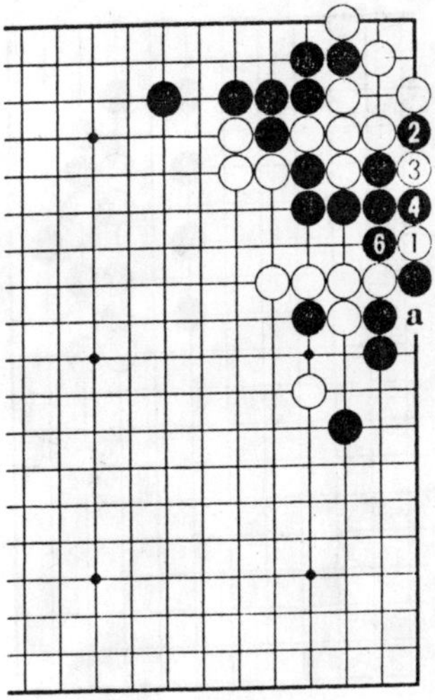

⑤ 이음 2 도

1 도〈백선〉

일견 도움이 필요한 곳이다. 위쪽의 백 5점을 돕는 수단이 필요하다.

이것도 실전에서 자주 나타나는 모양이다. 자, 어떻게 두어야 백 5점이 연락을 할 수 있을까?

2 도〈맥〉

백 1로 껴붙이는 한 수이다. 흑 2의 끊음에는 백 3으로 내려선다. 이렇게 되면 간단히 연락이 된다.

잘 기억해 두기 바라는 맥점이다.

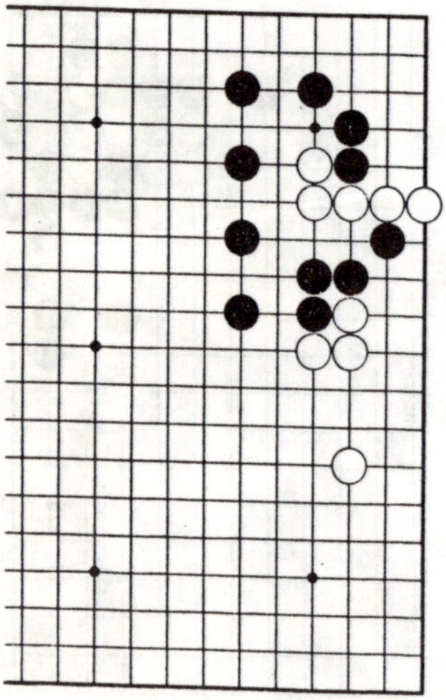

1 도

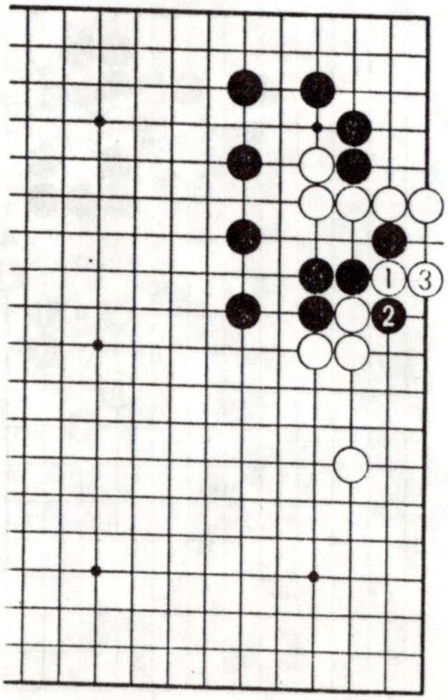

2 도

〔6〕 마무리

여기서'마무리'라는 것은 전투를 유리하게 이끌어 가기 위하여 어떤 모양을 확정짓는 것을 말한다.

특히 이것은 중반전에서 자주 나타나는 수단이다.

한판의 바둑에서 자주 나타나는 것을 모아보았다.

1도〈흑선〉

이런 모양에서도 마무리를 짓는 것은 아무래도 자기쪽에 이득이 있어야 한다. 제1착은 어디일까? 착수를 생각하여 보자.

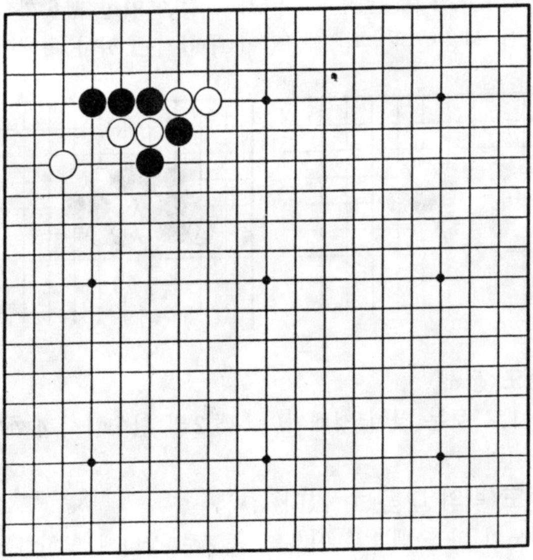

1도

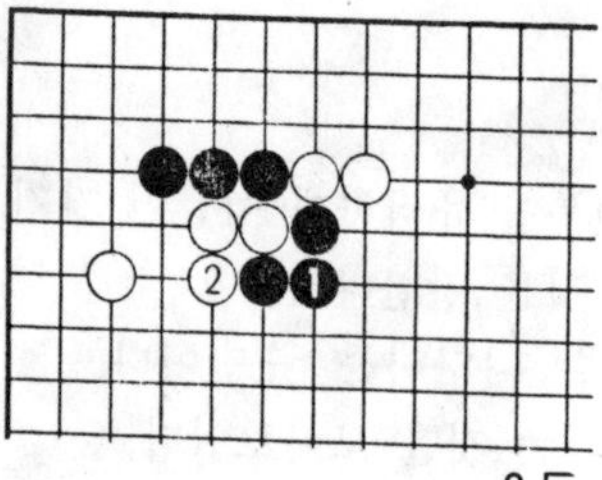

2 도

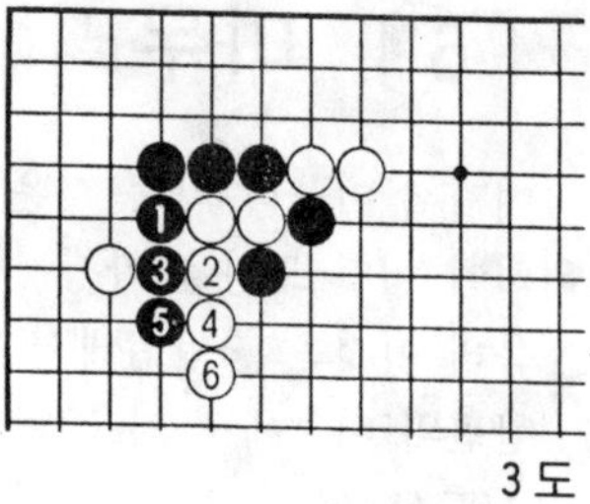

3 도

2 도〈실패〉

흑 1의 이음은 일견 당연한 듯 보이는 착상이나 이것은 백 2로 꼬부려서 흑의 다음 응수가 궁하다.

3 도〈속되다〉

본도의 흑 1로 단수하고 나가는 것은 이하 백 6 까지 많은 집을 허용한다. 백의 중앙이 두텁기는 하나 속맥이다.

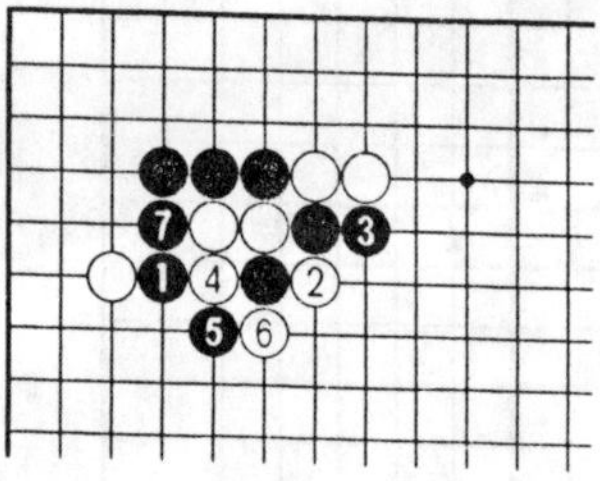

4 도

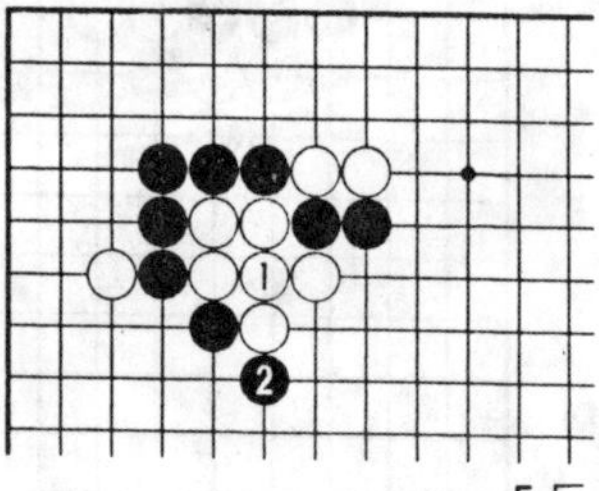

5 도

4 도〈정해〉

흑 1로 두는 것이 정해이다. 백 2의 단수에서 4 까지는 필연이다.

5 도〈백의 다음 수 없다〉

전도의 다음 백 1로 이으면 흑 2로 강하게 젖힌다. 추격의 신호이다.

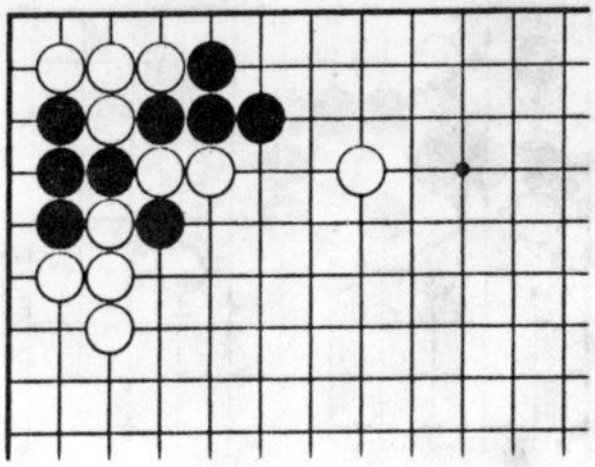

1 도

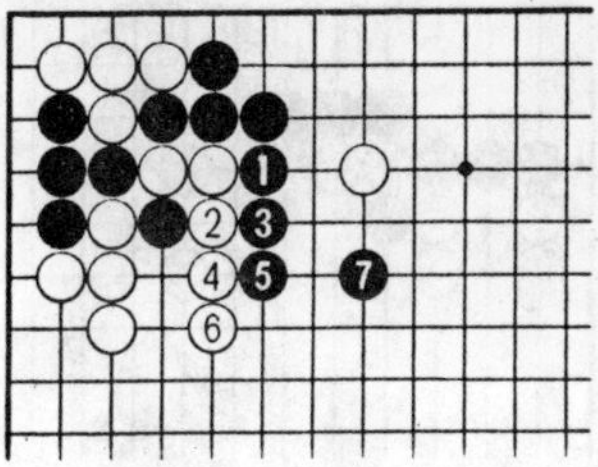

2 도

1 도〈흑선〉

상변에 흑 4 점이 잡혀 있는 모양이다. 이런 모양에서도 맥점은 있다. 배워둘만한 곳이다.

2 도〈속되다〉

흑 1, 3의 연단수는 초급자가 흔히 범하기 쉬운 오류이다. 흑 7까지 백의 좋은 모양이 아닐 수 없다.

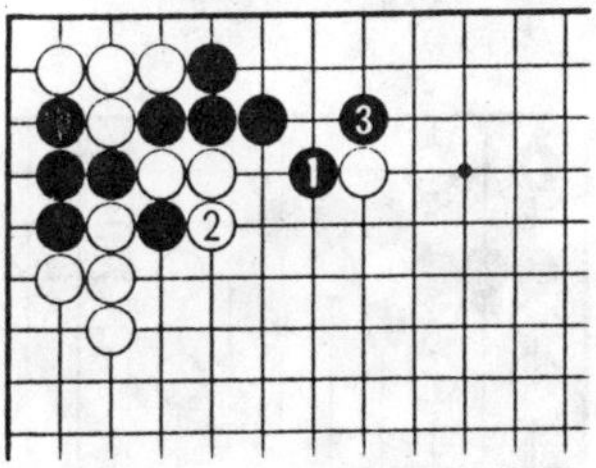

3 도

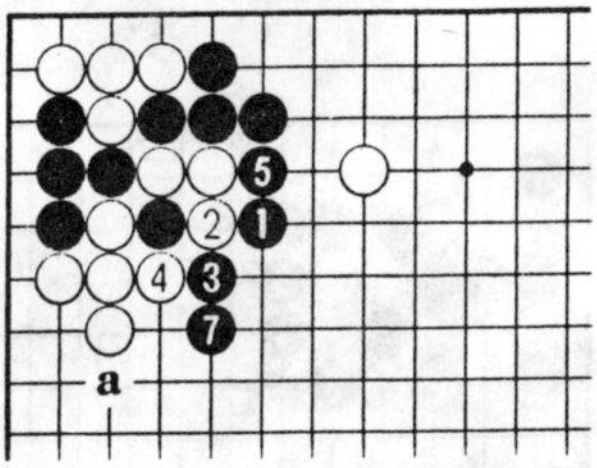

⑥ 이음 4 도

3 도〈이맥〉

흑 1의 마늘모도 생각할 수가 있다. 이것은 백 2 다음에 흑 3이다.

4 도〈정해〉

흑 1의 싸움이다, 이것은 5, 7의 조임이 있다.

다음에 흑은 7의 곳을 뻗는다. a의 곳의 붙임 등을 노린다.

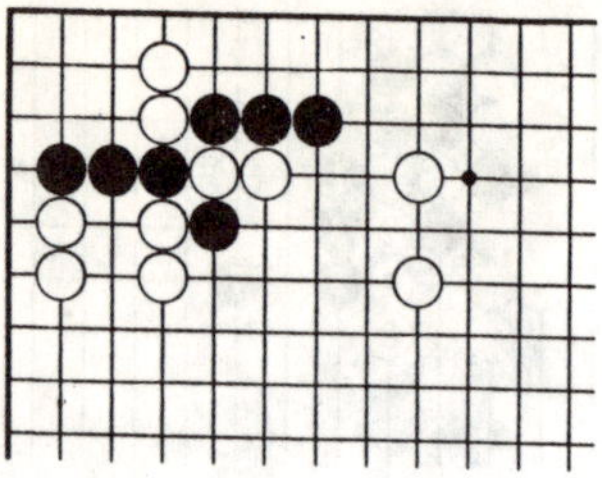

1 도

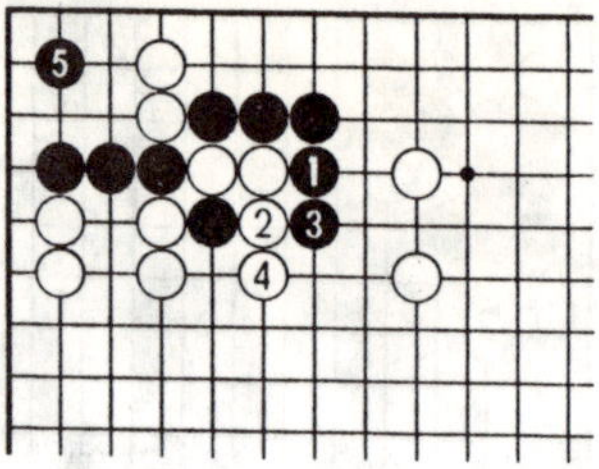

2 도

1 도〈흑선〉

귀의 흑을 백이 공격을 하고 있는 모양이다. 여기에서 흑의 공작이 문제이다.

2 도〈실패〉

흑 1, 3으로 그냥 밀고 나오는 것은 속맥으로 실패가 아닐 수 없다. 흑 5로 귀를 공격한다.

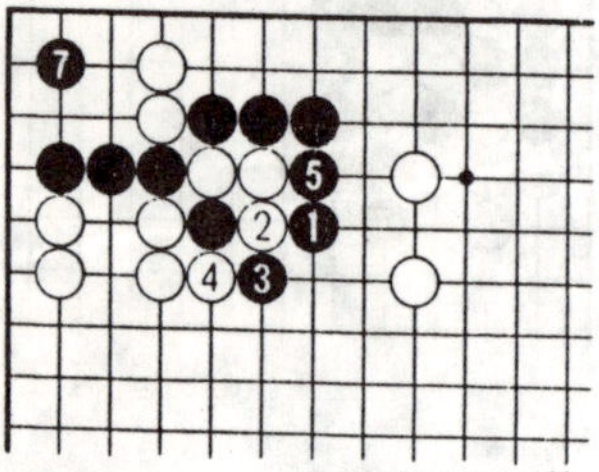

⑥ 이음 3 도

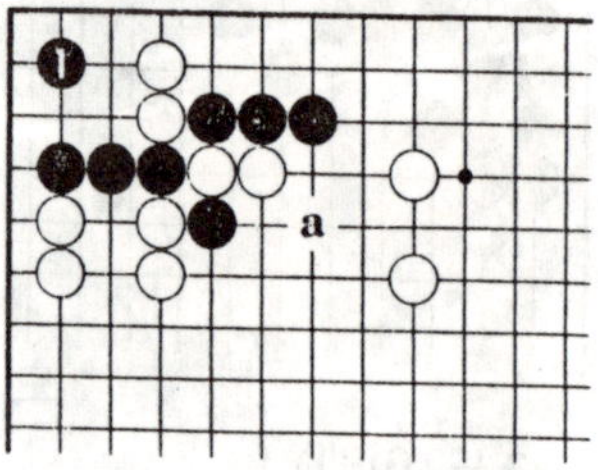

4 도

3 도〈정해〉

여기에서는 흑 1, 3의 조임 다음에 5, 7로 두는 것이 정수이다. 목적을 달성한다.

4 도〈수순착오〉

흑 1은 수순착오다. 이곳에서 백은 a로 둘 수가 있다.

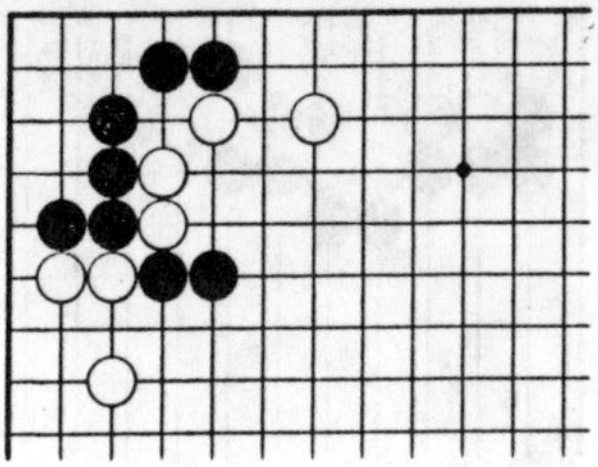

1 도

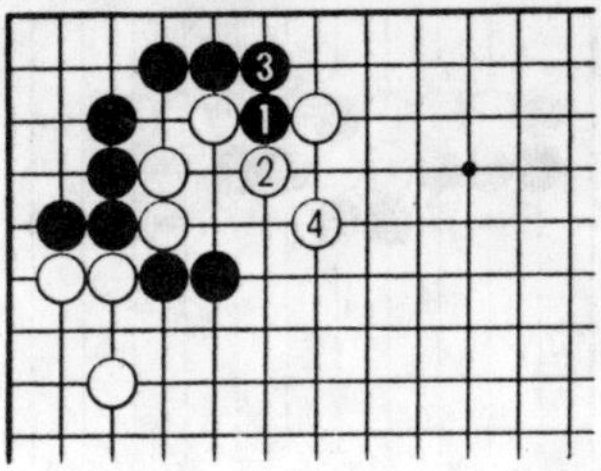

2 도

1 도〈흑선〉

지금 문제는 조금 고급스럽다. 위쪽의 백 4점에 대한 공격이다. 급소를 발견하여야 한다.

2 도〈실패〉

흑 1의 끼움은 이하 4까지로 흑 2점이 약해진다.

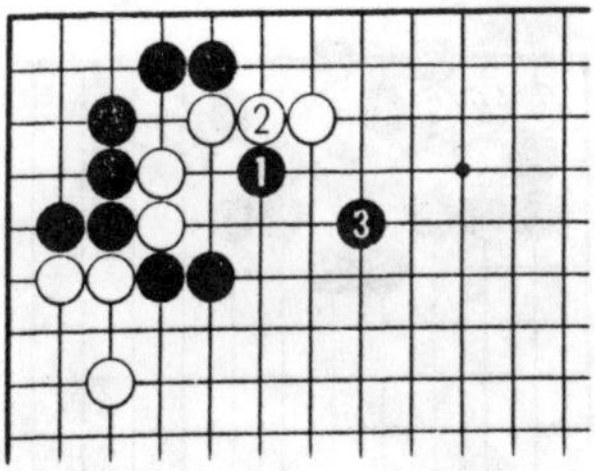

3 도

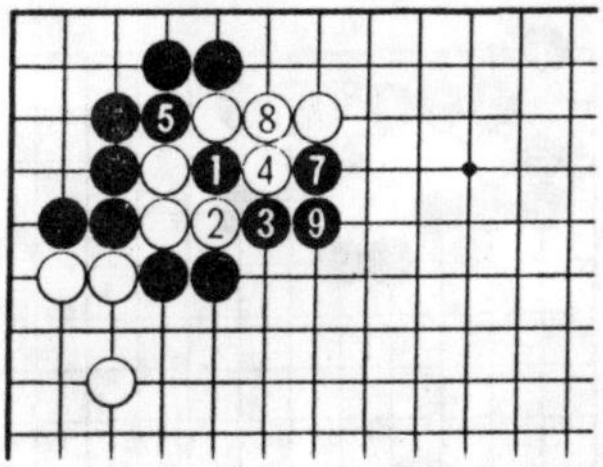

⑥ 이음 4 도

3 도〈들여다 봄〉

흑 1의 들여다 봄에서 3까지 공격을 하는 수이다. 이것도 백에게 여유가 있다.

4 도〈정해〉

비약하는 수단은 흑 1이 맥이다. 백 2에서 흑 9의 이음까지이다.

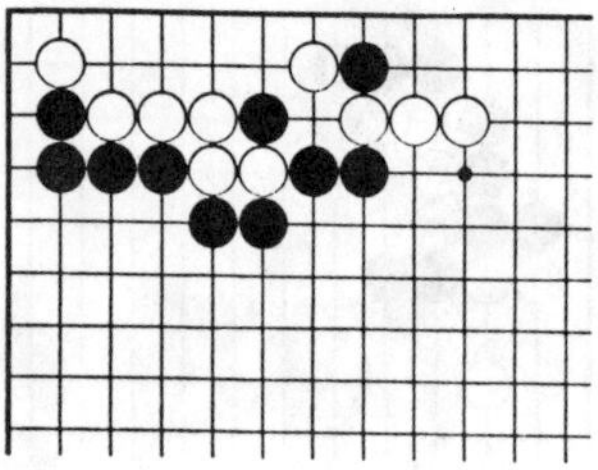

1 도

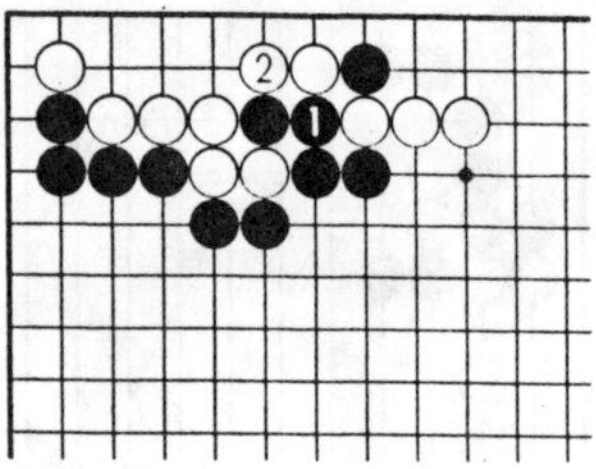

2 도

1 도〈흑선〉

이런 곳도 백에게 맛이 남아있는 모양이다. 흑은 어떻게 두어야 할까?

2 도〈실패〉

흑 1은 순진하다. 백 2의 뻗음으로 그만이다.

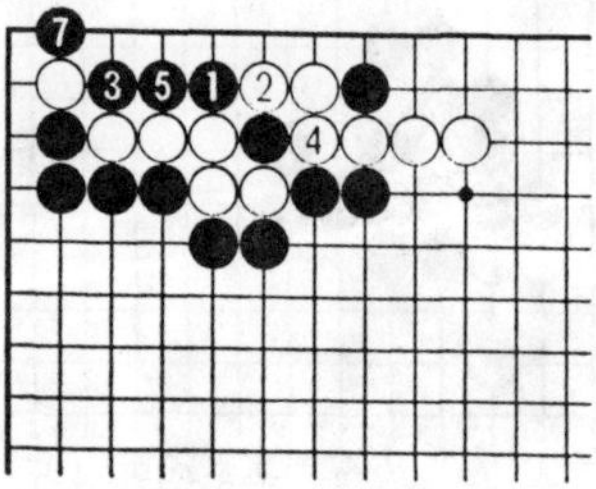

⑥ 이음 3 도

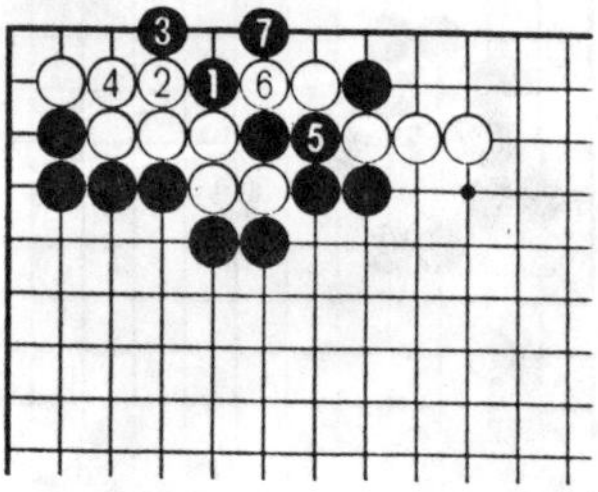

4 도

3 도〈정해〉

흑의 젖힘이 절묘한 한 수이다. 백 2의 끊음에서 흑 3의 단수, 7까지 흑은 막대한 집을 얻는다.

4 도〈꽃놀이 패〉

흑 1에 백 2는 3의 단수 다음에 7까지이다. 이것은 흑의 꽃놀이 패이다.

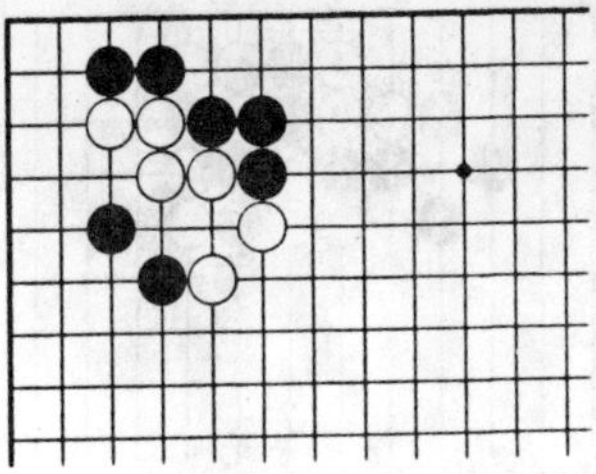

1 도

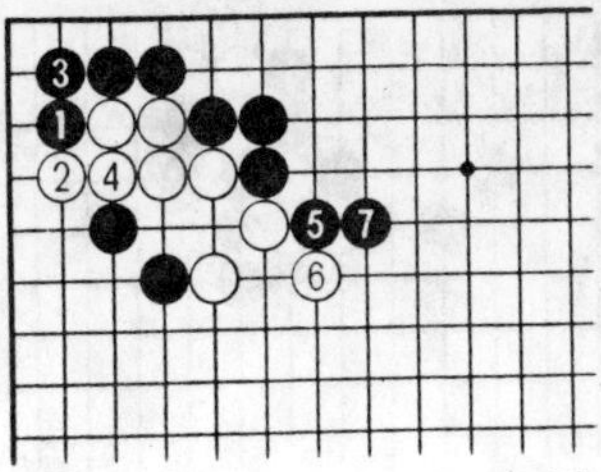

2 도

1 도〈흑선〉

상하의 흑을 연락하며 백을 공격하는 수순이다. 이곳에 어떠한 수단의 여지가 있을까?

2 도〈실패〉

흑 **1**, **3**의 젖혀 이음은 선수이다. 귀의 집을 확보할 수가 있다. 그러나 흑 2 점이 크게 들어가서는 손해가 아닐 수 없다.

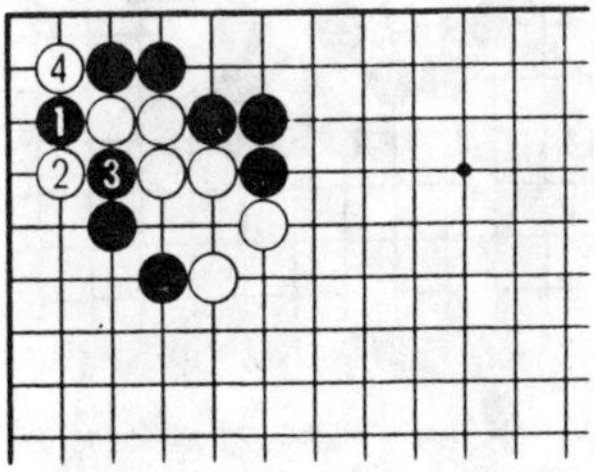

3 도

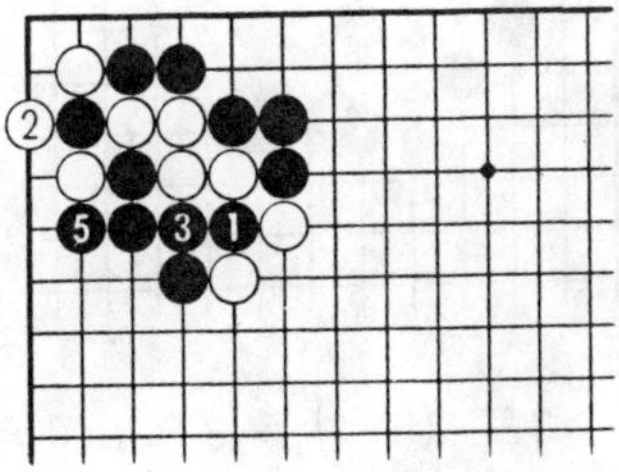

④ 이음 **4 도**

3 도〈정해〉

흑 **1**의 젖힘에서 **3**의 끊음까지이다. 이 수가 정착이다.

4 도 흑 **1**의 먹여치기가 귀수이다. 이것으로 아래쪽 백은 살 수가 없다.

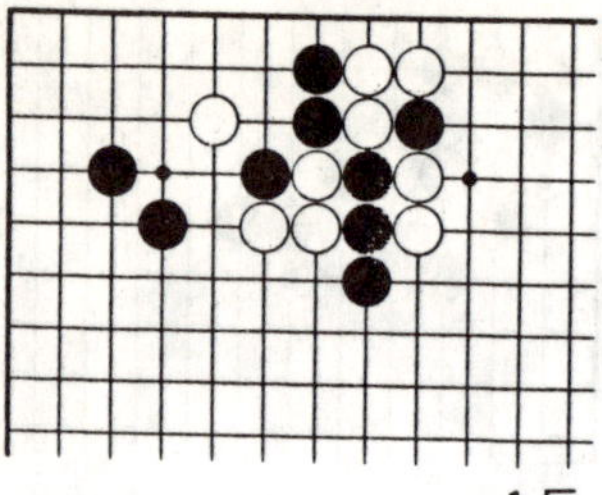

1 도

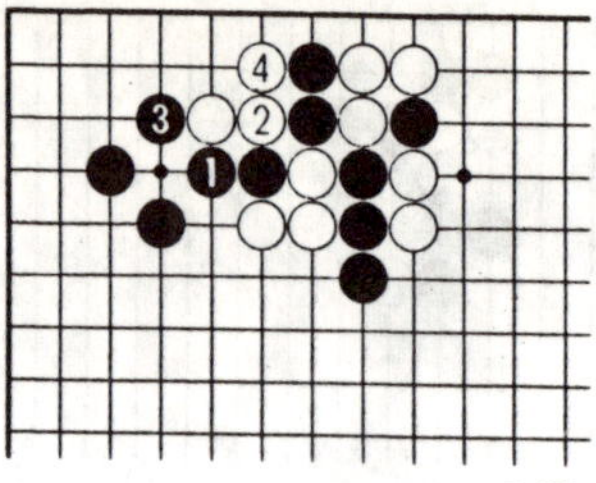

2 도

1 도〈흑선〉

상변의 흑 2점을 도울 수는 없을까? 바깥쪽의 흑을 이용한 맥점이 있다.

2 도〈실패〉

흑 **1**로 늘어나는 것은 백 **2**, **4**로 좋은 결과를 초래할 수가 없다.

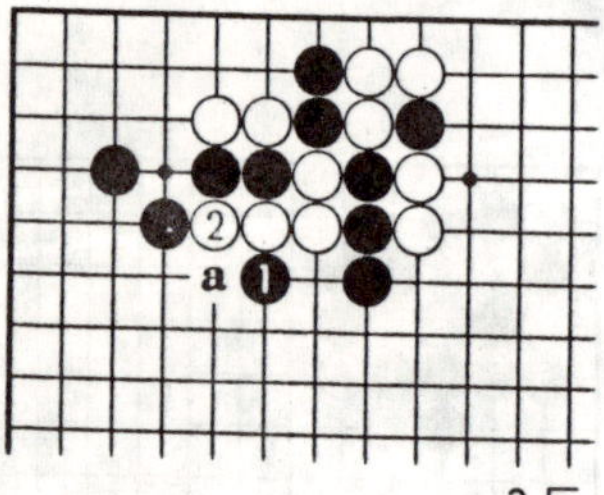

3 도

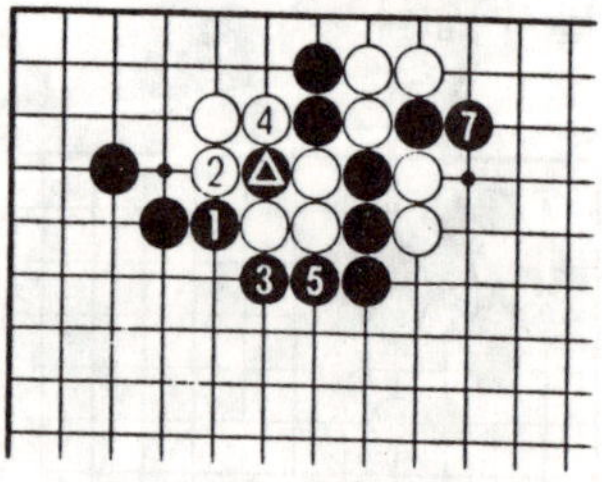

⑥ 이음 4 도

3 도 전도의 흑 **3**으로 **1**의 곳을 봉쇄하는 것은 어떨까. 흑 **1**로는 a 도 같은 모양이다.

4 도〈정해〉

흑 **1**의 부딪힘이다. 흑 ▲를 사석으로 이용하려는 작전이다. 결국 백 **6**까지 된 다음에 흑도 **7**의 곳을 뻗어 십분 좋다.

〔7〕 장문

장문도 중반전의 테크닉의 하나이다. 축이 안되는 싯점에서 자주 사용하는 수법이다. 물론 여기에는 복잡한 곳도 있다. 기술을 요하는 유력한 무기의 하나이다.

1도〈흑선〉

백2점을 잡을 수가 있다면 좌우의 흑이 당연 안정이 된다. 참신한 세력을 구축할 수 있는 곳이다.

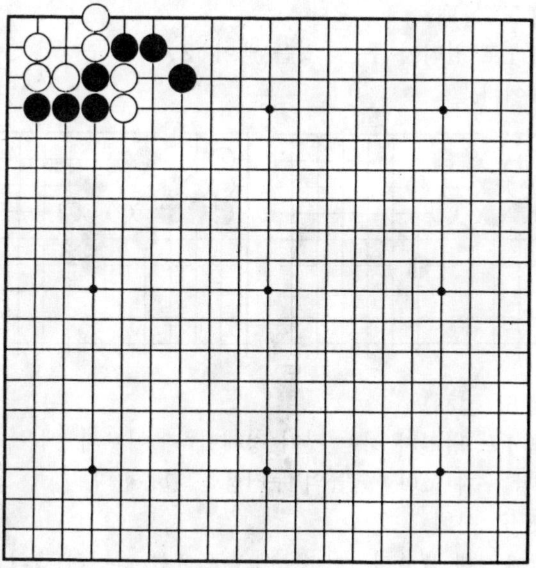

1도

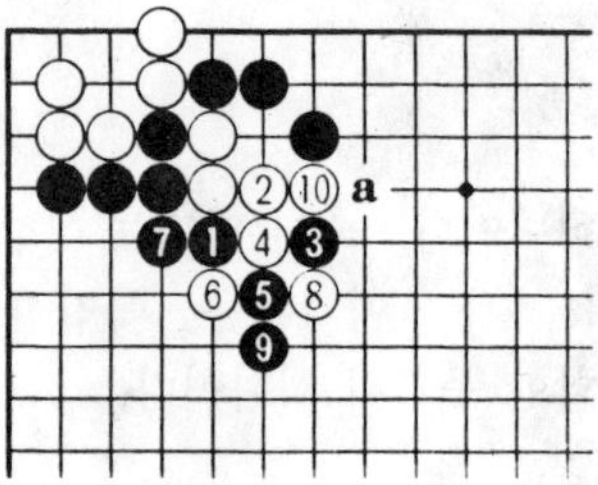

2 도

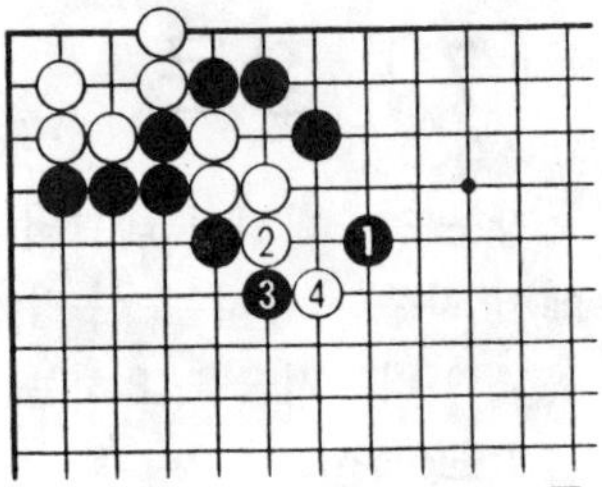

3 도

2 도〈실패〉

흑 1의 젖힘이 한 수이다. 백 2에 흑 3으로 되어서는 실패이다. 10까지이다. a의 곳으로 좌우의 엷음이 해소가 된다.

3 도〈실패〉

흑 1로 벌리어 두는 것은 백이 2, 4로 두어서 명확한 실패이다.

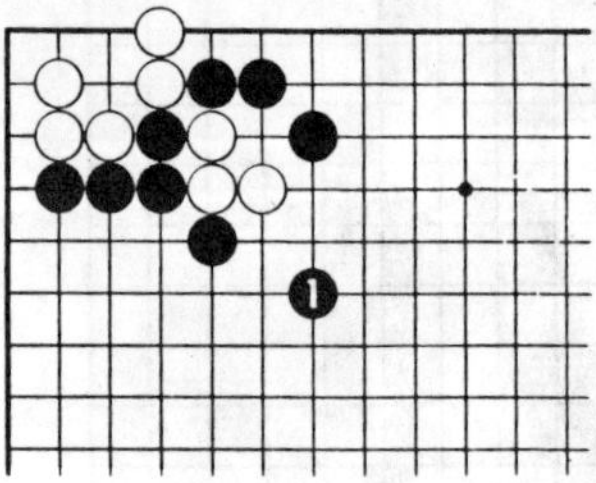

4 도

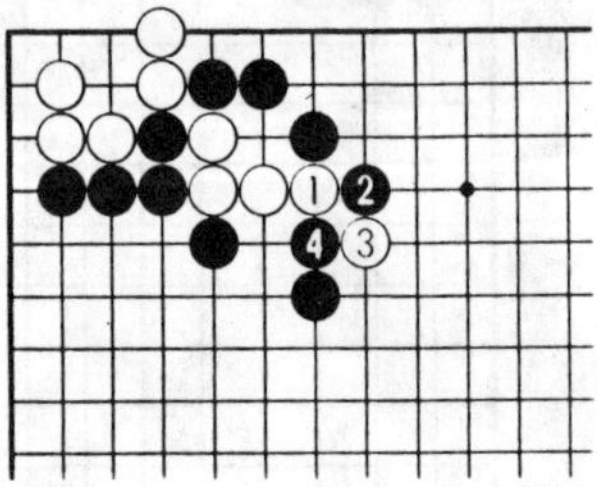

5 도

4 도〈정해〉

흑 1로 날일자 하는 것이 정해이다. 이로써 백은 탈출을 할 수가 없다. 흑돌의 두터움을 활용한다.

5 도〈변화〉

백 1이하 흑 4까지이다. 백 1로 4는 간단히 3의 곳을 두는 것이 좋은 수이다.

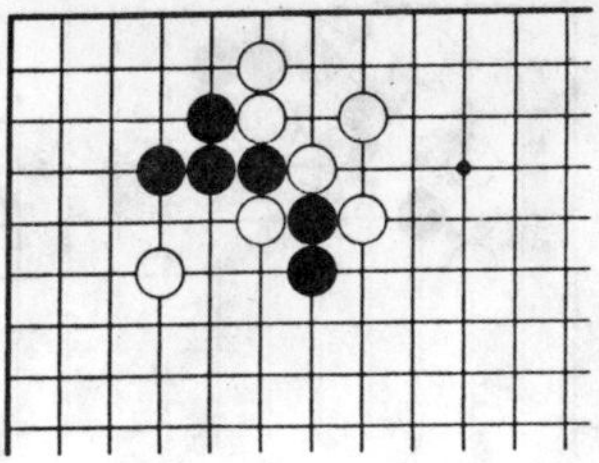

1 도

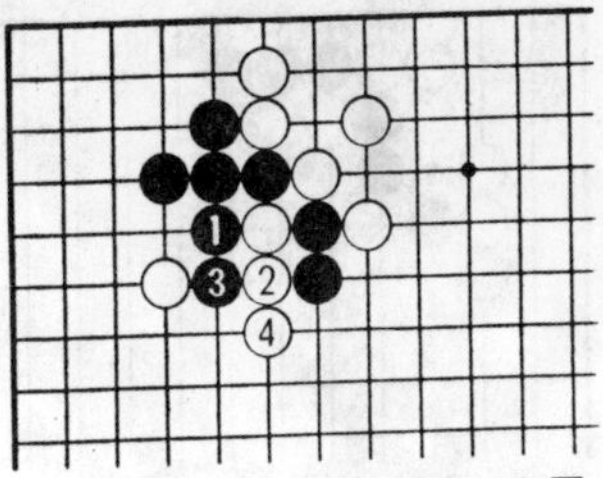

2 도

1 도〈흑선〉

본도의 모양을 보기로 하자. 이것은 지극히 간단한 것으로 한 수로 결정이 된다.

2 도〈실패〉

흑 1로 나가는 것은 실패이다. 유치한 착오라고 할 수 있는 곳이다. 흔히 범하기 쉬운 오류이다.

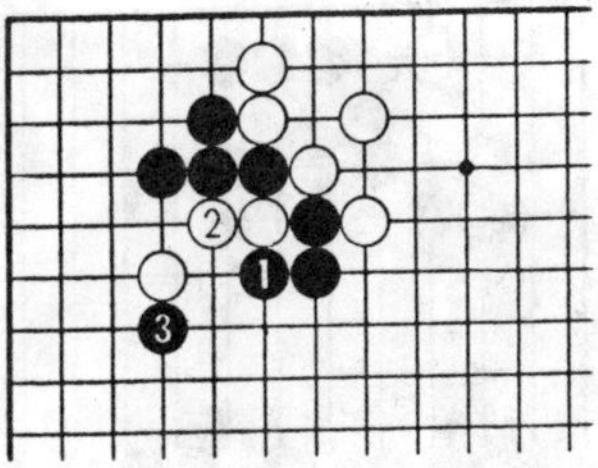

3 도

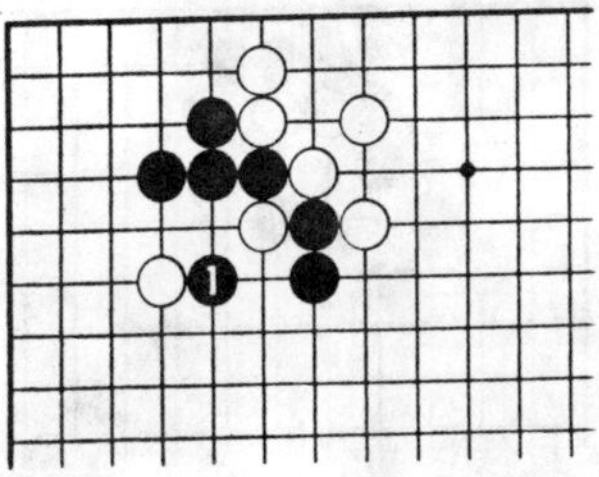

4 도

3 도〈돌의 바깥〉

전도에서 단수를 하는 방향이 문제이다.

흑 1, 3으로 두는 것은 복잡하여진다.

4 도〈정해〉

단수를 하는 점으로 비약을 하여 흑 1의 장문이다. 이 점이 정착이다.

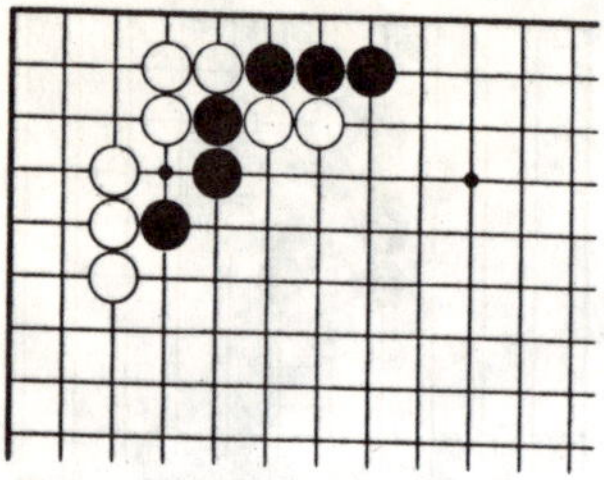

1 도

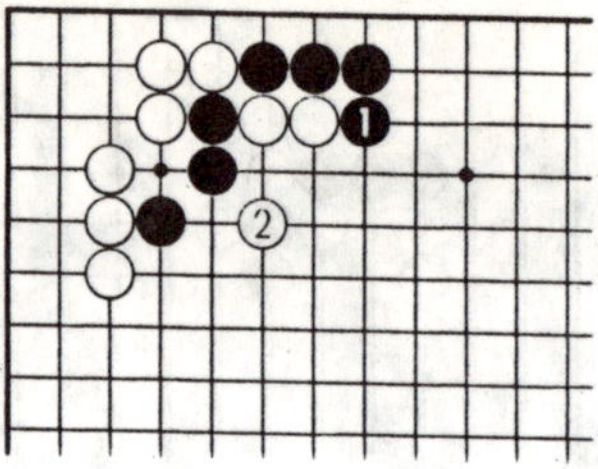

2 도

1 도〈흑선〉

본도도 장문의 기본형이다. 백 2점을 잡지 않으면 안된다.

2 도〈실패〉

초급자가 범하기 쉬운 것은 흑 1이다.

백이 2의 곳을 두면 쉽게 잡을 수가 없다.

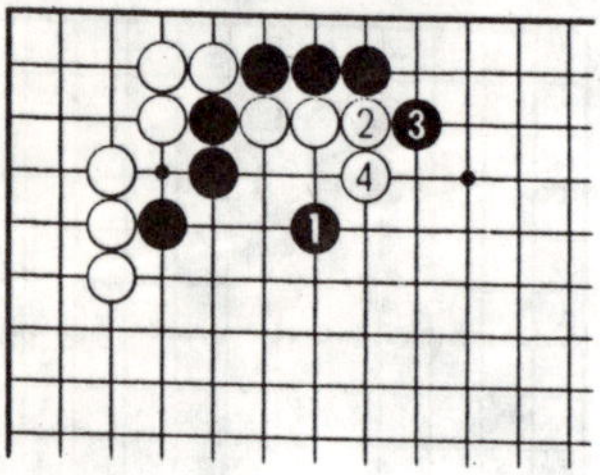

3 도

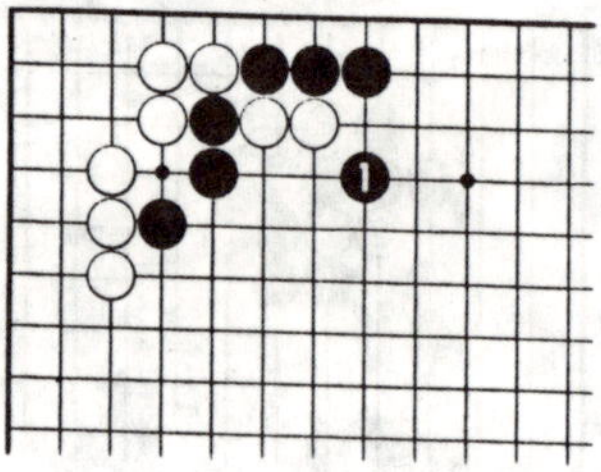

4 도

3 도〈실패〉

흑 1로 두는 것은 어떨까? 백 2, 4로 나가는 수가 있다. 이것도 실패이다.

4 도〈정해〉

흑 1의 장문이 정해이다. 좌우를 봉쇄 당하여 백은 움직일 수가 없다.

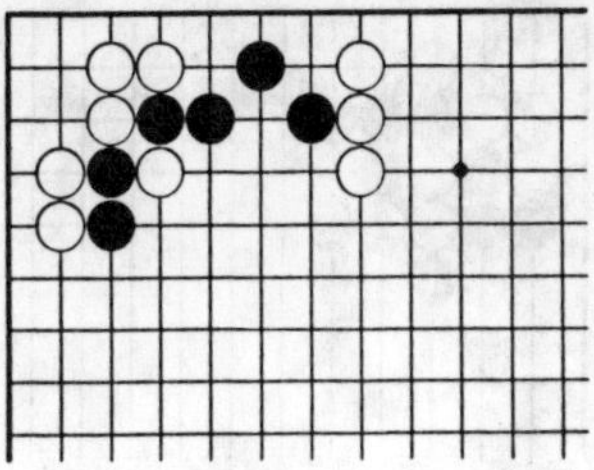

1 도

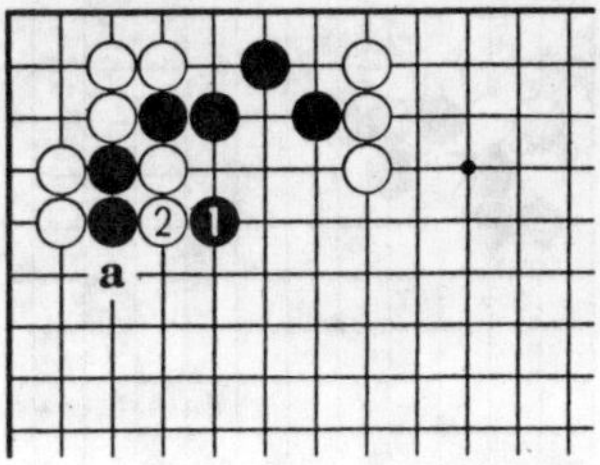

2 도

1 도〈흑선〉

지금의 모양을 보면 쉽게 장문을 할 수 없는 모양이다.

2 도〈실패〉

흑 1의 씌움에는 백 2로 단수하여 나간다. 이것은 실패이다. 흑 1로 a의 곳을 뻗으면 백은 1의 곳에마늘모한다.

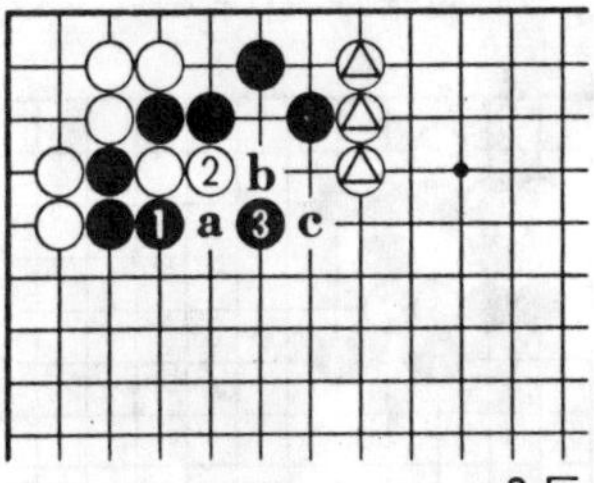

3 도

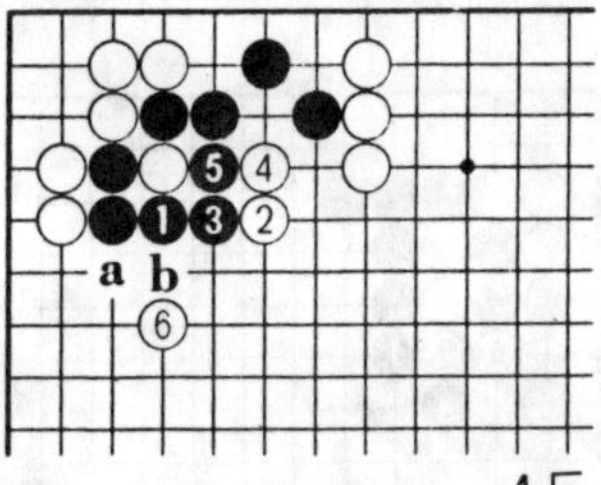

4 도

3 도〈정해〉

흑 1 다음 백 2에서 흑 3의 장문까지이다. 흑 3으로는 a의 곳을 누르면 백b에 흑c를 생각할 수 있으나 이것은 백 ◬의 원군이 있다.

4 도〈백의 변화〉

흑 1때 백은 도망할 수가 없어서 백 2로 날일자를 한다. 2로 a이면 흑b, 백 6으로 변화한다.

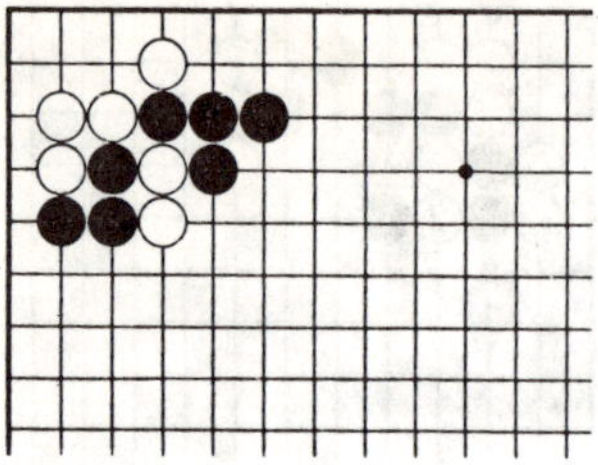

1도

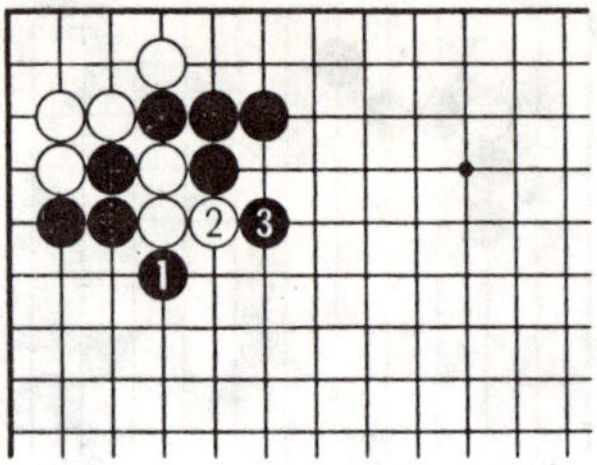

2도

1도〈흑선〉

흑은 좌우로 분단을 당하고 있다. 백 2점을 잡지 않으면 안된다.

2도〈축 관계〉

흑 1의 단수에서 3으로 단수를 하면 축이 문제가 된다. 여기에서 축의 유리와 불리가 크게 대두가 된다.

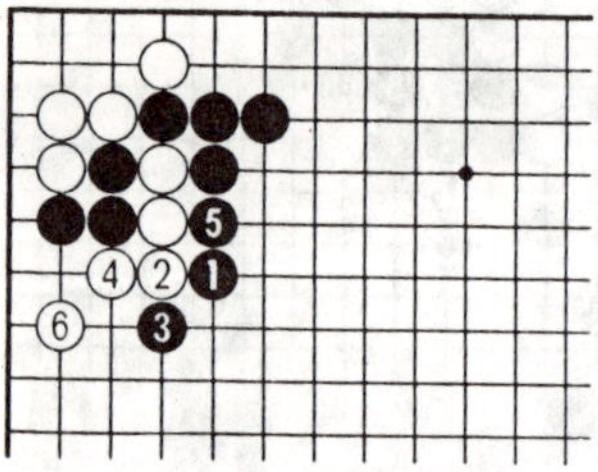

3도

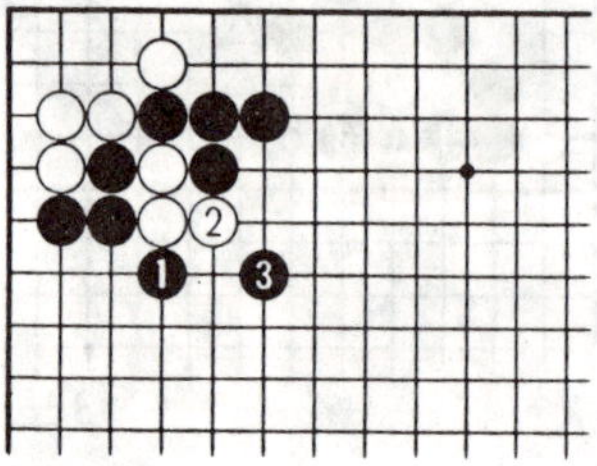

4도

3도〈변화〉

축이 나빠서 선불리 장문하는 것은 속단이다.

흑 1은 백 6까지 많은 손해가 난다.

4도〈정해〉

흑 1의 단수에서 3의 씌움까지이다. 간단히 해결이 된다.

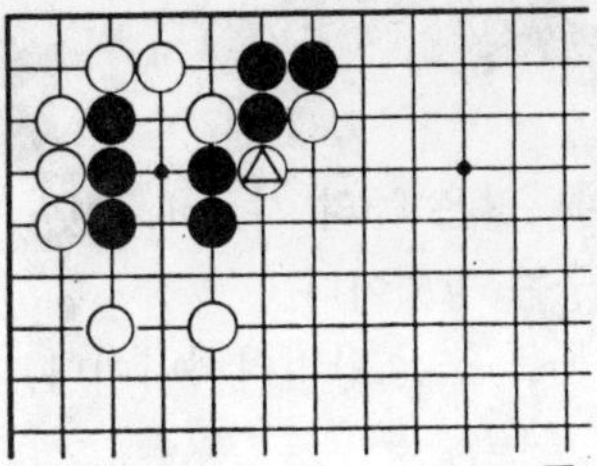

1 도

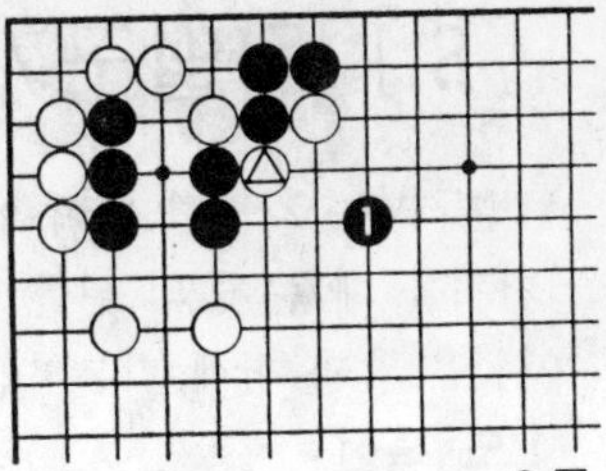

2 도

1 도〈흑선〉

이런 모양은 어떨까? 장문이 생각이 나는 곳이다. 문제는 백 ◬와 함께 산재된 돌을 어떻게 잡아야 하는가?

2 도〈정해〉

이곳은 비록 먼 곳이지만 흑 1이 좋은 수이다. 백 ◬는 탈출할 수 없다.

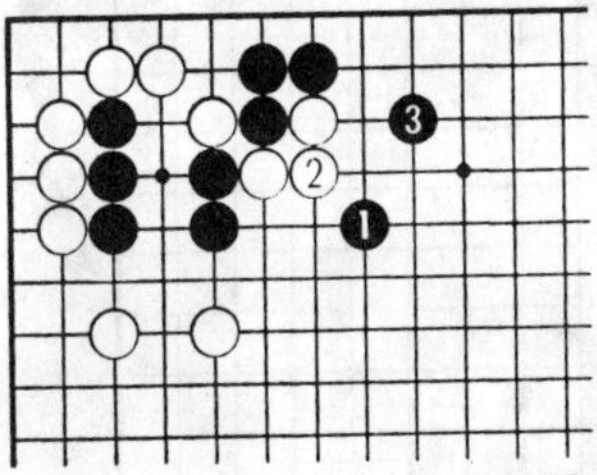

3 도

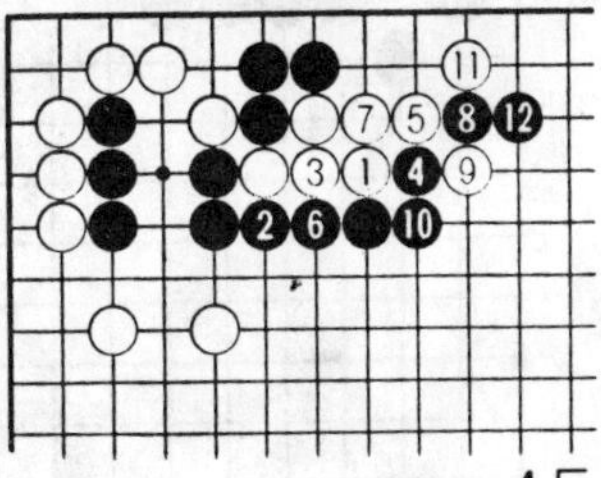

4 도

3 도〈2 중의 장문〉

백 2의 이음에서 3의 날일자까지이다. 이 다음은 각자가 연구하여 보기 바란다.

4 도〈그물〉

백 1 이하의 탈출을 시도하면 이것은 12까지 자동으로 백이 죽는다.

〔8〕뒤떨구기

뒤떨구기는 각별한 맛이 있다. 많은 돌의 사활에 연락을 가져올 때 큰 돌의 뒤를 떨구는 방법이다.

이것은 축과 함께 기본적인 돌을 놓는 방법의 하나이다.

1 도〈흑선〉

흑 3점이 외부로 탈출할 수가 없다. 상대의 돌을 잡지 않으면 어려운 곳이다.

뒤떨구기의 대표적인 맥점이 있다.

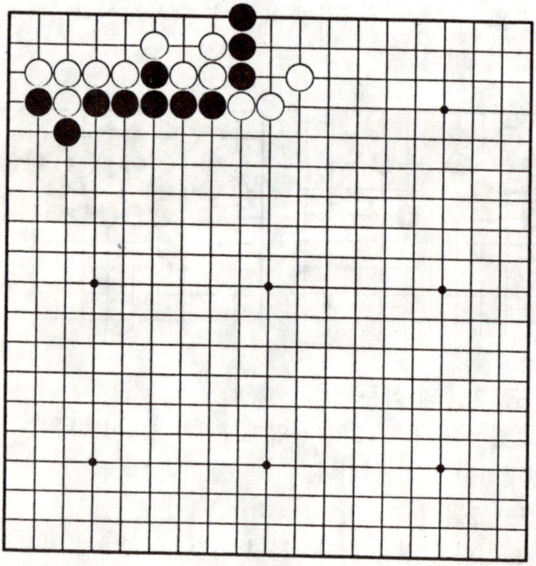

1 도

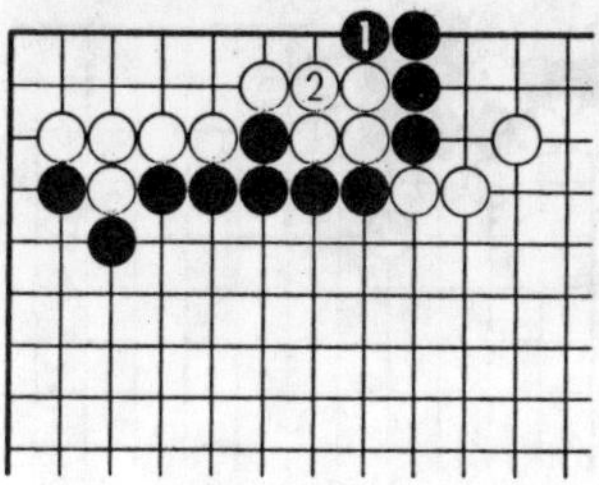

2 도

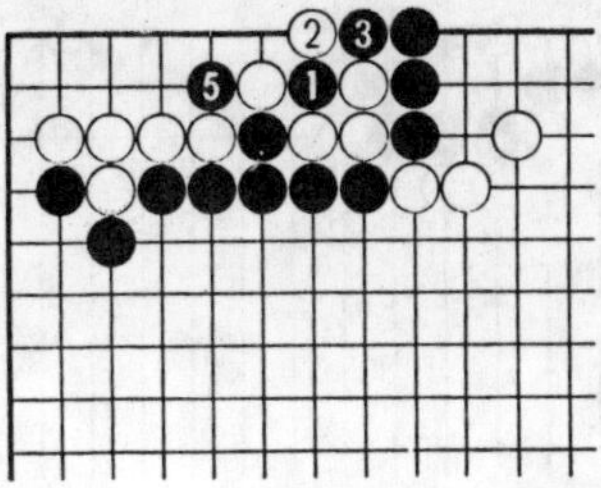

④ 이음 3 도

2 도〈실패〉

단수를 하면 어떨까? 이것은 백 2로 이어서 그만이다. 뒤떨구기를 할 수 없는 곳이다.

3 도〈정해〉

흑 1의 먹여침이 뒤떨구기의 순서이다. 백이 2의 곳에 두어 따내면 3, 5가 선명하다.

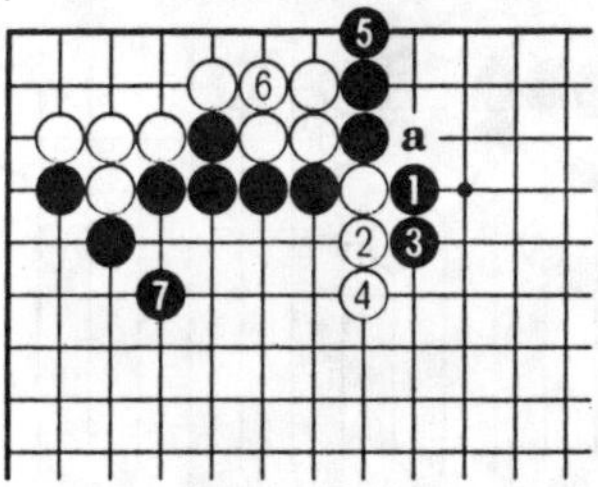

4 도

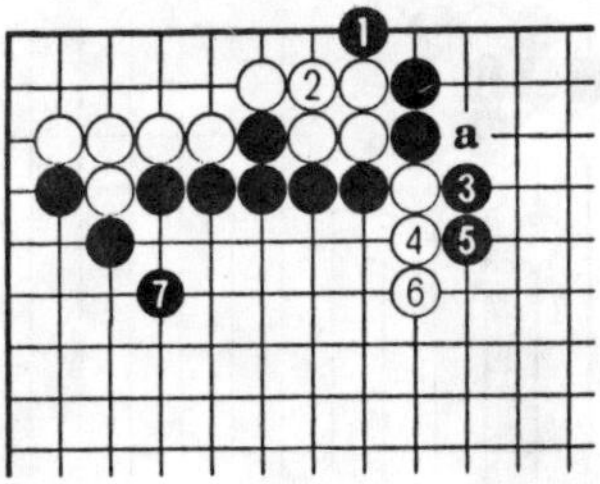

5 도

4 도〈응용〉

전도의 맥의 응용이다. 흑 5의 내려섬에 백 6, 다음에 7까지이다. 선수로 a의 곳 끊음을 방지한다.

5 도〈속맥〉

흑 1의 단수에서 7까지이다. 이것은 백a의 절단이 남는다. 전도와의 한 수 차이가 문제이다.

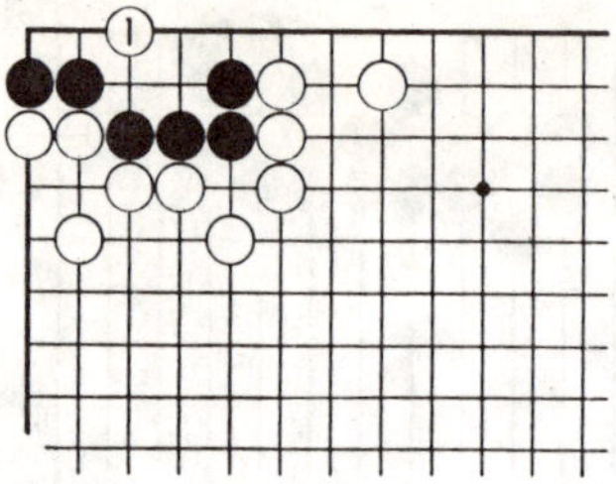

1 도

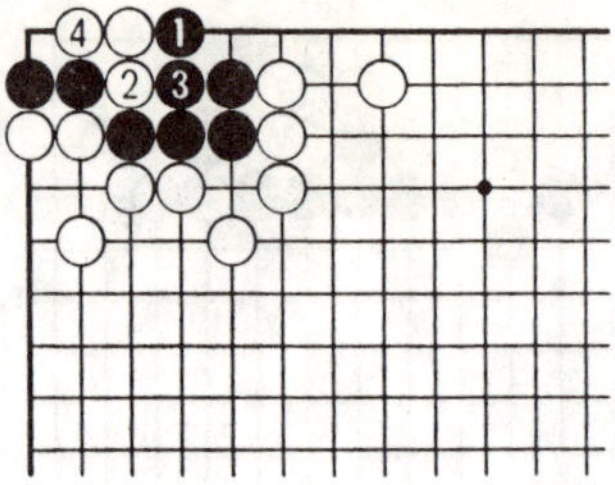

2 도

1 도〈흑선〉

뒤떨구기의 맥은 사활에 상당한 위력을 발휘한다. 백 1의 공격이 통렬하다.

2 도〈실패〉

흑 1의 마늘모가 탄력이 있는 수이지만 백은 자충을 유도하여 둔다. 이하 백 4까지 죽는다.

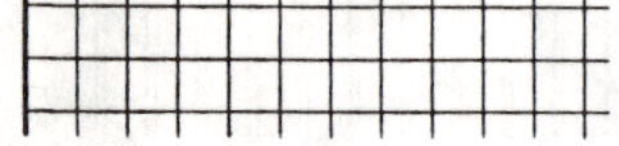

3 도

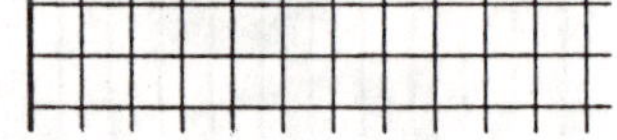

4 도

3 도〈정해〉

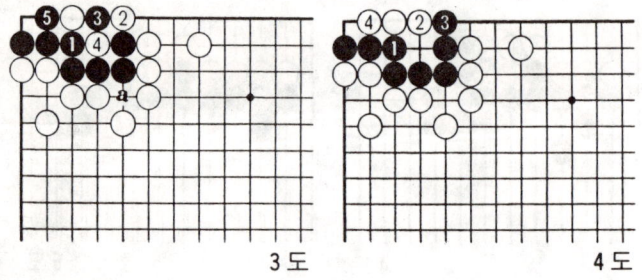

흑 1의 이음이 정해이다. 백 2에는 흑 3으로 패를 유발하여도 흑 5로 뒤떨구기를 당한다.

4 도〈빅〉

백 2의 뻗음에는 흑 3이다. 백 4로 후수로 빅이 나서는 불만이 없다.

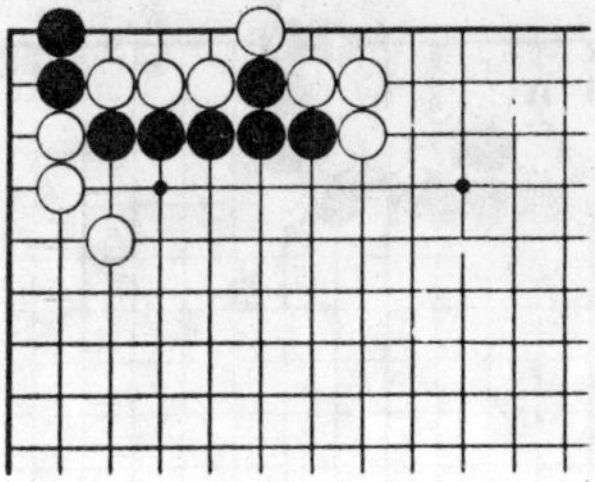

1 도

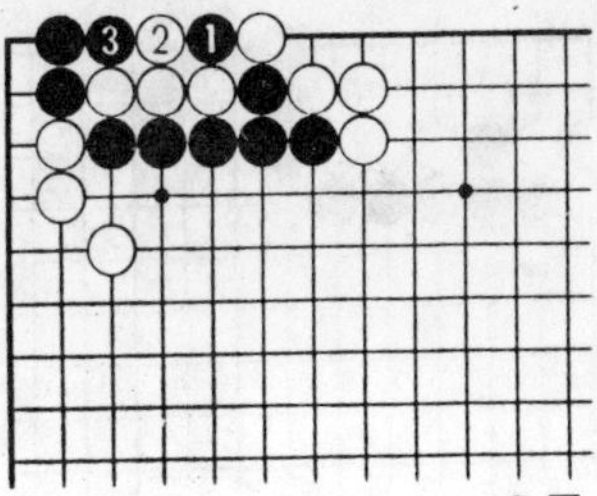

2 도

1 도〈흑선〉

귀의 흑 2점의 생환이 필요한 곳이다. 이것이 뒤떨구기의 기본형이다.

2 도〈정해〉

흑 1의 먹여치기가 제 1보이다. 백 2에는 흑 3의 뒤떨구기를 당한다.

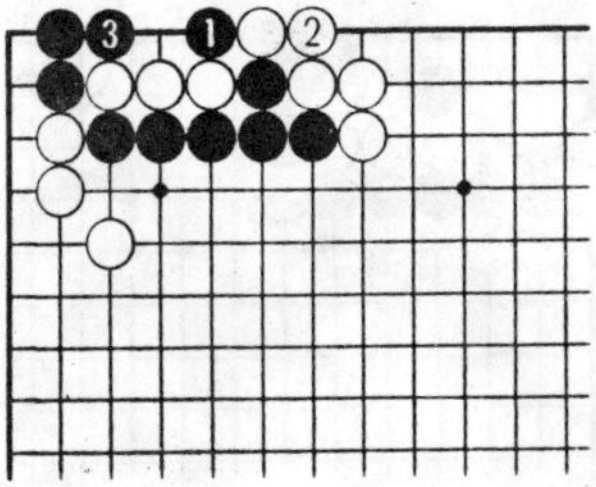

3 도

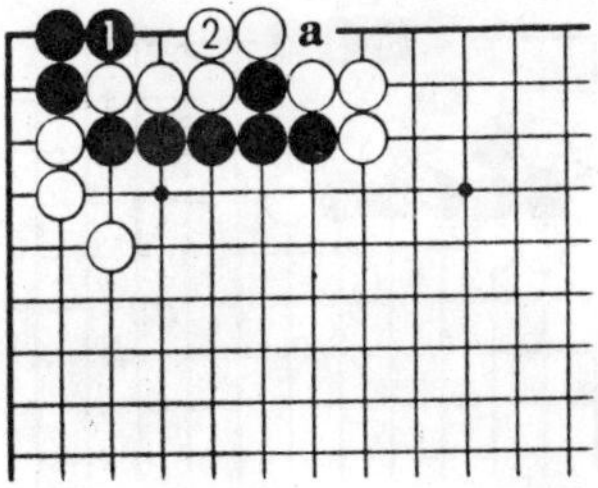

4 도

3 도〈먹여치기〉

흑 1에 대하여 백 2의 이음에서 3까지는 먹여치기의 전형이다.

4 도〈실패〉

흑 1로 나가면 이것은 잘못이다. a의 곳을 먹여쳐도 흑은 살아나갈 수가 없다. 이곳은 급소가 아닌 곳이다.

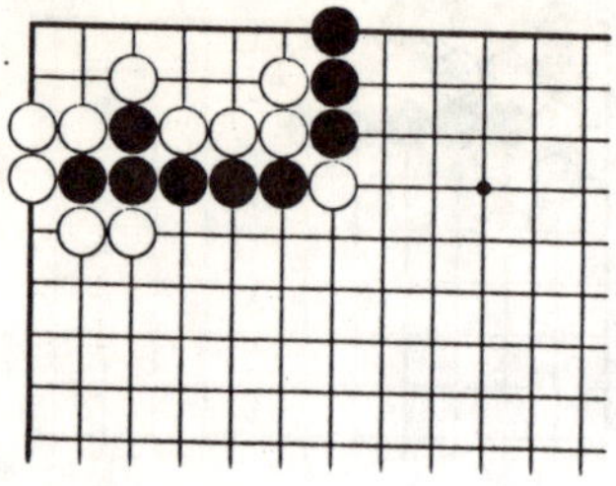

1 도

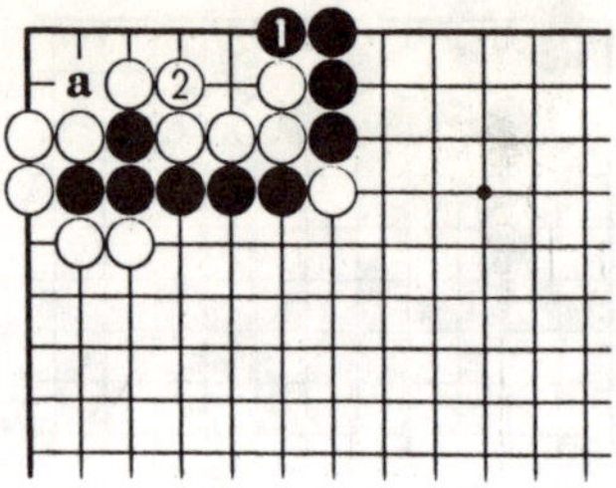

2 도

1 도〈흑선〉

이런 모양은 어떨까? 이런 것을 지금 한 눈에 알수 있다면 기력이 상당하다.

2 도〈실패〉

이것은 실패이다. 흑 1에는 백 2로 이어서 그만이다.흑 a로 끊을 수가 없다. 급소를 모르는 소치이다.

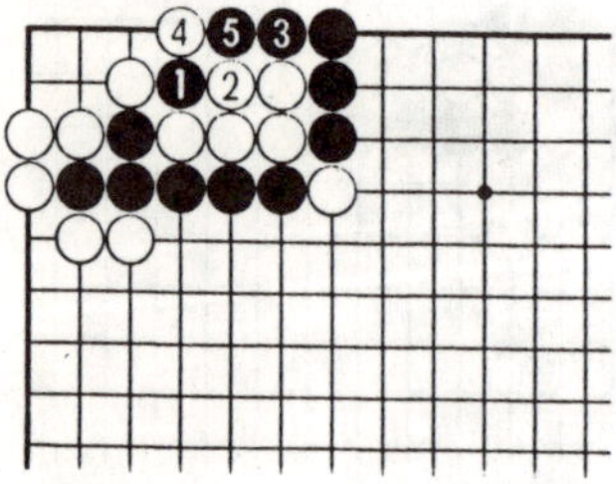

3 도

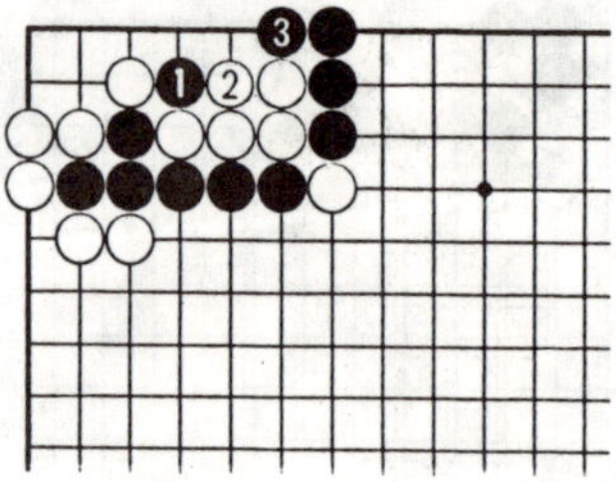

4 도

3 도〈정해〉

흑 1의 끊음이 통렬한 일격이다. 백 2 이하 5까지 선연한 조임이다.

4 도〈정해〉

흑 1에 백 2는 3으로 밀고 들어가서 전도로 되돌아 간다.

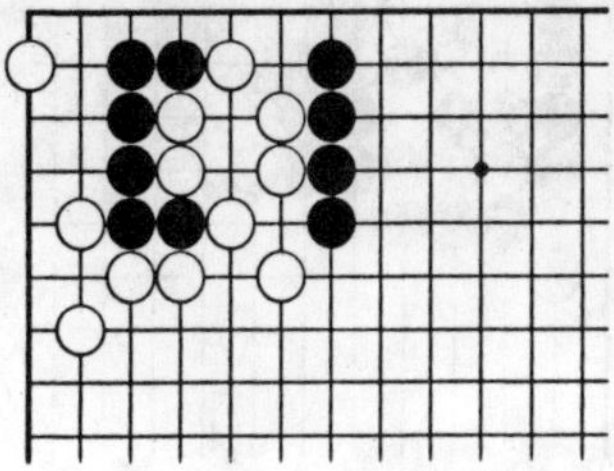

1 도

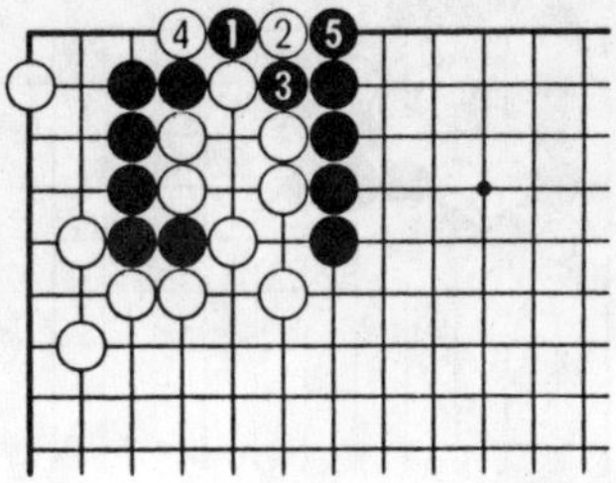

2 도

1 도〈흑선〉

귀 흑이 살아야 하는 문제이다. 백의 엷음을 찌르며 연락을 도모하여야 한다.

2 도〈정해 1〉

흑의 젖힘이다. 백 2에는 흑 3의 끊음이 제 2탄으로 당연한 수이다.

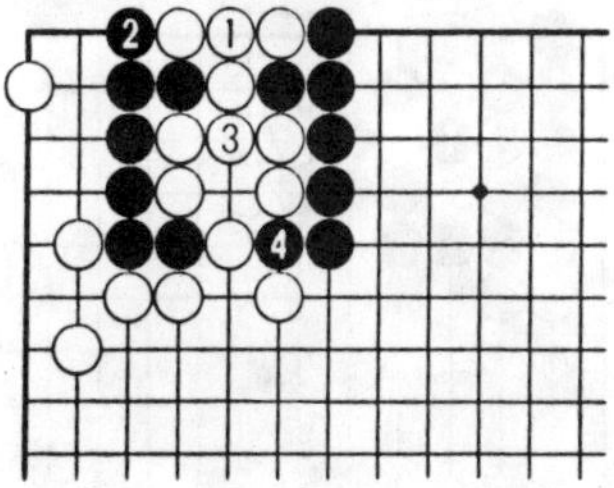

3 도

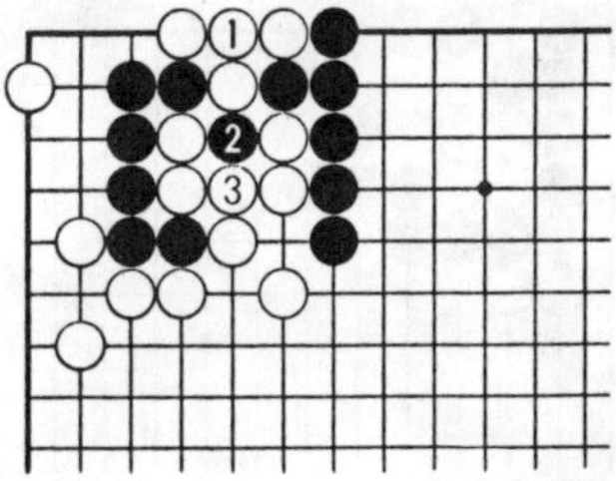

4 도

3 도〈정해 2〉

전도에서 백이 1의 곳을 이으면 흑 2의 단수이다. 이것으로 뒤떨구기를 당한다.

4 도〈실패〉

원칙을 모르고 흑 2로 먹여치는 것은 맥점이 성립을 하지 않는다.

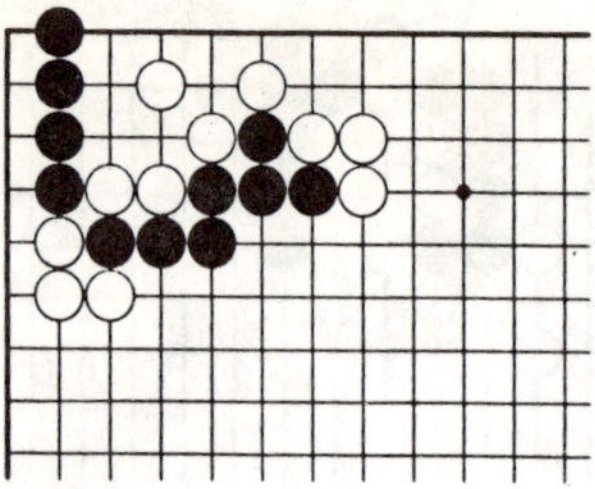

1 도

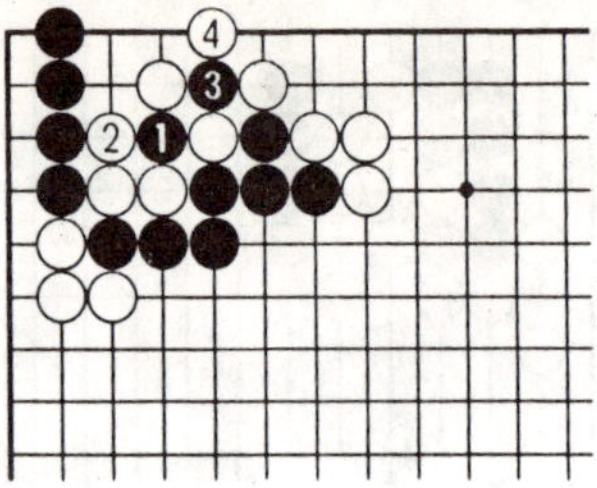

2 도

1 도〈흑선〉

뒤떨구기를 이용하는 문제이다. 귀의 흑 4 점은 1집 밖에는 없다.

2 도〈정해〉

흑 1, 3이 정해진 수순이다. 다음의 수순을 참고하여 보자.

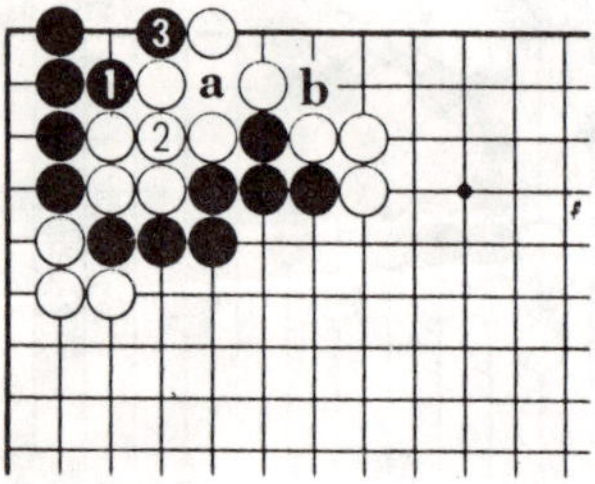

3 도

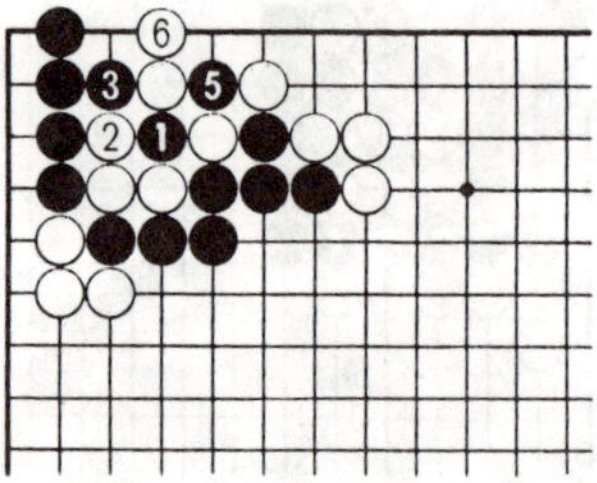

④ 이음 4 도

3 도〈정해 2〉

전도의 다음에 흑 1의 단수에서 3의 집어 넣음까지 패가 정해이다. 백이 a의 곳을 이으면 b의 곳을 단수한다.

4 도〈실패〉

흑 3의 단수에서 5의 곳 먹여치는 수순을 그르치면 백이 6의 곳을 내려서는 수가 있다.

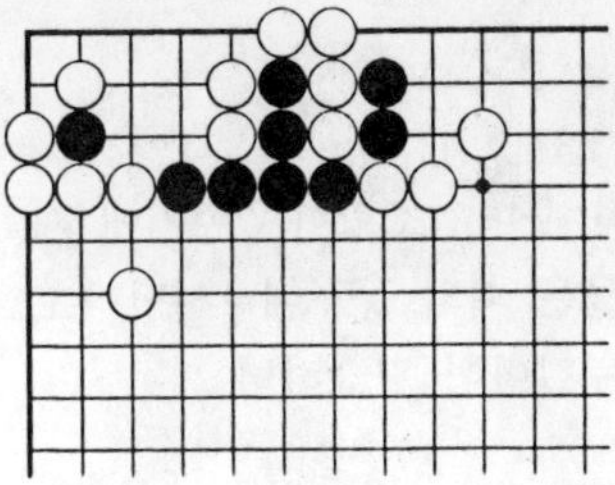

1 도

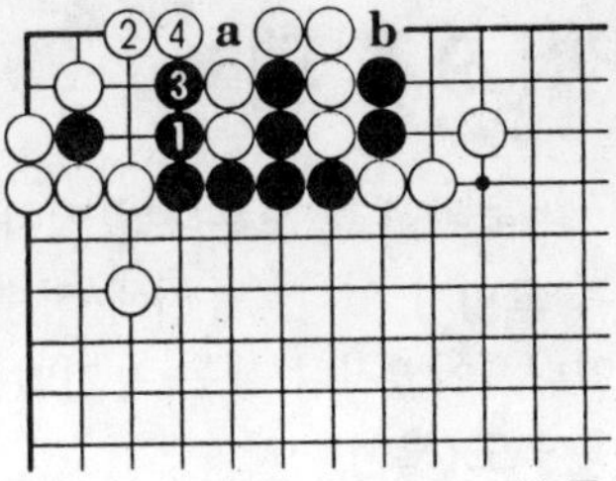

2 도

1 도〈흑선〉

이런 모양에서는 어떨까? 한 눈에 보아도 백에게 탄력이 있어 주의를 요하는 곳이다.

2 도〈실패〉

흑 1로 나가는 수는 성립이 되지 않는다. 이때 백 2가 좋은 수이다.

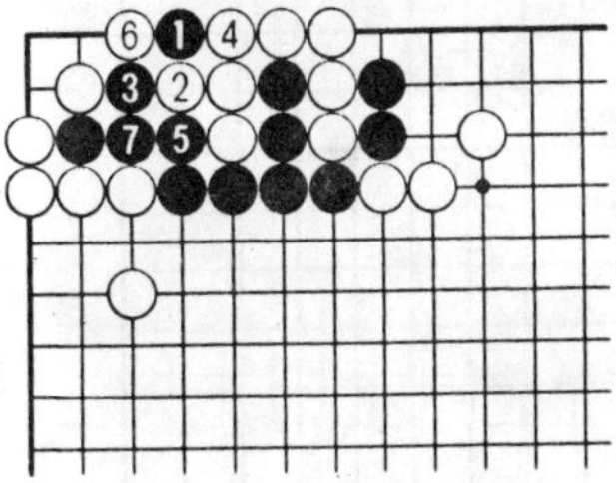
3 도

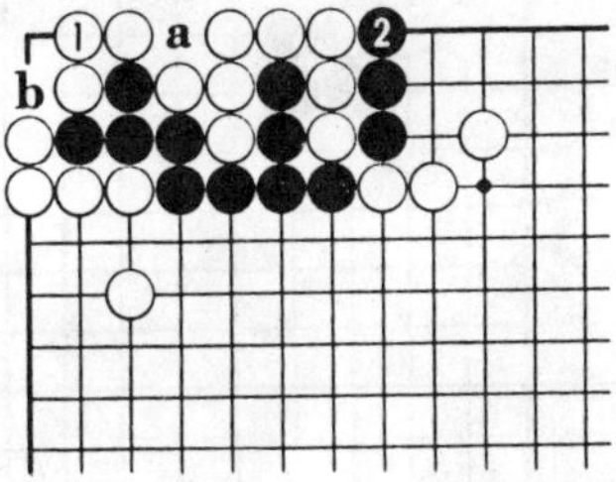

4 도

3 도〈정해 1〉

흑 1의 치중에서 백 4점의 본체를 공격한다. 백 2 이하 7까지 뒤떨구기가 결정된다.

4 도〈정해 2〉

백 1에는 흑 2의 조임이다. 이 다음에 백a에서 흑b이다.

〔9〕 패

바둑의 패를 모른다면 얼마나 무미건조할까? 여기에 패의 묘미가 있다. 동시에 하수들은 패의 공포에 시달리고 있다. 어쨌거나 패는 용기있는 결단이 필요하다

1도〈흑선〉

귀의 흑은 2수뿐이다. 백 모양에 따라서 흑의 움직임이 있는 곳이다.

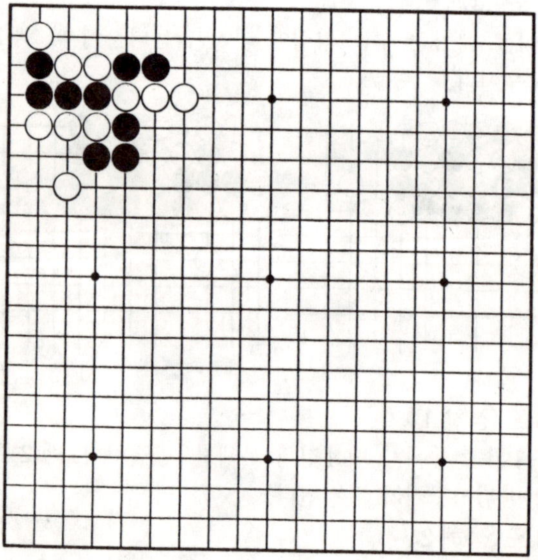

1도

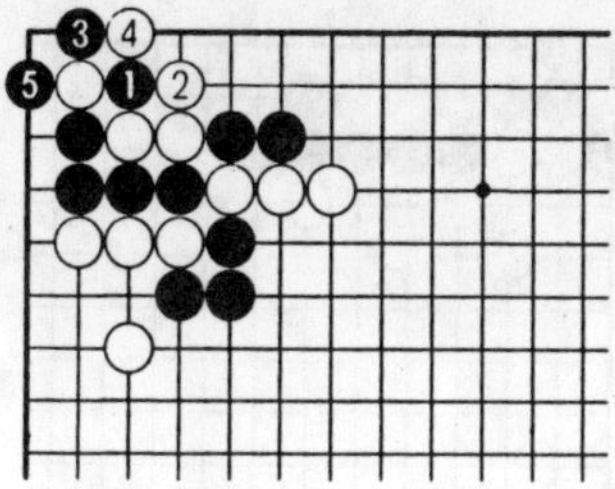

2 도

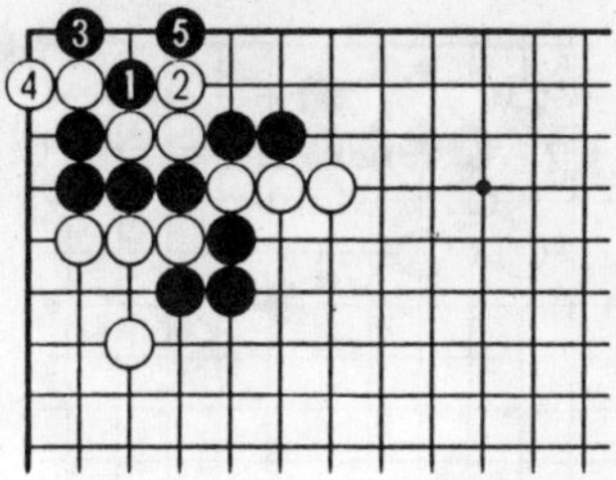

3 도

2 도〈정해 1〉

흑이 2수 밖에 없기 때문에 단수를 계속하는 수가 필요하다. 흑 1의 단수가 제 1보이다. 백 2의 교환 다음 흑 3, 5까지 패이다.

3 도〈정해 2〉

흑 3의 단수에 백 4의 내려섬에서 흑 5로 본패이다.

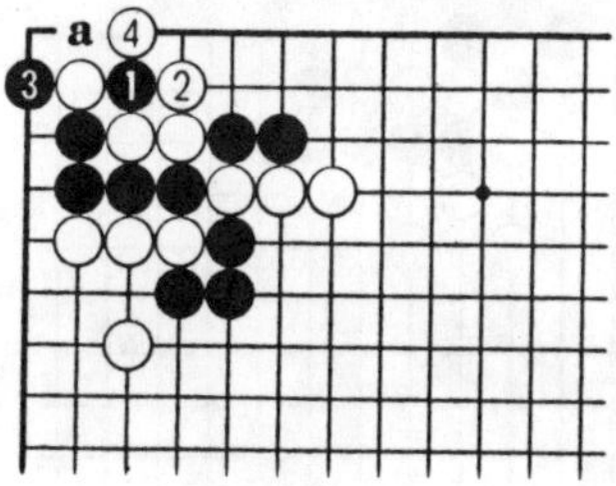

4 도

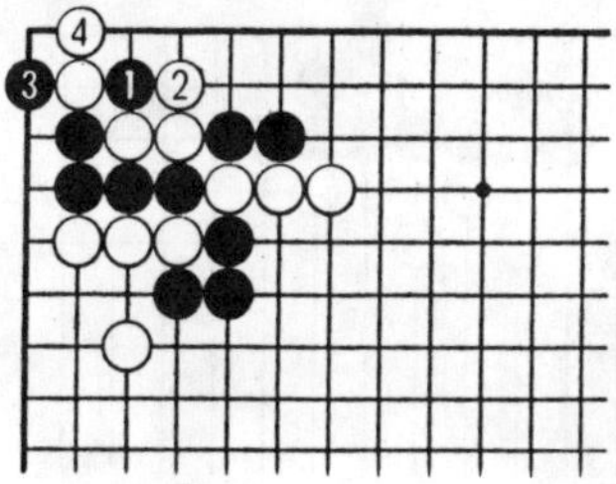

5 도

4 도〈수순이 반대〉

흑 3으로 먼저 둘 때 백 4로 따내면 a의 곳을 집어 넣어 전도로 환원한다.

5 도〈유가무가〉

흑 3에는 4의 곳을 내려서는 수가 있다. 4는 맥점으로 잘 기억해 두기 바란다.

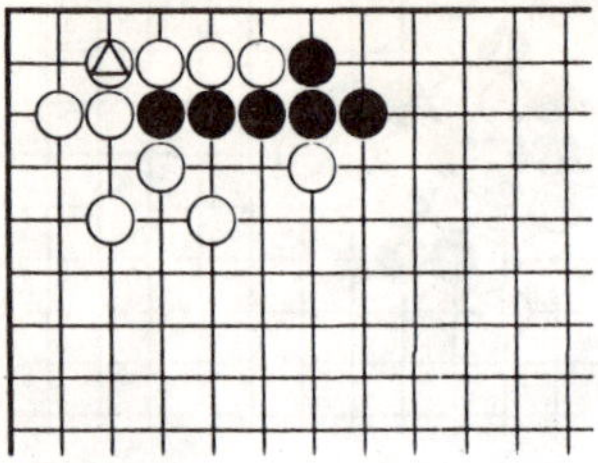

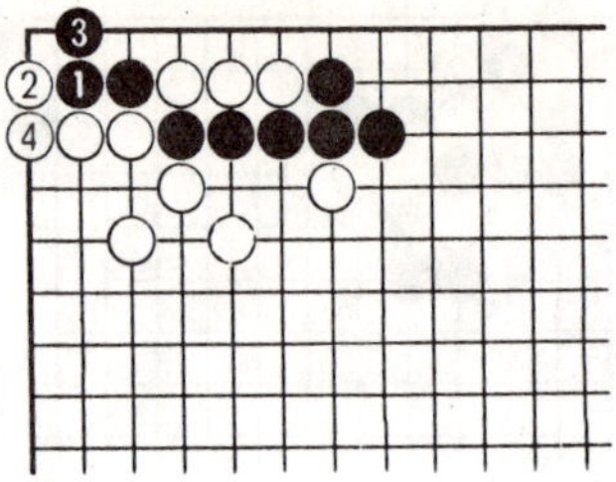

1 도〈흑선〉

백◬표 1점이 명맥이 끊기지 않고 있다. 자, 여기에 어떤 수가 있을까?

2 도〈실패〉

흑 **1**, **3**이 맥과 같이 보이나 이것은 백이 **2**, **4**로 평범히 두어 실패이다.

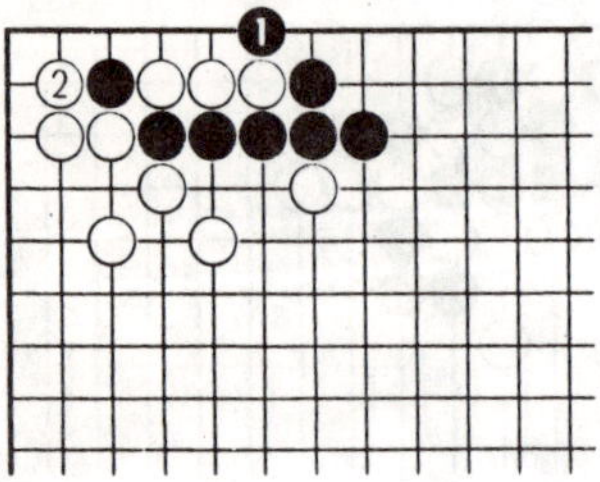

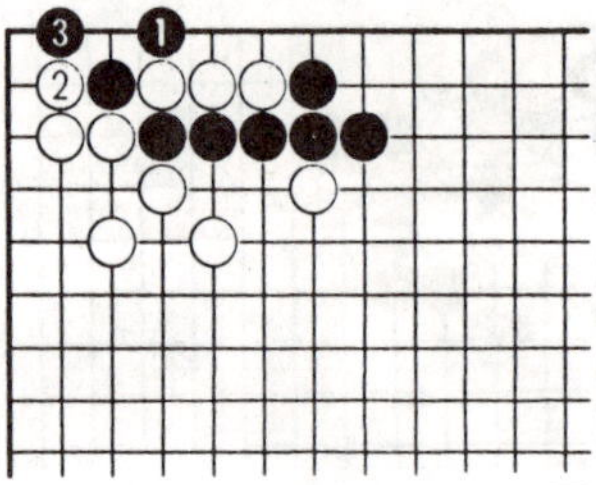

3 도〈끝내기〉

실전에서는 본도처럼 끝내기하는 것을 볼 수가 있다. 이것은 손해이다.

4 도〈정해〉

여기에서는 흑 **1**의 한 수이다. 백 **2**에는 흑 **3**으로 패를 다툰다.

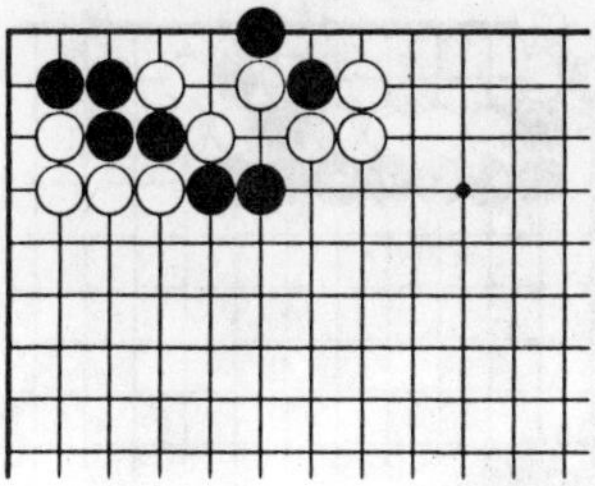

1 도

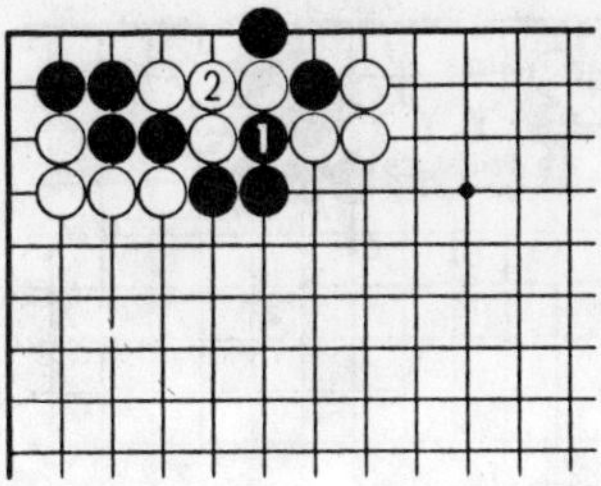

2 도

1 도〈흑선〉

귀의 흑을 도울 수 있는 수단은 없을까? 한번 생각을 해봄 직하다. 제 1착이 뒤떨구기이다.

2 도〈실패〉

흑 1의 끊음이다. 이것은 백 2로 이어 다른 후속 수단이 없다.

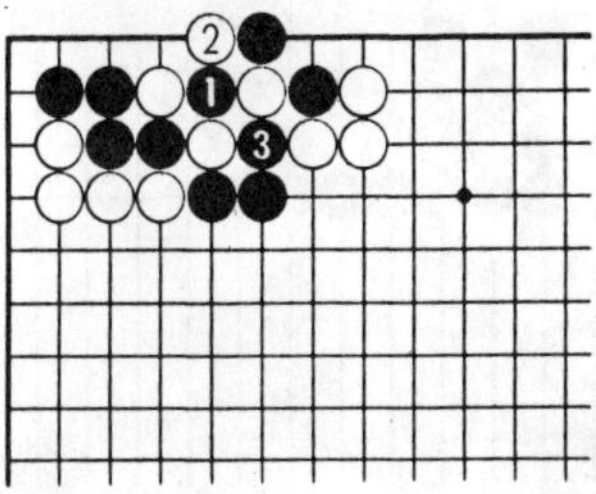

3 도

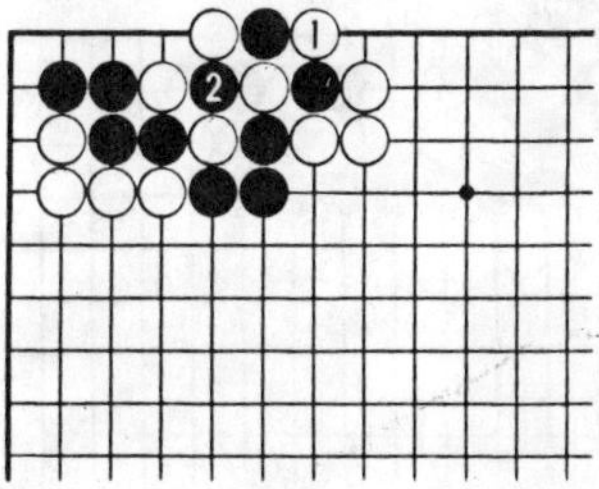

4 도

3 도〈정해〉

흑 1의 먹여치는 수부터이다. 백은 그 다음에 2로 조인다.

4 도 백이 1의 곳에 때려내면 흑 2로 패를 다투는 것이 정해이다.

3 도의 흑 1의 먹여치기가 교묘한 수이다.

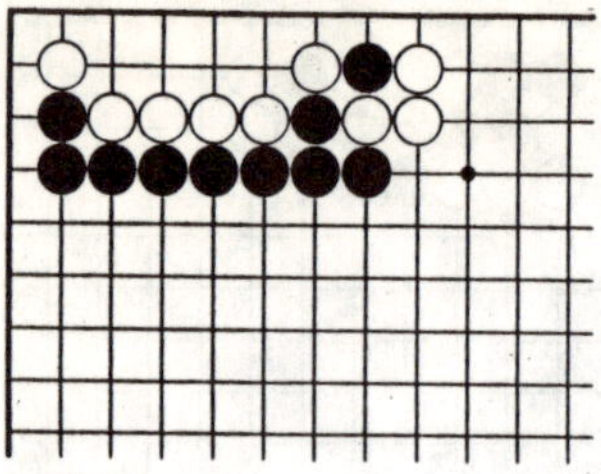

1도

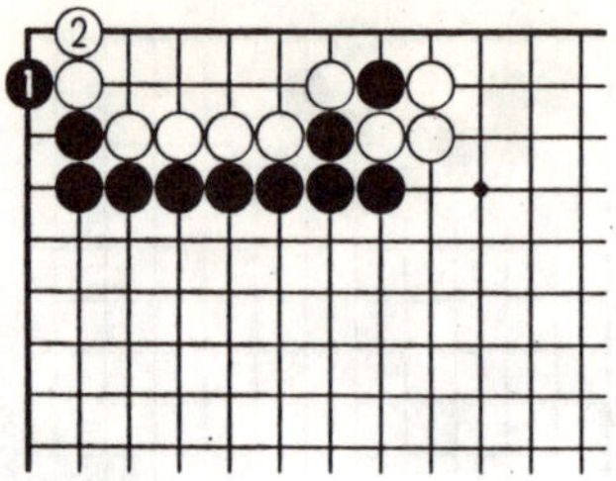

2도

1도〈흑선〉

정석의 변화이다. 귀의 백을 전부 잡을 수는 없다. 끝내기의 수단이 있음이 문제이다.

2도〈실패〉

이것은 실수이다. 이렇게 두어서는 끝내기의 수단이 없어져 버린다.

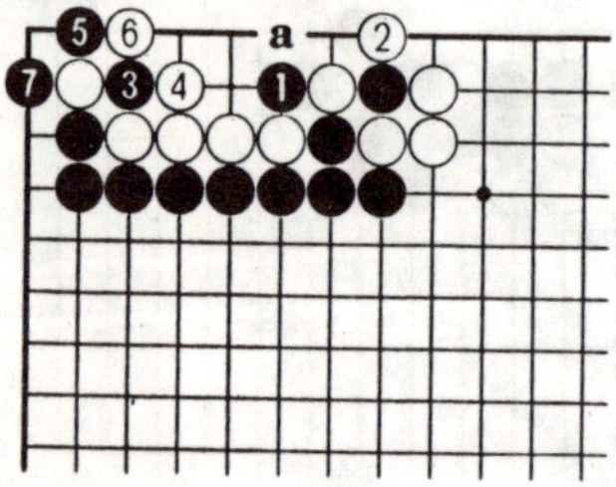

3도

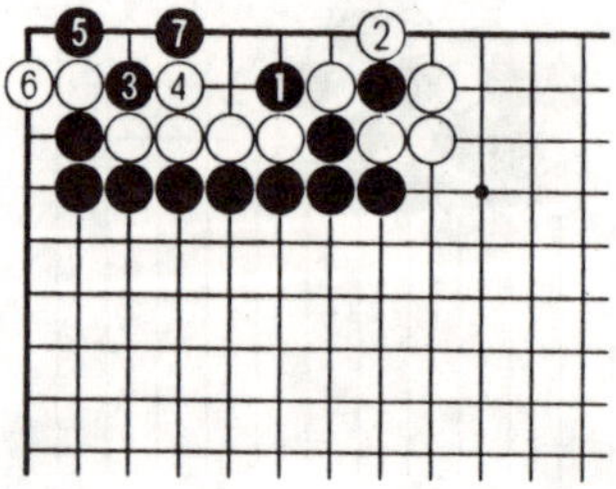

4도

3도〈정해〉

흑 1의 단수에서 3까지이다. 백 4에는 흑 5, 7로 상용의 맥이다. 7까지 된 모양에서 쌍방 최선의 패이다.

4도〈큰패〉

흑 5의 단수에 백이 6의 곳을 뻗으면 7로 큰 패가 난다.

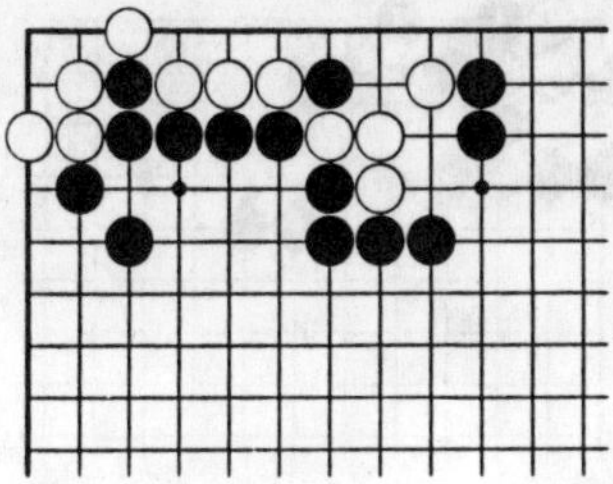

1 도

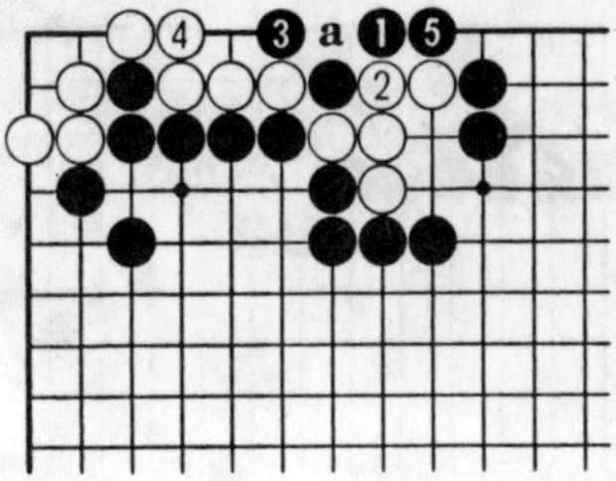

2 도

1 도 〈흑선〉

이런 모양에서 생각하여 보자. 잡혀 있는 흑 1 점을 활용하는 문제이다. 제 1감이 뒤떨구기의 문제이다.

2 도 〈정해〉

흑 **1**의 마늘모가 맥이다. 백 **2**의 단수에서 흑 **3**까지 패의 모양이다.

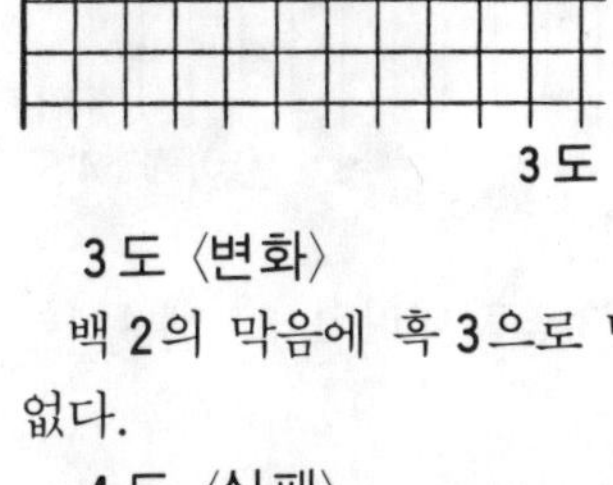

3 도

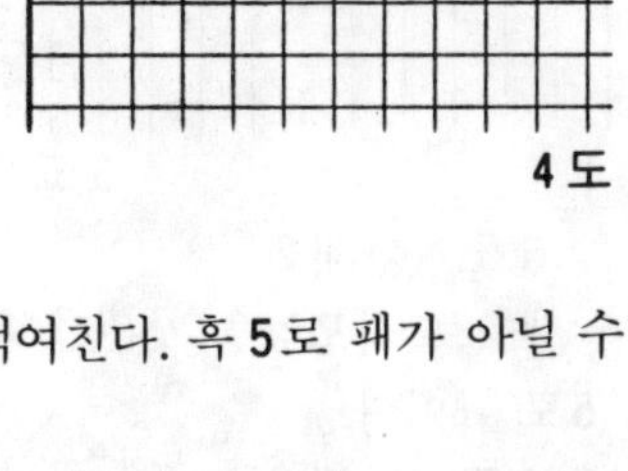

4 도

3 도 〈변화〉

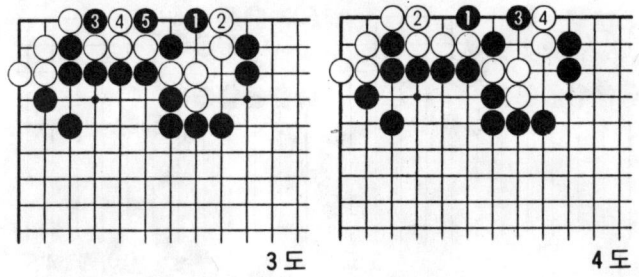

백 **2**의 막음에 흑 **3**으로 먹여친다. 흑 **5**로 패가 아닐 수 없다.

4 도 〈실패〉

흑 **1**의 젖힘에서부터 시작하는 것은 실패이다. 흑 **3**으로 두면 백 **4**로 그만이다.

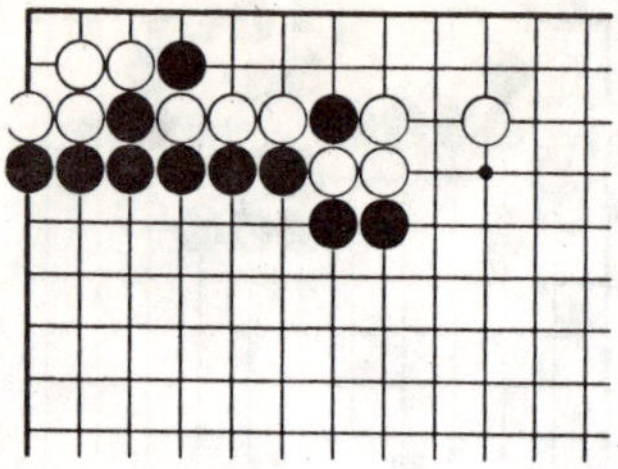

1 도

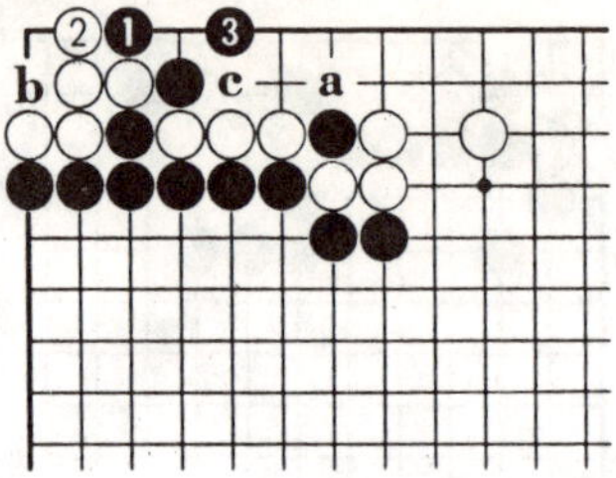

2 도

1 도 〈흑선〉

끊어잇는 모양에서 어떤 수가 없을까? 노골적인 수순이 필요하다.

2 도 〈정해 1〉

흑 1의 젖힘이 정해이다. 백 2에는 흑 3으로 패를 유발하는 수이다. 결국 백a, 흑b로 패이다.

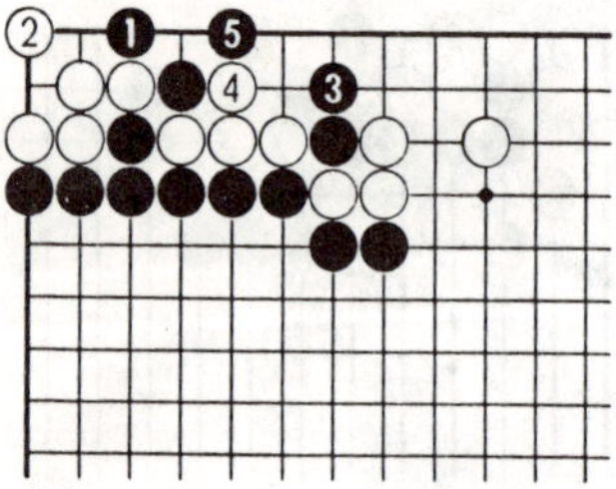

3 도

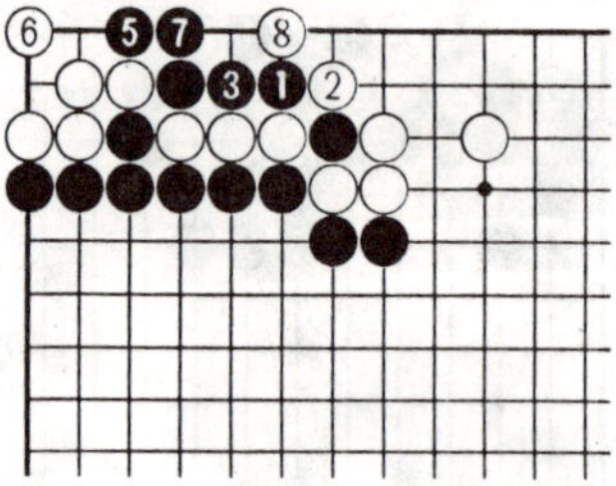

④ 이음 4 도

3 도 〈정해 2〉

백 2로 집모양을 갖추면 흑 3으로 내려선다. 백 4에는 5로 패이다.

4 도 〈실패〉

흑 1로 조이는 것은 8까지 유가 무가로 싸움이 안되는 곳이다.

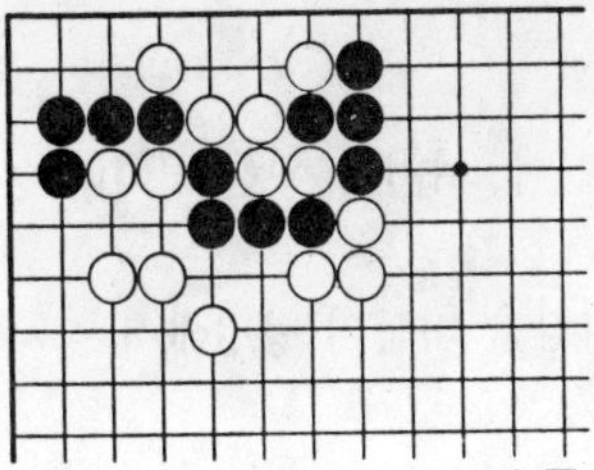

1 도

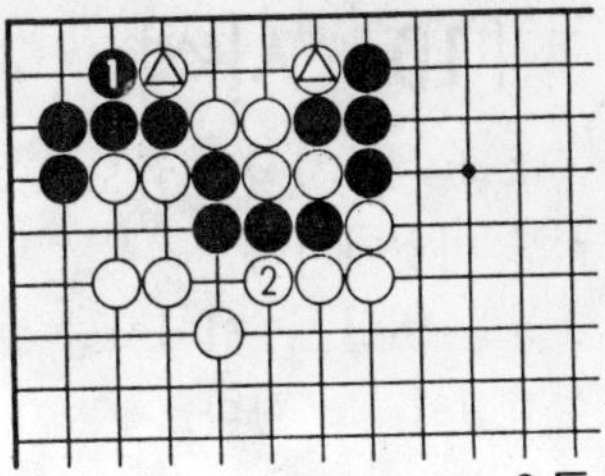

2 도

1 도 〈흑선〉

공격을 하는 문제이다. 흑은 3수밖에 없음을 유의하여야 한다.

2 도 〈실패〉

흑 1이 평범하다. 이것은 백 2로 조여 실패이다. 백 △가 양쪽에 벌려 있음을 염두에 두어야 한다.

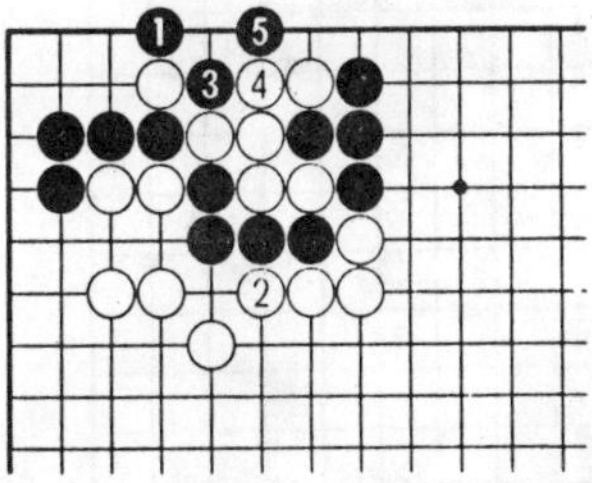

3 도

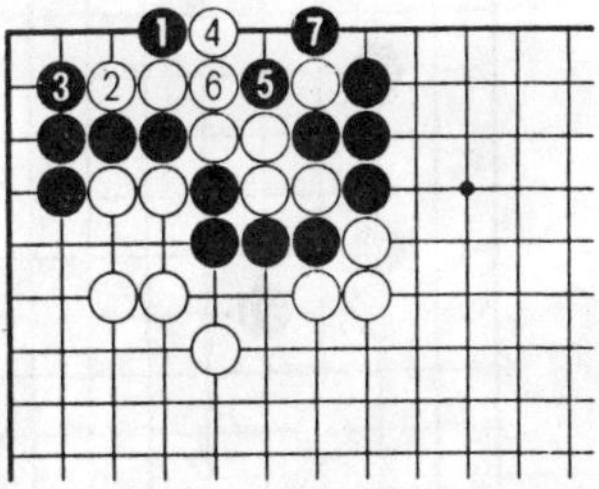

4 도

3 도 〈정해〉

기이한 착상이다. 흑 1에 백 2는 이하 5까지 패가 난다. 쌍방 최선의 결과이다.

4 도 〈변화〉

흑 1에 대하여 백 2, 4는 이하 5, 7로 되면 쉽지 않은 곳이다. 백 2로 5는 7의 곳을 둔다.

〔10〕 사석

초급자는 사석을 극도로 피한다. 여기에는 한 점이나 2점도 마찬가지다.

돌을 버릴 수 있어야만 승리함을 바둑의 방법에서는 사석작전이라고 한다.

1도 〈흑선〉

자, 다음은 사석의 활용이다. 이런 모양에서는 어떨까? 사석을 안다면 바둑은 급증하여 실력이 늘 것이다.

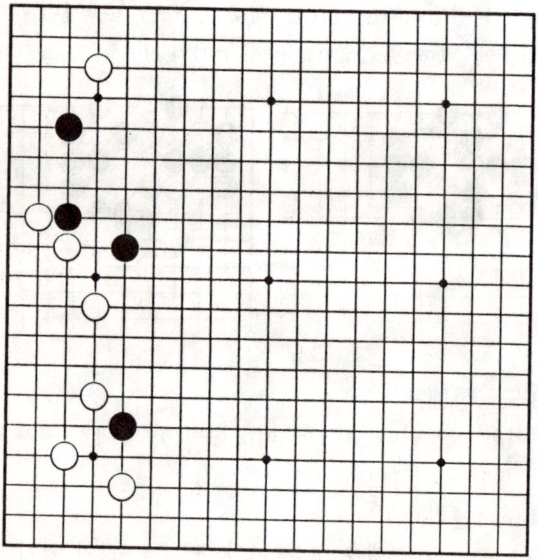

1도

2 도 〈정해〉

흑 1이 맥점이다. 흑은 1점의 돌을 이용하여 모양을 정비하여 나간다. 백 2, 4에서 5까지이다. 흑 7, 백 8은 이하 9까지 견고한 모양이다.

수순중 백 4로 a 는 흑b 로 불만이 없다.

3 도 〈정해〉

백 2의 단수가 보통이다. 흑 3의 단수에서 7까지 모양을 갖춘다. 백도 8의 곳을 벌리는 여유가 있다. 수순중 흑 3이 중요하다.

최초로 돌아가 1로 a 의 곳에 두면 백은 5의 곳을 뻗는다.

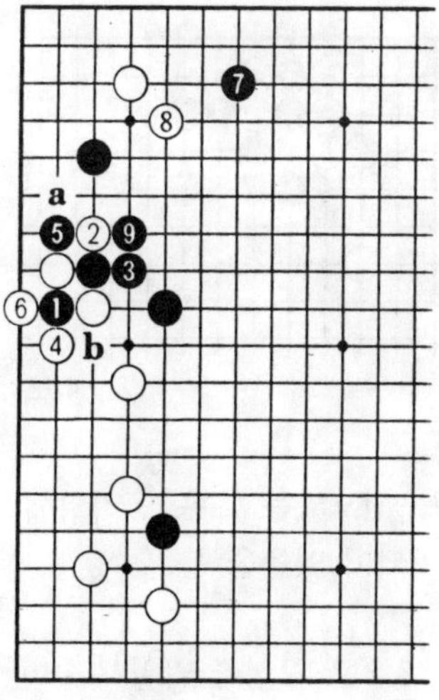

2 도

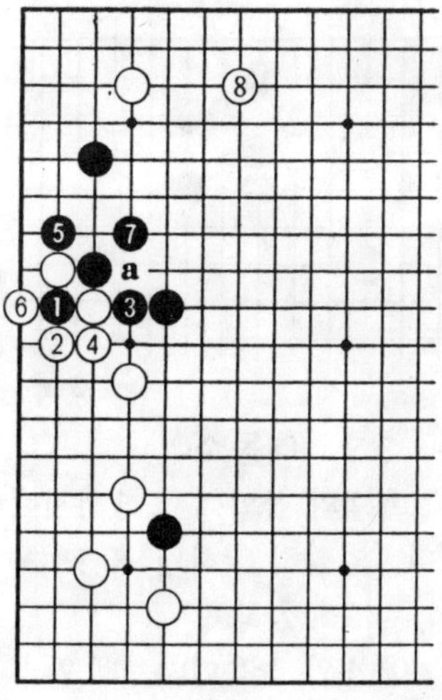

3 도

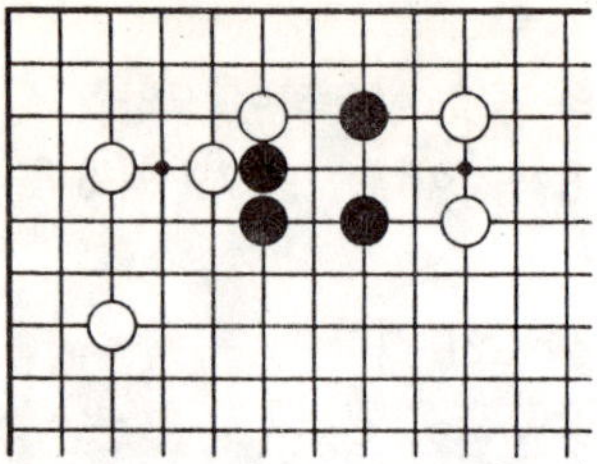

1 도

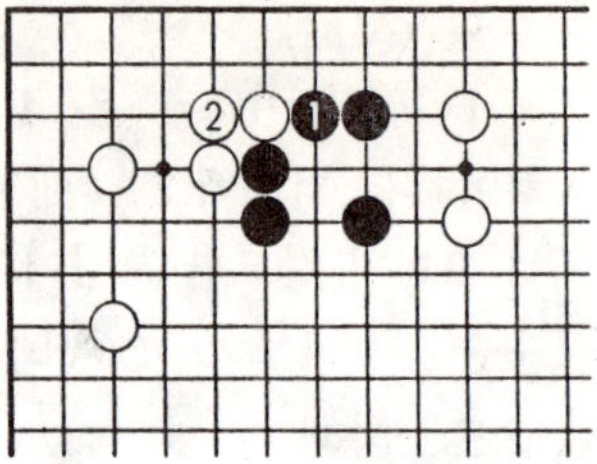

2 도

1 도〈흑선〉

흑 4점은 모양이 정비되어 있다. 사석을 이용할 때는 2점으로 키워서 버리라는 격언이 있다.

2 도 〈실패〉

흑 **1**의 부딪힘에는 백 **2**의 이음이다. 이것으로써 다음의 후속수단이 없다.

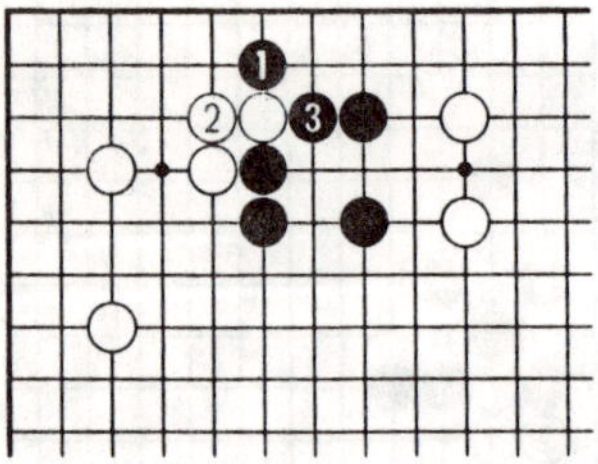

3 도

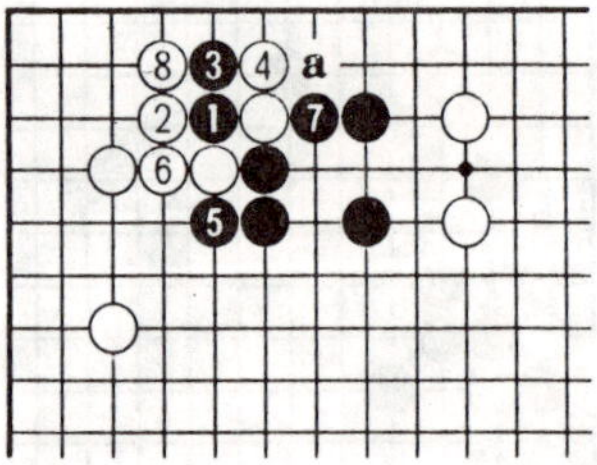

4 도

3 도 〈대동소이〉

흑 **1**의 붙임에서 **3**까지이다. 전도와는 다른 움직임이다. 엄밀히 말하면 흑 **1**이 가미되어 있음을 볼 수 있다.

4 도 〈정해〉

흑 **1**의 끊음이다. 백 **2**에는 **3**으로 2점을 키워서 죽이는 것이 과제이다. 흑 **5**의 단수를 잊지 말아야 한다.

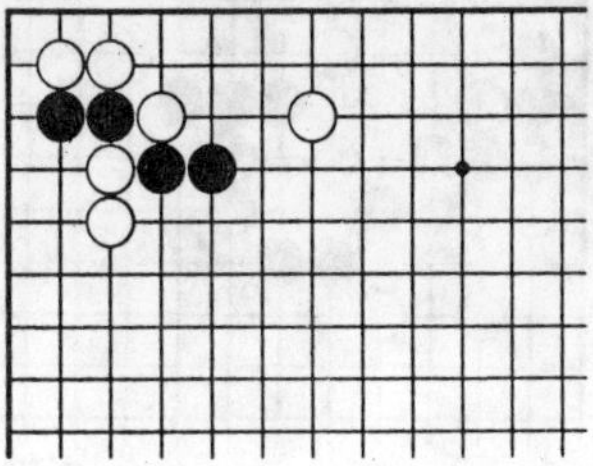

1 도

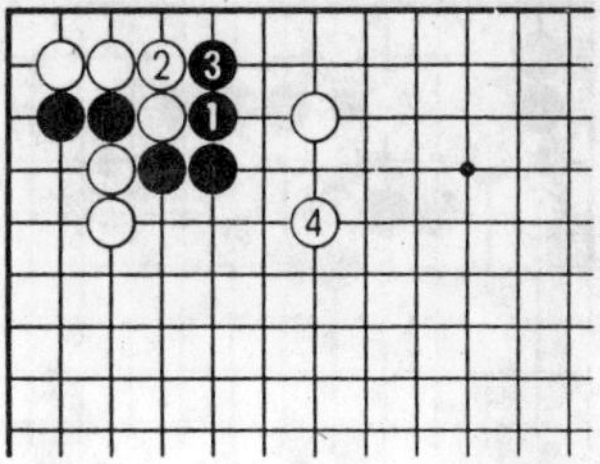

2 도

1 도 〈흑선〉

귀의 흑 2점이 잡혀있는 모양이다. 흑은 이를 이용하여 모양을 정비하여야 한다.

2 도 〈속맥〉

흑 **1**의 단수에서 **3**까지는 다음에 백 **4**로 뛰어 공격하는 모양이다. 흑의 불안이 해소되지 못한다.

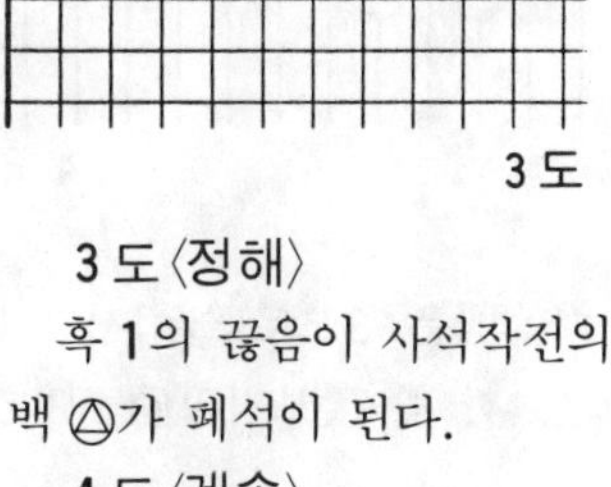

3 도

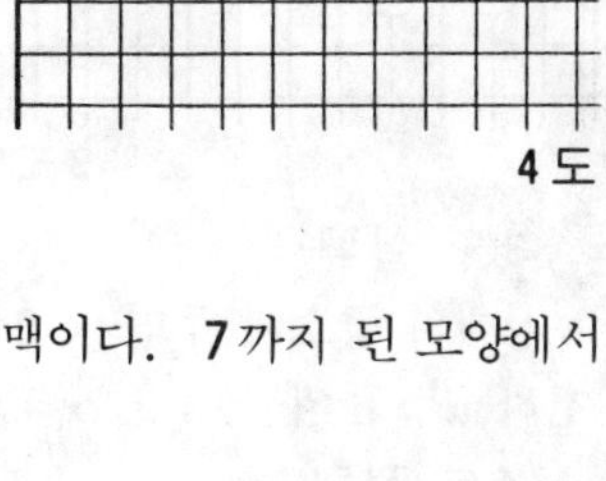

4 도

3 도 〈정해〉

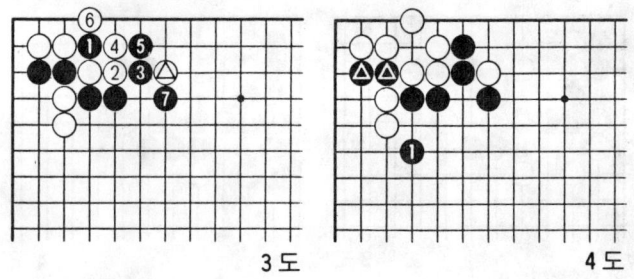

흑 **1**의 끊음이 사석작전의 맥이다. **7**까지 된 모양에서 백 ◬가 폐석이 된다.

4 도 〈계속〉

이 다음에 백이 손을 뺀다면 흑 **1**이 안성맞춤의 좋은 곳이다. 흑 ▲를 이용하는 사석작전이다.

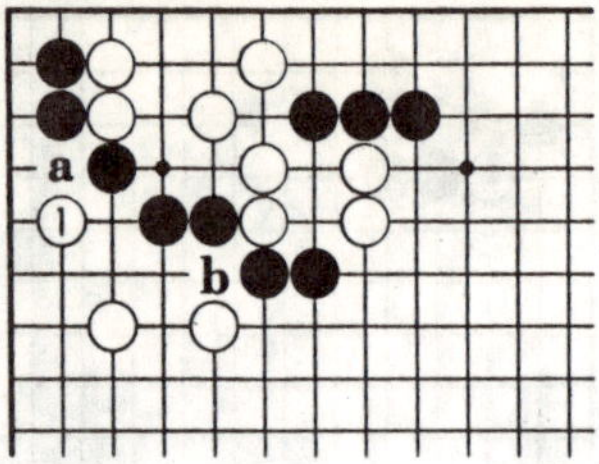

1도

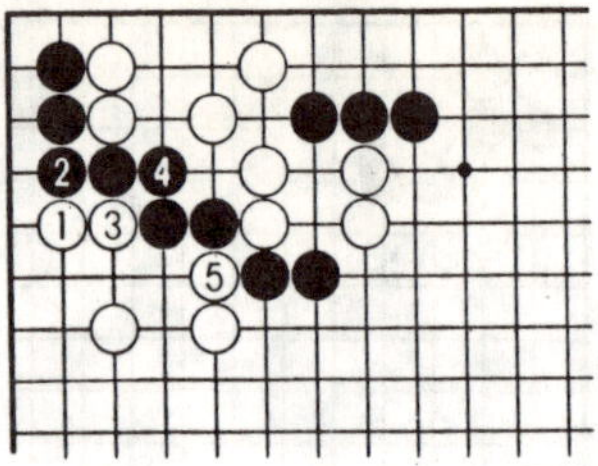

2도

1도〈흑선〉

백 1로 날일자하여 a, b의 끊음을 노리고 있다. 여기에 어떤 수단이 남아 있을까? 사석작전을 이용한다.

2도〈백의 주문〉

흑 2의 이음에는 백의 주문이다. 3으로 흑 4를 강요하고 5의 곳을 끊는다.

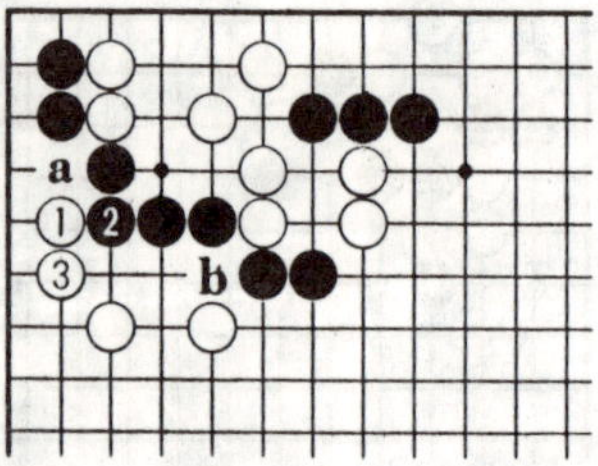

3도

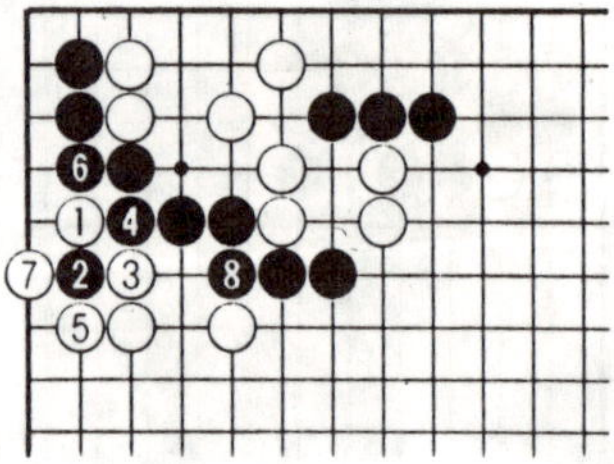

4도

3도〈실패〉

상대의 급소에 두면 흑 2이다. 백은 3으로 늘어서 여전히 a, b의 끊음을 노리고 있다. 즉 맞보기의 곳이다.

4도〈정해〉

흑 2의 붙임이 정해이다. 이하 4, 6 다음에 흑은 8의 곳을 이을 수가 있다. 흑 전체가 생환을 할 수가 있다.

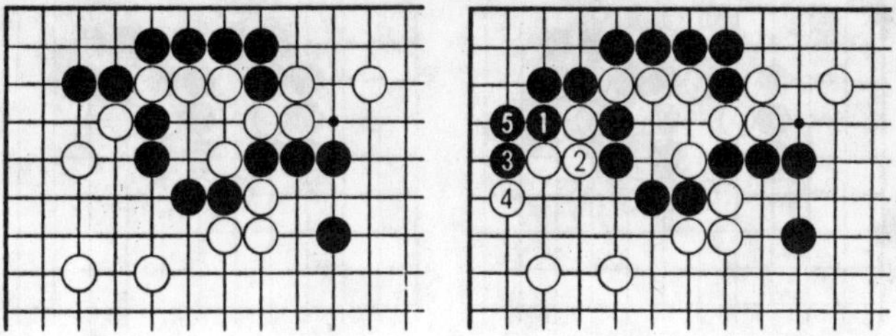

1 도 2 도

1 도〈흑선〉

백의 포위망에 흑 4 점이 갇혀있다. 허술한 백모양을 공격하는 수단을 찾아야 한다.

2 도〈끝내기〉

흑 1의 단수에서 3, 5의 젖혀 이음은 큰 곳이다. 그러나 이것은 정답이 아니다.

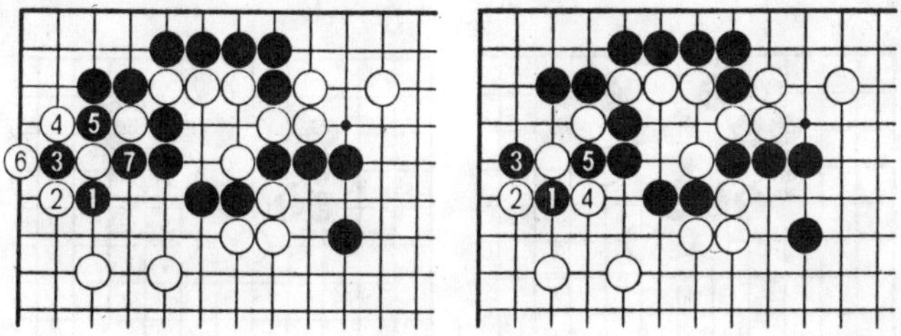

3 도 4 도

3 도〈정해〉

흑 1에 백 2의 젖힘은 3의 끊음이 좋은 수이다.

백 4에 흑 5 다음 7까지 생환을 할 수가 있다.

4 도〈정해〉

백 4에는 흑 5의 끊음이 있어 한점이 움직일 수가 있음을 볼 수 있다.

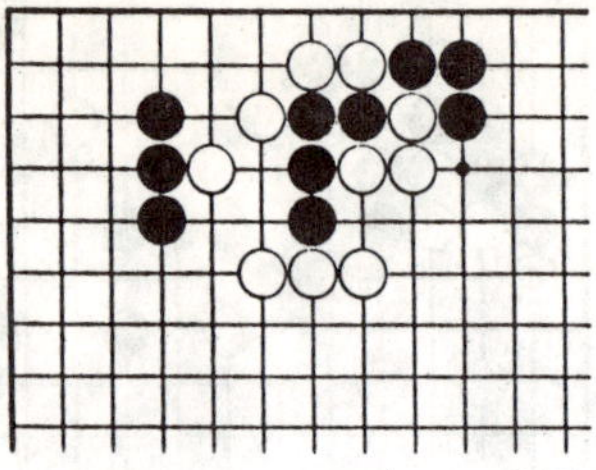

1 도

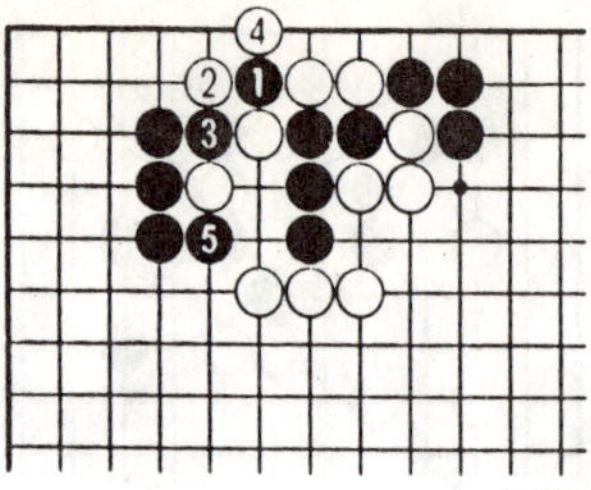

2 도

1 도〈흑선〉

백의 수중에 흑4점이 갇혀 있는 상황이다. 이곳에 어떤 수가 있을까?

2 도〈정해〉

흑 1의 끊음이 맥이다. 백 2는 한 수. 이 다음 흑은 3에서 5까지이다.

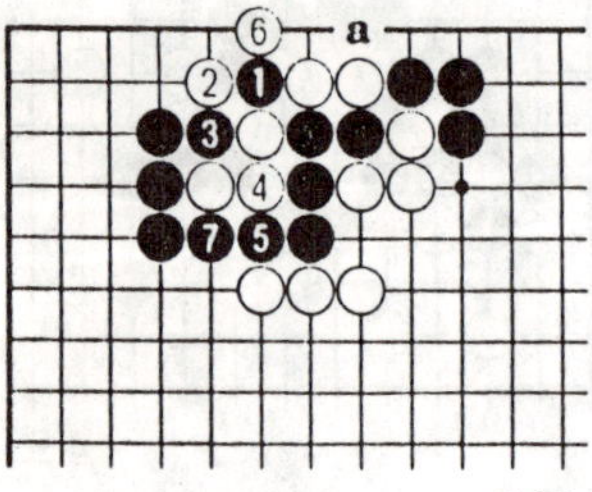

3 도

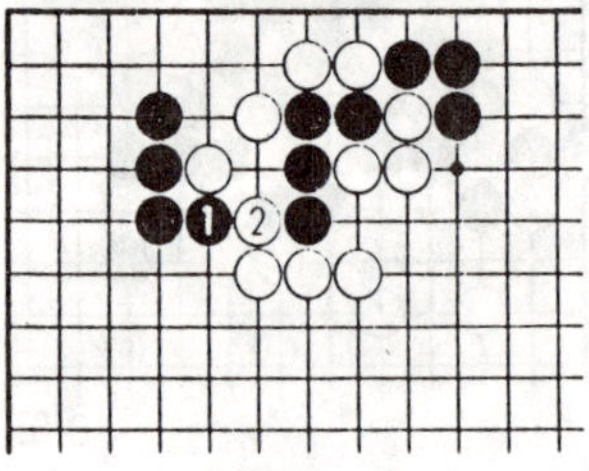

4 도

3 도〈변화〉

백 4의 이음에서 흑 5, 7까지이다. 흑 1의 끊음에 백 5이면 흑은 a의 곳을 둔다.

4 도〈실패〉

흑 1에는 백 2로 그만이다. 후속 수단이 없다.

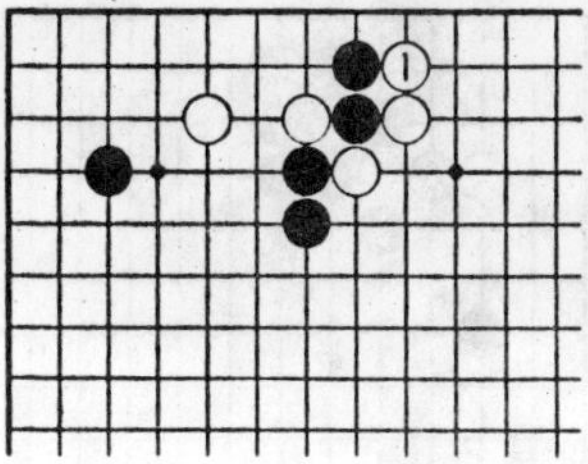

1 도

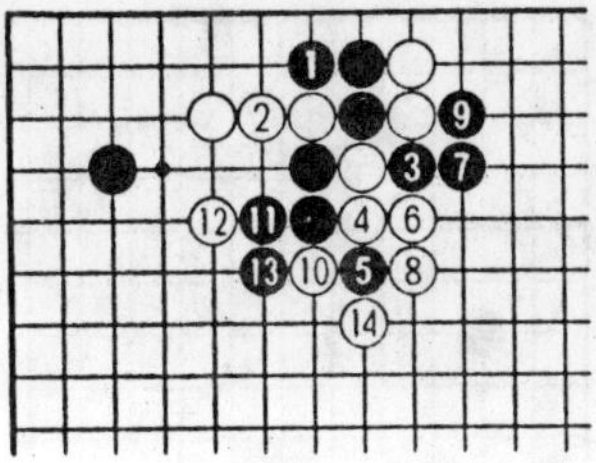

2 도

1 도〈흑선〉

백 1로 내려섰다. 다음의 흑의 응수가 문제이다. 최선책은 어디일까?

2 도〈평범〉

흑 1로 수수를 연장하고 3의 곳을 끊으면 이하 5, 7로 축의 모양이다. 이것은 14까지 흑이 좋지 않다.

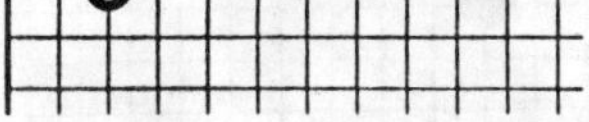

3 도

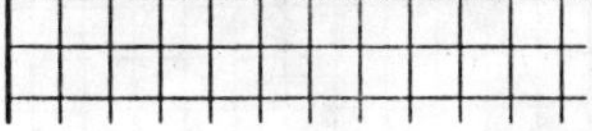

4 도

3 도〈백이 두텁다〉

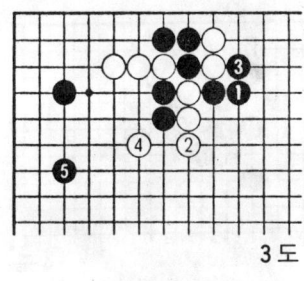

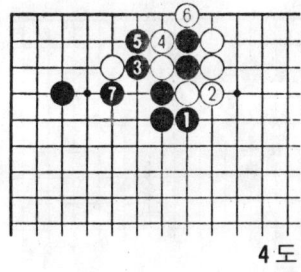

단순히 흑 1에 뻗으면 백 2로 축을 방지한다. 다음 4의 장문으로 백의 모양이 두텁다

4 도〈정해〉

흑 1의 단수에서 3, 5까지이다. 이것은 7의 곳 벌림으로 최선이다. 실리와 세력의 갈림이다.

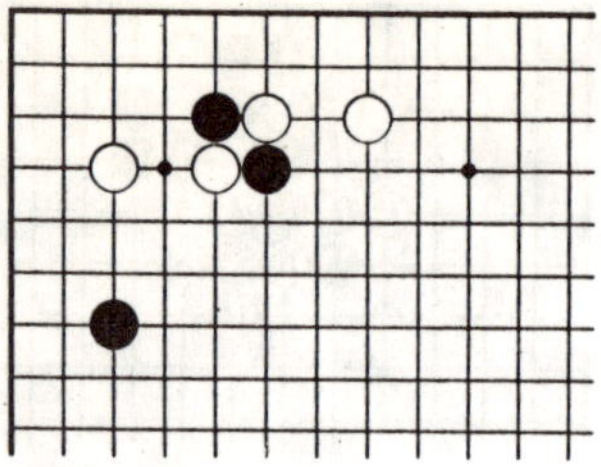

1 도

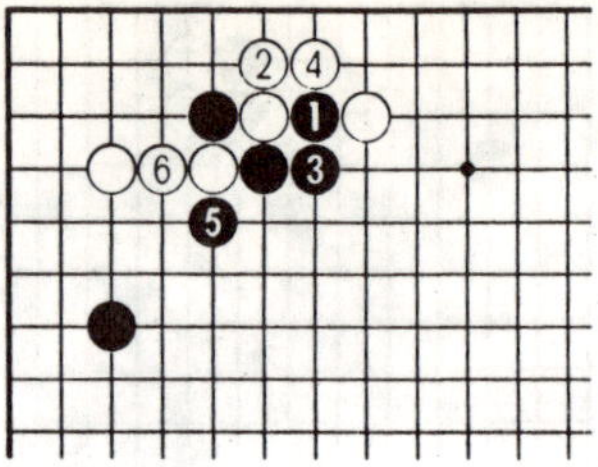

2 도

1 도〈흑선〉

맞끊음으로 흑의 선수이다. 이 모양에서 어떤 수단이 있을까?

2 도〈속맥〉

흑 1에서 5까지 두는 것은 선수이긴 하지만 속맥의 대표적인 케이스이다. 초급자가 흔히 두는 수이다.

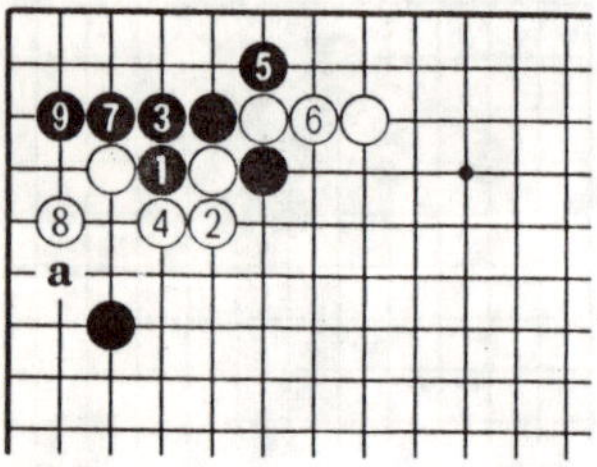

3 도

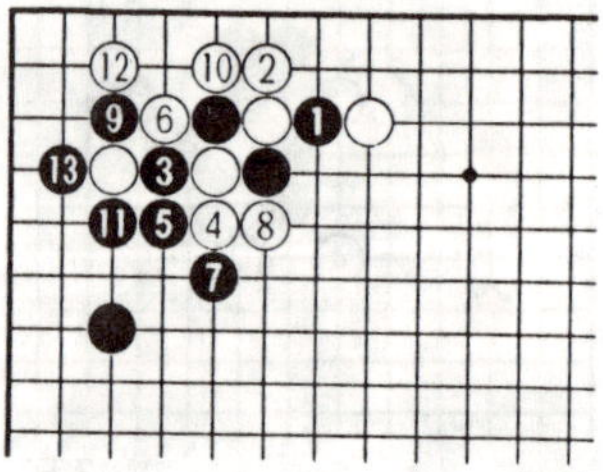

4 도

3 도〈변화〉

흑 1의 단수에서 9까지 사는 모양이다. 이것도 역시 속된 방법 중의 하나이다.

4 도〈정해〉

흑 1에서 13까지이다. 본래 돌의 바깥을 차단하는 것이 옳다.

〔11〕 공격

집을 키우는 것은 승부의 관건이다. 중반전에 이르면 서로의 돌을 공격하므로 긴장감이 고조가 된다.

'유가무가는 불상전'이라든가 '유가 무가도 때로는 변화한다.''수수를 줄이려면 먹여쳐라'등의 격언이 생각나는 곳이다.

1도〈흑선〉

단순한 수수로는 흑은 3수, 백은 4수이다. 그러나 귀의 특수성을 이용하면 역전이 된다.

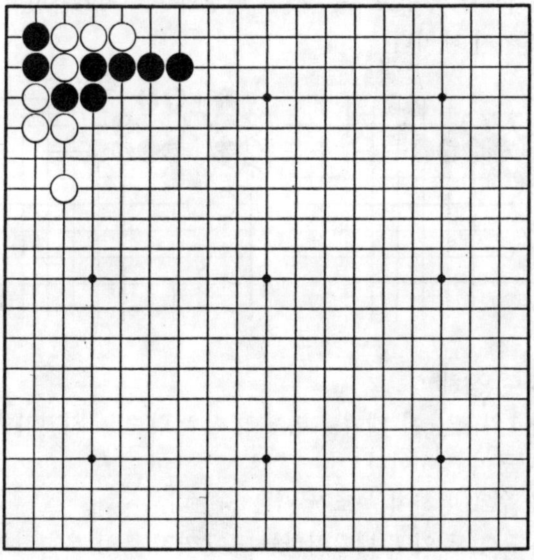

1도

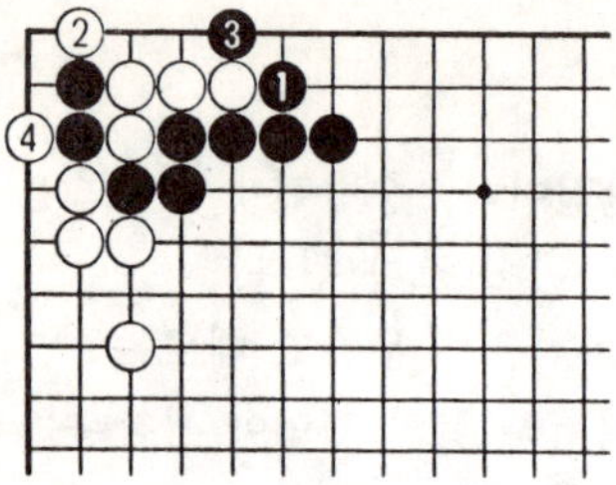

2 도

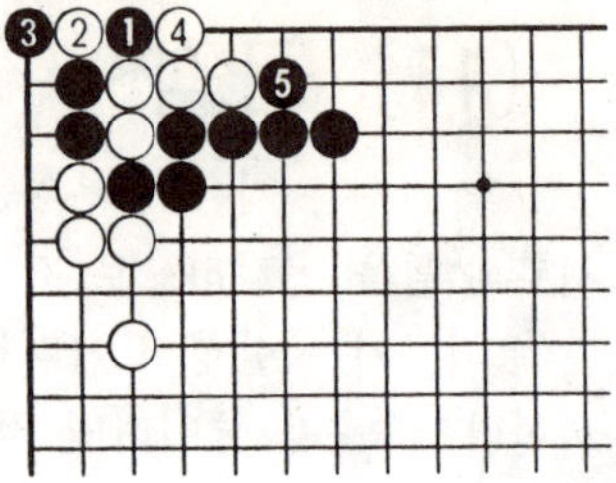

3 도

2 도〈실패〉

공격의 기본은 상대의 수수를 줄이는 것부터 행하여야 한다. 흑 1은 백 2, 4로 되어 흑의 한 수 부족이다.

3 도〈패〉

여기에서 흑 1로 두는 것은 백 2의 먹여치기가 있어 결국 5까지 패이다.

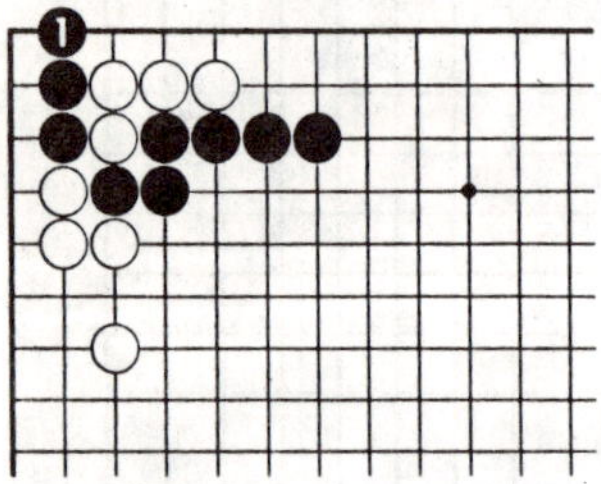

4 도

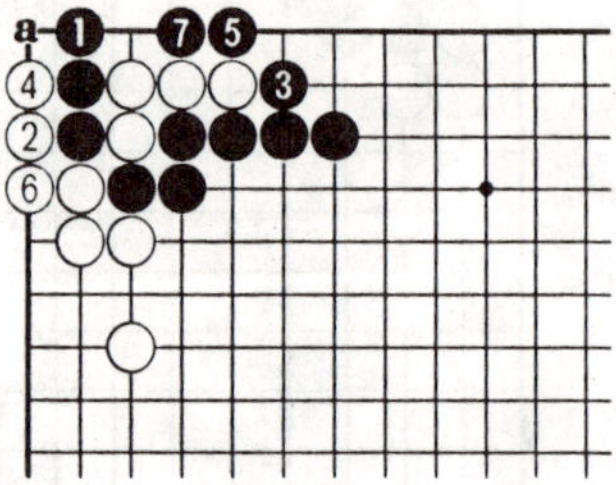

5 도

4 도〈정해〉

흑 1의 뻗음이 맥이다.비록 발이 느린 감이 없지가 않으나 이곳이 정수이다.

이 수로 인하여 무조건 백은 죽는다.

5 도 전도 이후 백 2이하는 흑 7까지 흑이 오히려 한수가 빠르다. 그것은 a 의 곳의 효과이다.

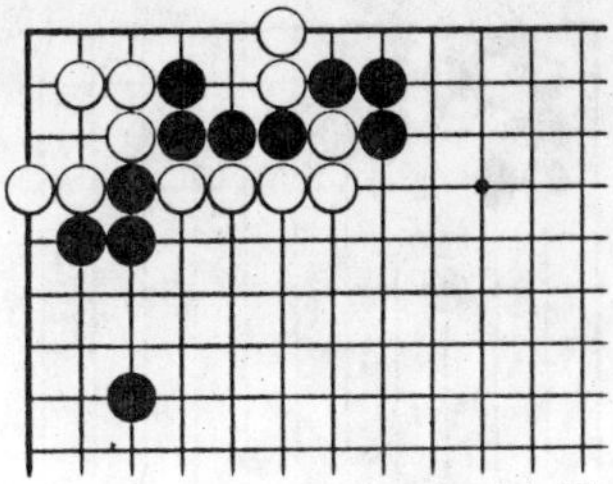

1 도

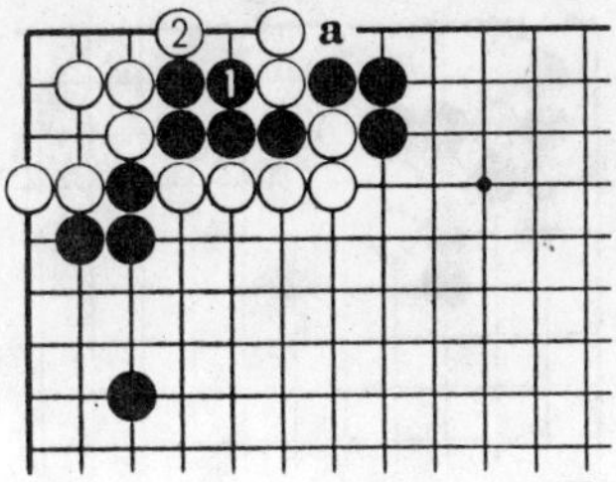

2 도

1 도〈흑선〉

공격의 패턴이다. 흑이 한 수 부족한 모양이다. 이곳에 어떤 수가 있을까?

2 도〈실패〉

흑 1은 백 2로 그만이다. 흑 1로 a 의 곳도 백 2이면 흑의 실패이다.

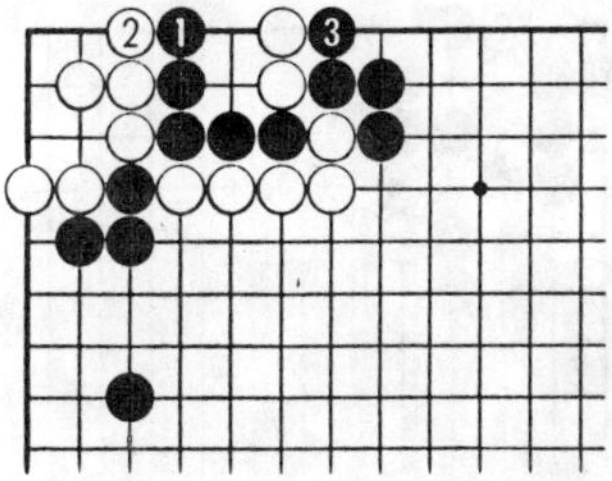

3 도

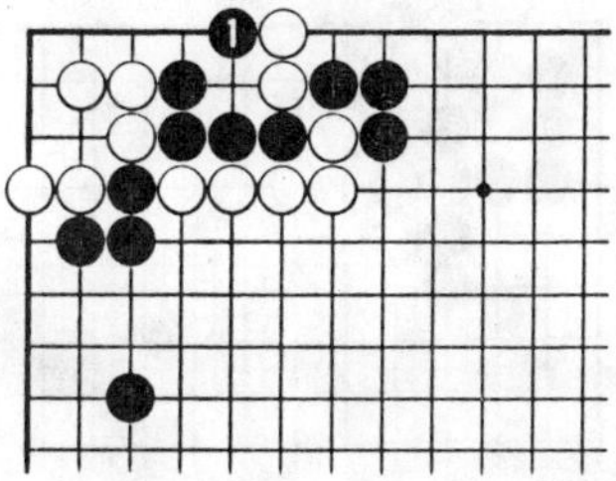

4 도

3 도 공배의 급소에 흑 1로 내려서면 수수를 늘일 수가 있다. 백 2, 흑 3까지 빅이 나는 모양이다.

4 도〈정해〉

흑 1의 마늘모가 정해이다. 이것이 맥으로 흑이 한 수 빠르다.

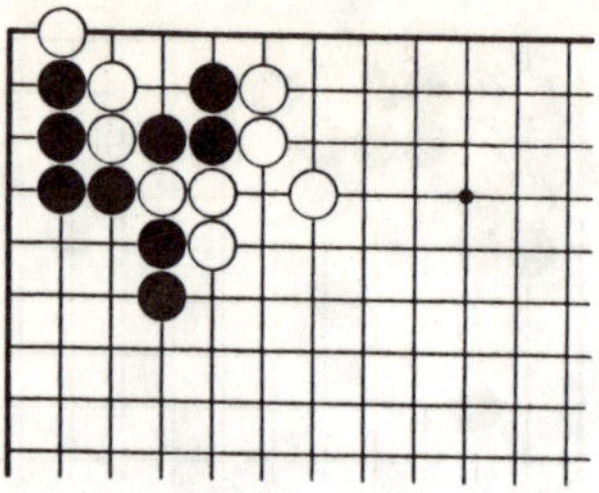

1도

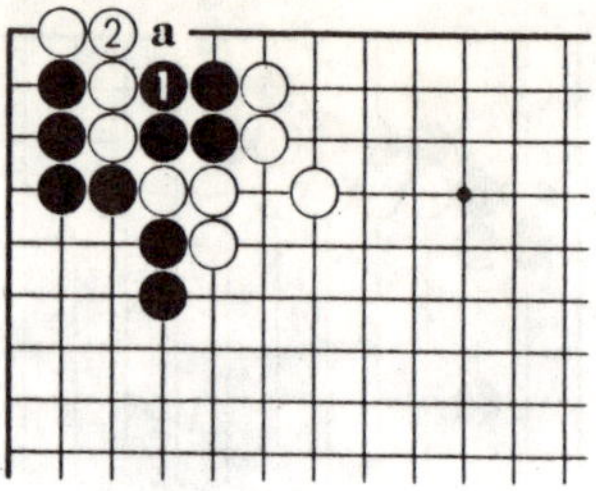

2도

1도〈흑선〉

이것도 기본적인 문제이다. 앞 문제의 변형으로 잘 생각을 하여 보기 바란다.

2도〈실패〉

흑 1의 조임은 다음에 a 의 곳을 조일 수가 없다. 흑은 자충이 되기 때문이다.

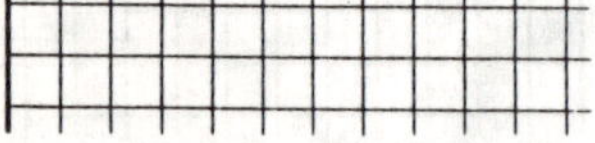

3도

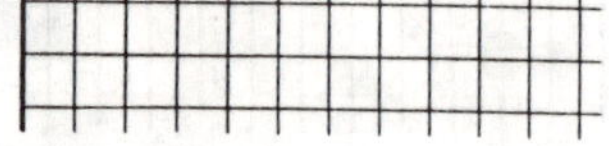

4도

3도〈흑이 나쁘다〉

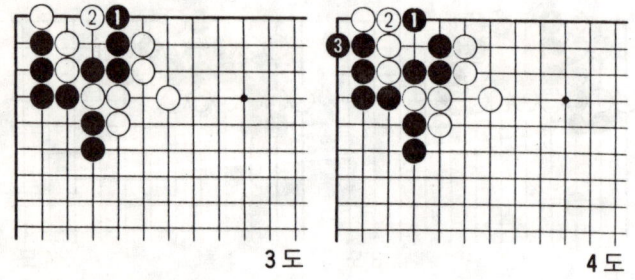

흑 1의 내려섬은 백 2의 마늘모이다. 흑이 최악의 경우이다.

4도〈정해〉

역시 흑 1의 마늘모로 같은 모양이다.

백 2에는 3으로 는다. 이것이 흑의 위력이다.

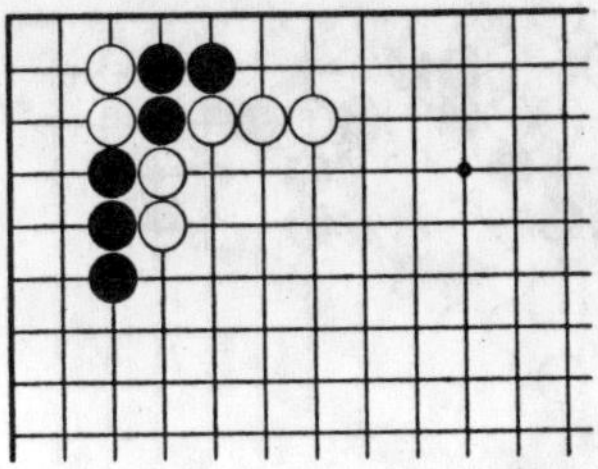

1 도

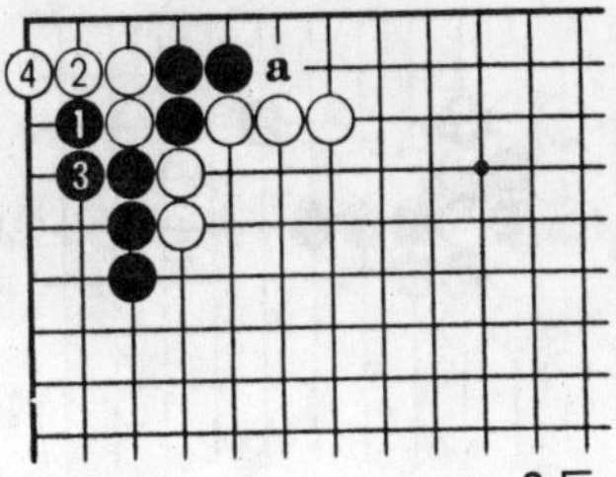

2 도

1 도〈흑선〉

지금은 고급스런 문제이다. 흑의 수수는 3수이고 백도 3수이다. 백의 탄력을 없애야 한다.

2 도〈실패〉

흑 1은 백 2로 되어서 3을 기다려 백 4로 는다. 백4로는 a 의 곳에 두기도 한다.

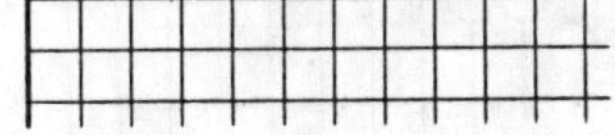

3 도

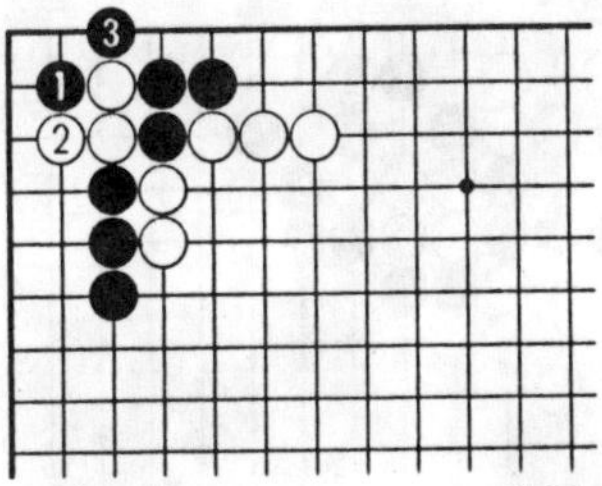

4 도

3 도〈양패〉

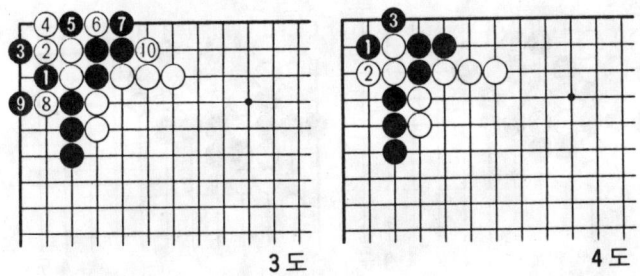

흑 1, 3의 2단 젖힘은 패의 수단이다. 8까지 양패를 피할 수 없다.

4 도〈정해〉

흑 1의 붙임이 맥이다. 귀의 탄력을 빼앗는 수이다.

흑 3까지 그만이다.

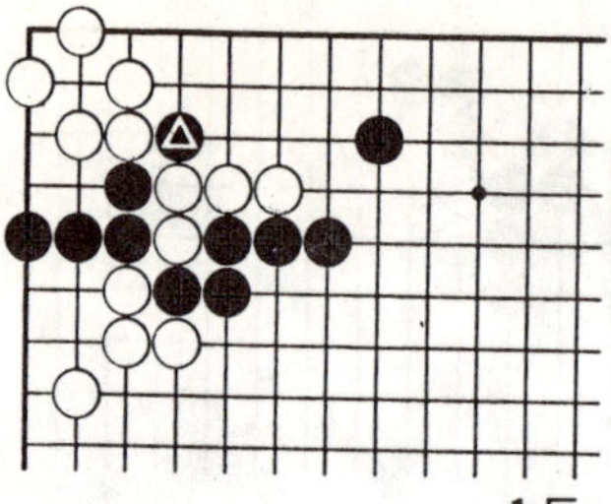

1 도

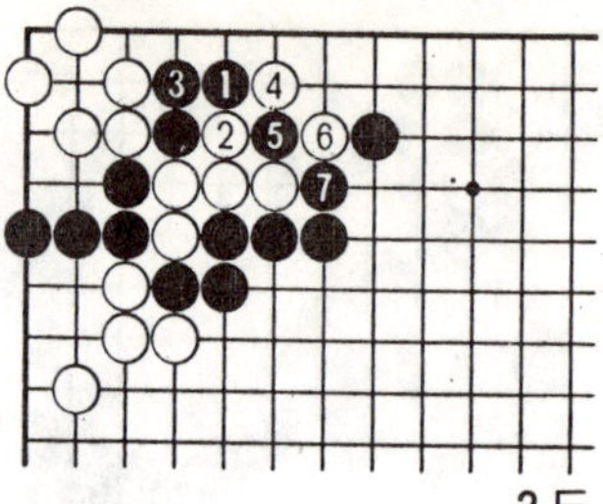

2 도

1 도〈흑선〉

이것은 조금 복잡한 모양이다. 흑 △표 한 점이 탈출하여야만 한다.

2 도〈정해〉

직접 움직인다면 흑 1의 마늘모이다. 백이 2, 4로 두면 5의 곳을 먹여치는 것이 제 2탄이다.

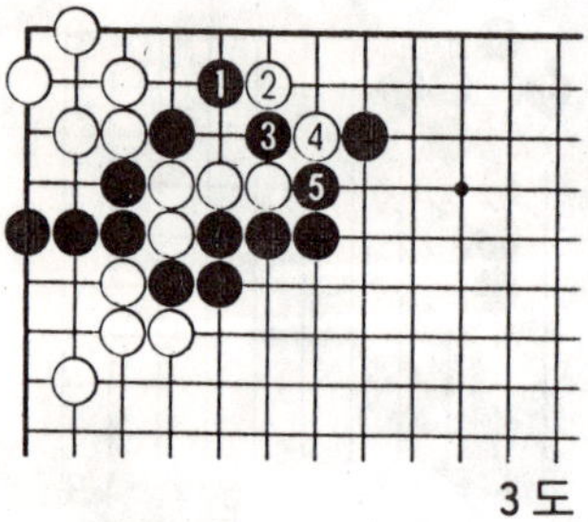

3 도

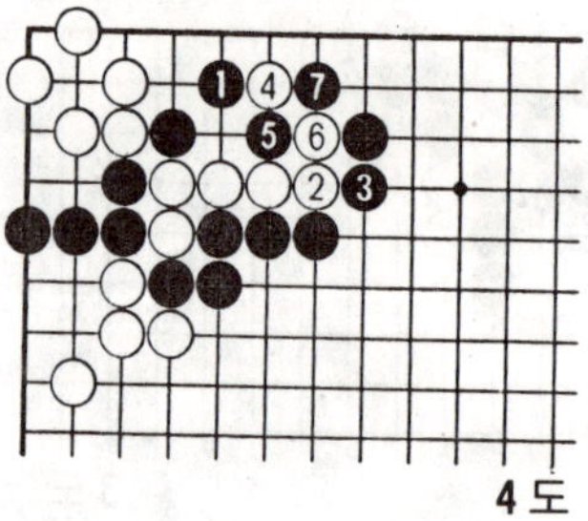

4 도

3 도〈간단〉

백 2에 흑 3의 젖힘은 5의 곳 끊음으로 되따냄을 당한다.

4 도〈같다〉

백 2에서 4로 움직이는 것은 5의 젖힘으로 결과는 같다. 흑은 1의 곳 마늘모 이외에는 이길 수가 없다.

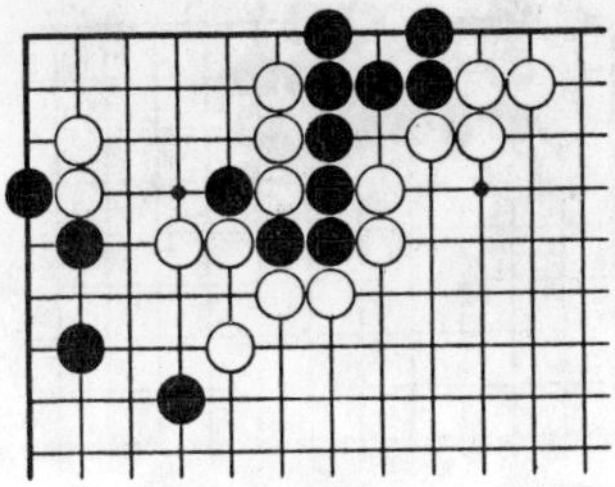

1도

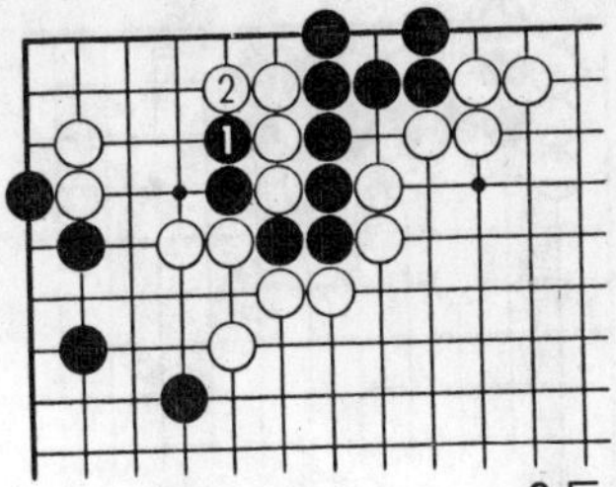

2도

1도〈흑선〉

공격의 모양에서 흑의 생사가 걸려있다. 정확한 수순이 필요하다. 백 3점을 어떻게 두어야 할까?

2도〈실패〉

흑 1의 내려섬에는 백 2로 받아서 다음 후속 수단이 없다.

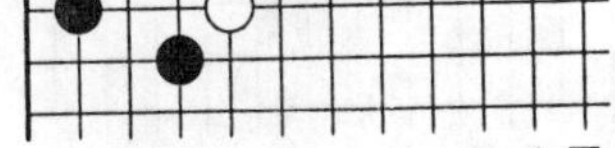

3도

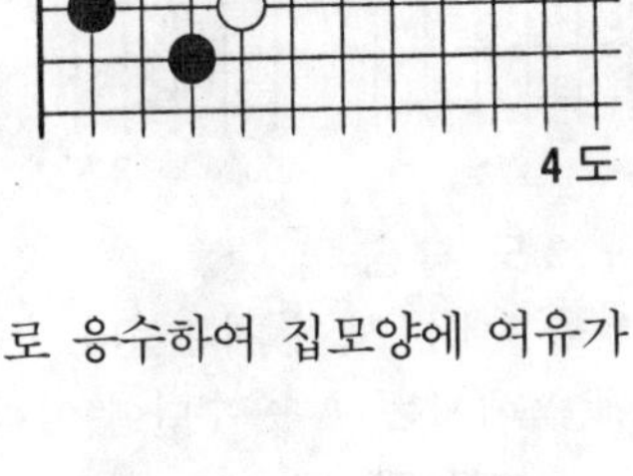

4도

3도〈실패〉

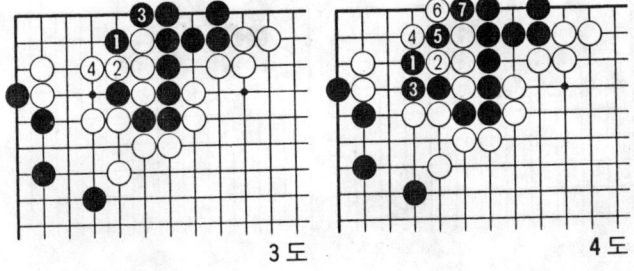

흑 1의 붙임은 백이 2, 4로 응수하여 집모양에 여유가 없게 된다.

4도〈정해〉

흑 1의 마늘모가 맥이다. 백 4에는 흑 5의 먹여치기 다음에 7까지 뒤떨구기이다.

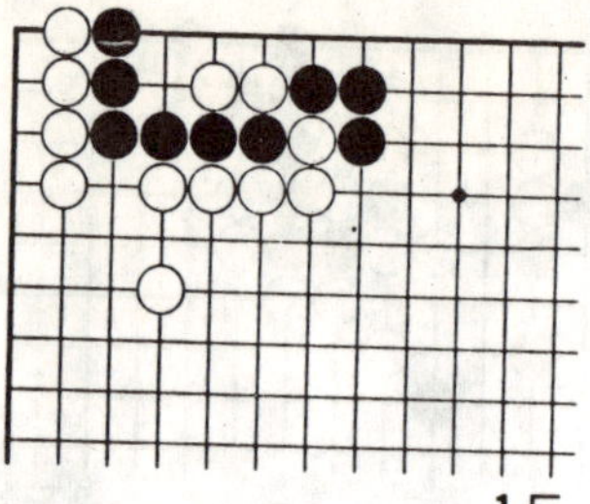

1 도

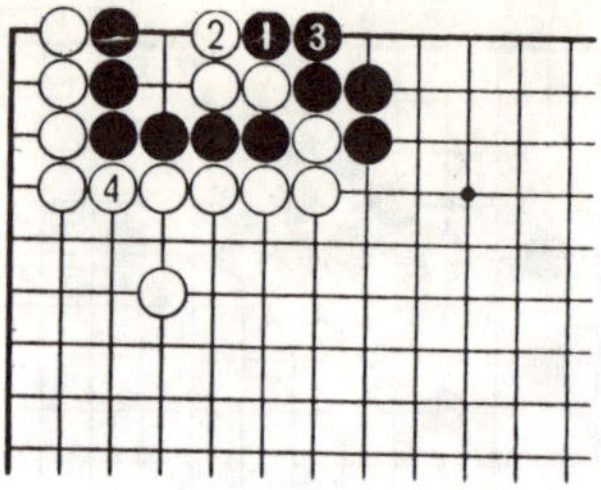

2 도

1 도〈흑선〉

이런 모양에서는 무조건 이길 수가 없다. 패가 나면 최선이다.

2 도〈실패〉

흑 1의 젖힘에서 4까지는 빅이 나는 모양이다.

이 수순이 최선은 아니다.

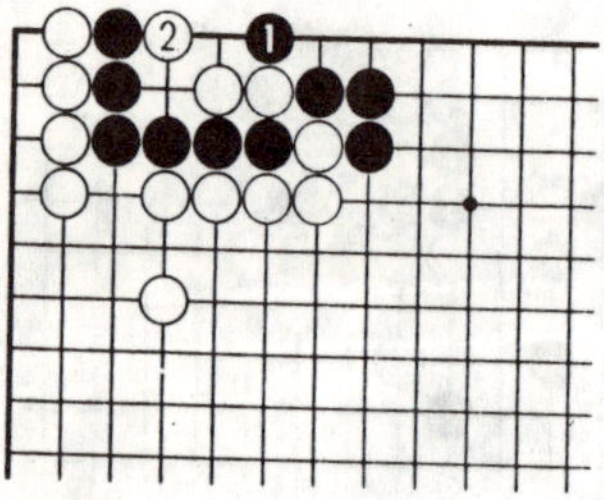

3 도

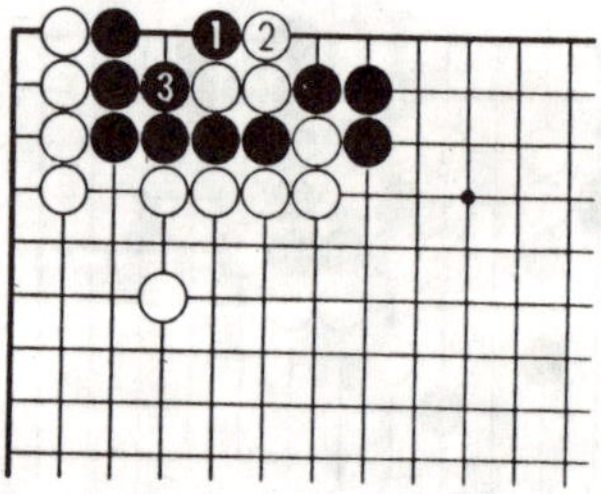

4 도

3 도〈백승〉

흑 1에는 백이 제 1선의 마늘모인 2의 곳을 두면 다음에 흑에게는 후속 수단이 없다.

4 도〈정해〉

흑은 1의 붙임에서 3까지 패를 다투는 것이 정해이다.

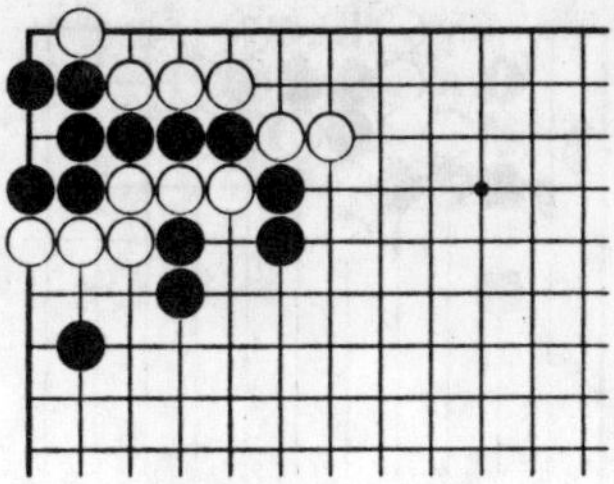

1도

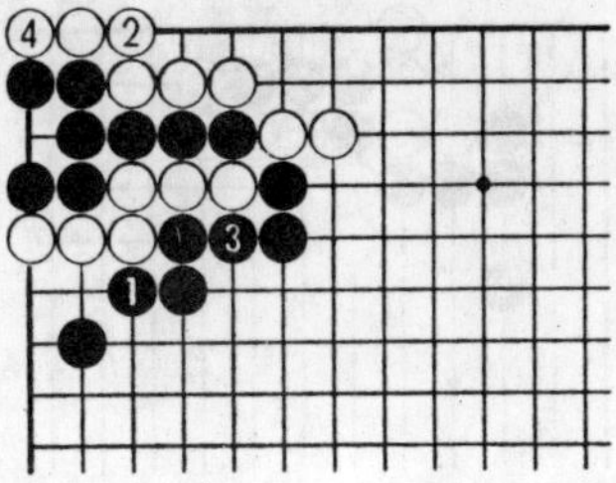

2도

1도〈흑선〉

흑의 공배가 한군데이다. 백은 4수이다. 어떻게 두어야 할까?

2도〈실패〉

흑 1로 평범히 조이는 것은 백 2, 4로 흑대마가 전멸이다.

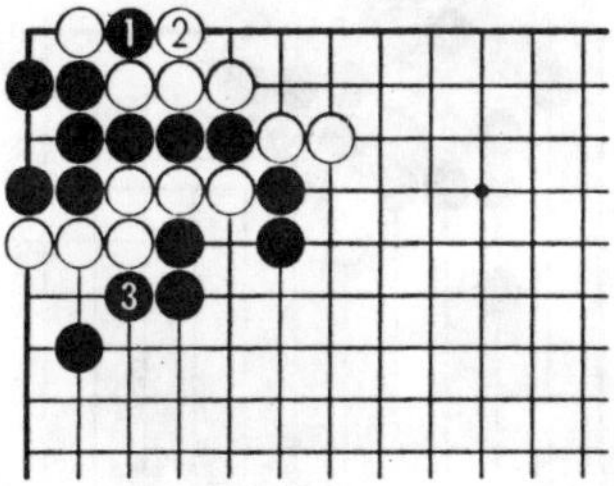

3도

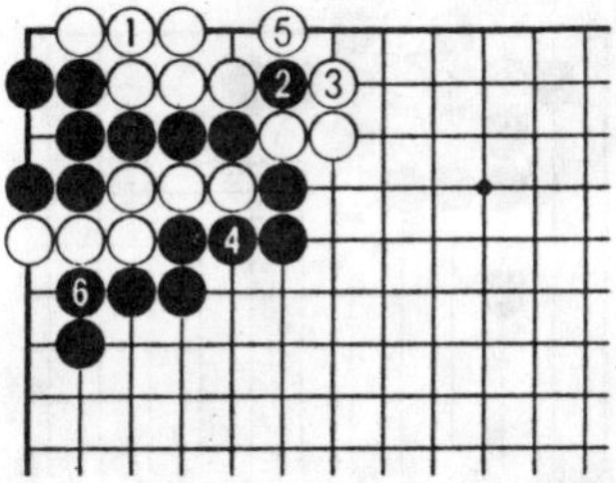

4도

3도〈정해 1〉

흑 1의 먹여치기가 한 수이다. 이 다음에 보통 3의 곳을 조인다.

4도〈정해 2〉

전도 다음에 백 1로 이으면 흑 2로 끊어 두는 것이 수순이다. 한 수가 늘어 난다.

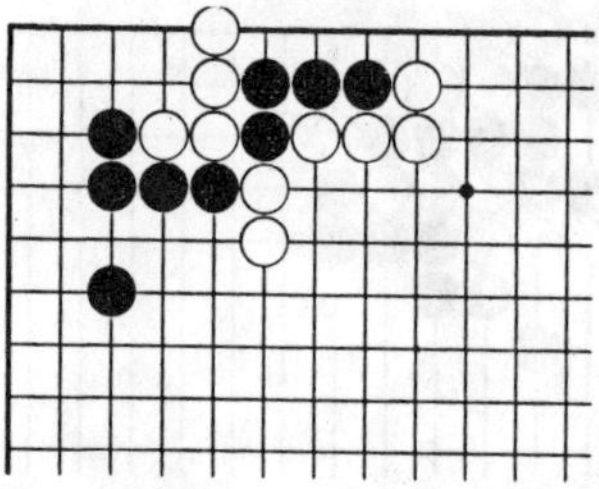

1 도

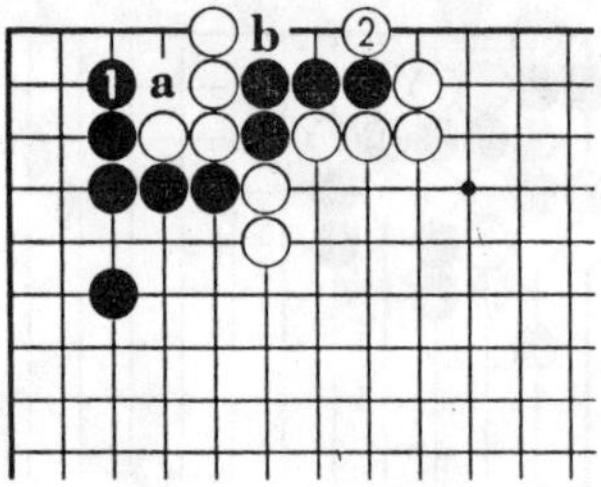

2 도

1 도〈흑선〉

같은 3수의 모양이다. 제 1착이 승패와 관련이 있다.

2 도〈실패〉

흑 1로 두면 공배가 a , b 의 곳에 생긴다. 이때 백은 2의 곳으로 조여온다.

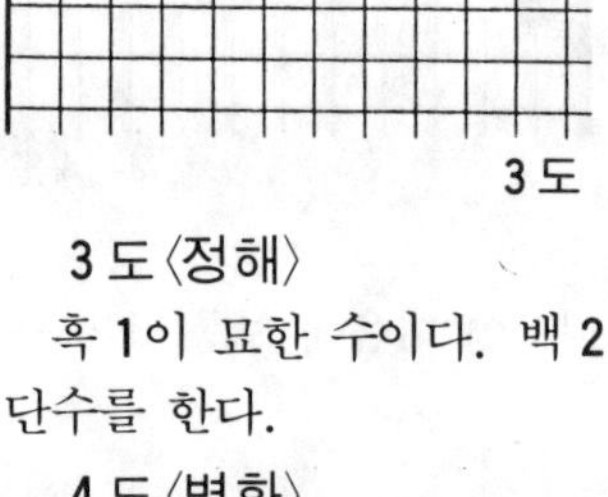

3 도

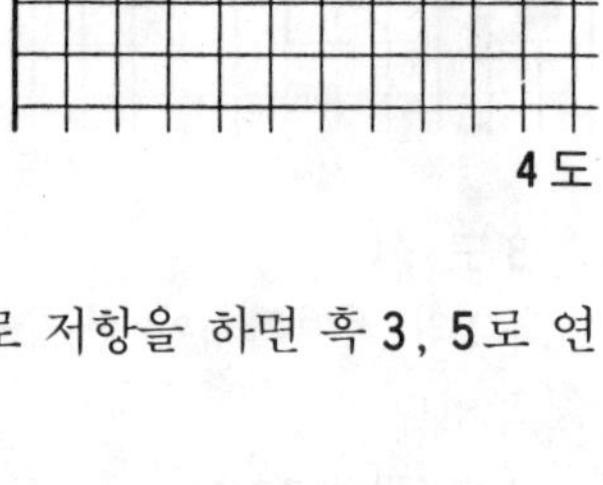

4 도

3 도〈정해〉

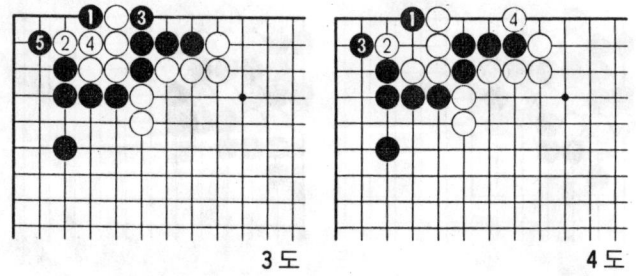

흑 1이 묘한 수이다. 백 2로 저항을 하면 흑 3, 5로 연단수를 한다.

4 도〈변화〉

흑 1에 백 2 다음에 3으로 바깥쪽을 조이지 않는 것은 백 4로 오히려 한 수 빠르다.

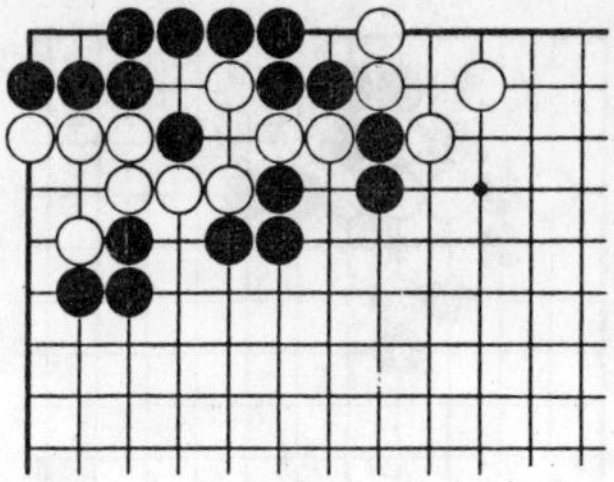

1 도

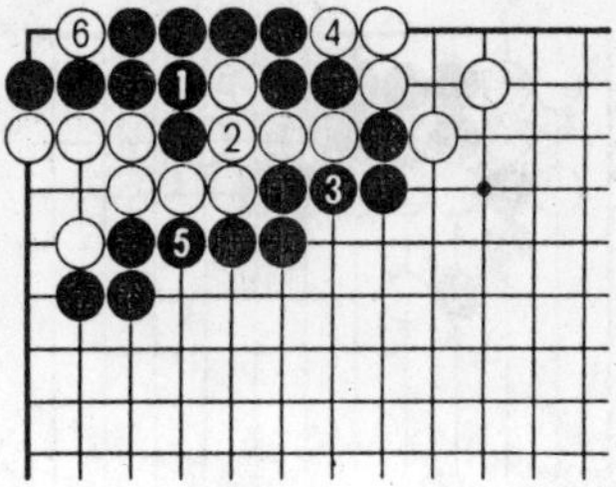

2 도

1 도〈흑선〉

복잡한 모양이다. 이곳에 어떤 수가 숨어 있을까? 상당한 기력을 요하는 곳이다.

2 도〈실패〉

당연한 듯한 흑 1은 자충의 대악수이다. 백 6까지 백이 한 수 빠르다.

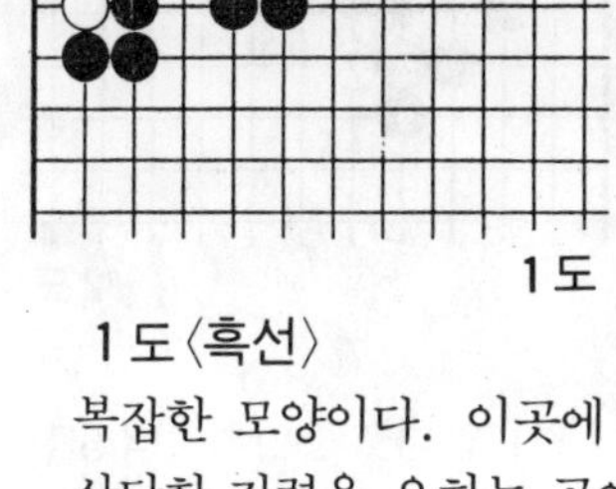

3 도

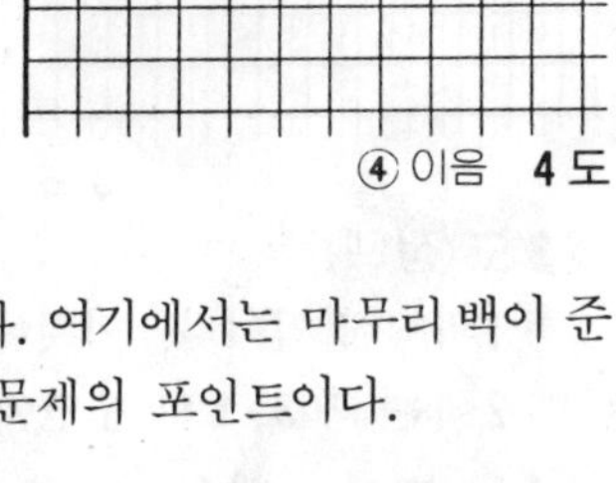

④ 이음 4 도

3 도〈정해 1〉

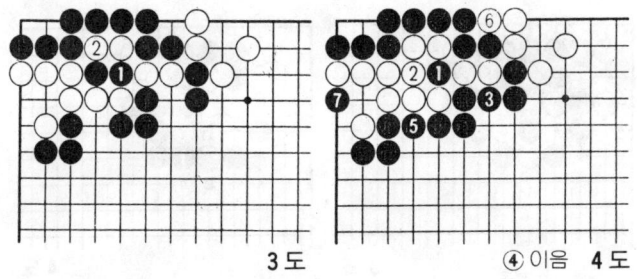

흑 1로 부딪히는 한 수이다. 여기에서는 마무리 백이 준비가 되어 있다. 이것이 본 문제의 포인트이다.

4 도〈정해 2〉

전도의 다음 흑 1의 먹여치기에서 3의 조임까지이다. 다음 2점을 사석으로 하여 7까지 조이는 수단이 있다.

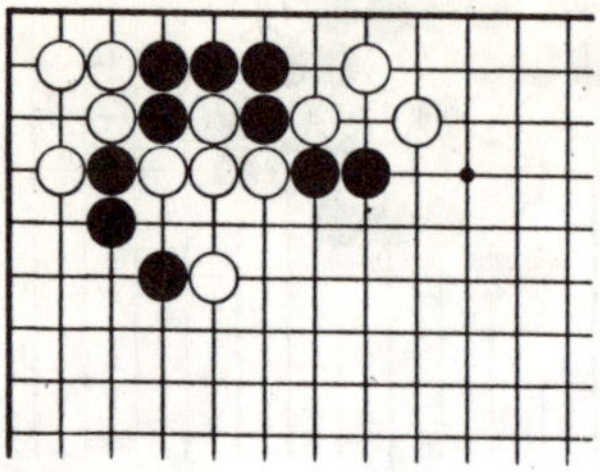

1 도

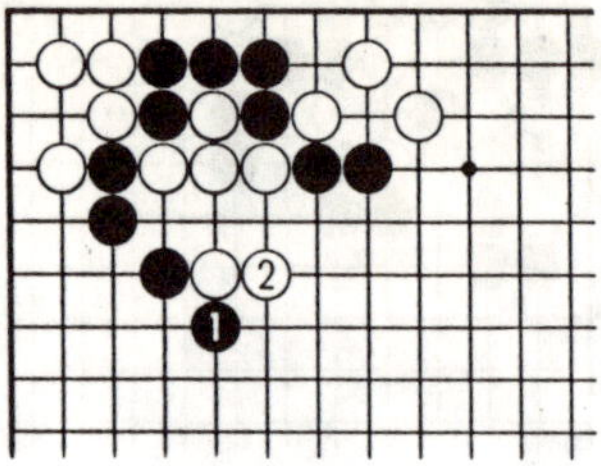

2 도

1 도〈흑선〉

위쪽의 흑 5점이 탈출을 할 수가 없다. 중앙의 백 5점을 잡지 않으면 안된다.

2 도〈실패〉

흑 **1**의 젖힘이 제 1감이다. 백은 **2**로 늘어서 일단이 무사할 수 있다.

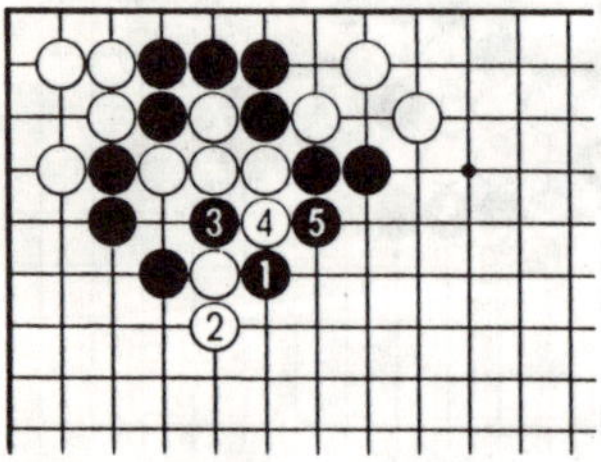

3 도

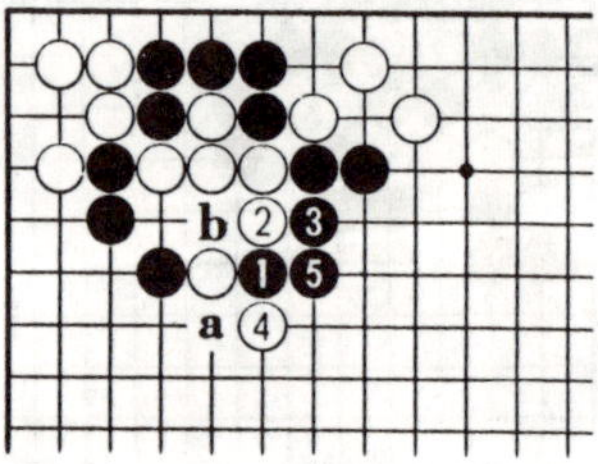

4 도

3 도〈정해〉

흑 **1**의 껴붙임이다. 이것이 임기의 수단이다.

백 **2**에는 흑 **3**, **5**의 수단이 통렬하다.

4 도〈변화〉 백 **2**에는 흑 **3**으로 응수하면 사정이 다르다.

흑 **5**의 이음 다음에 a 와 b 가 맞보기의 곳이다.

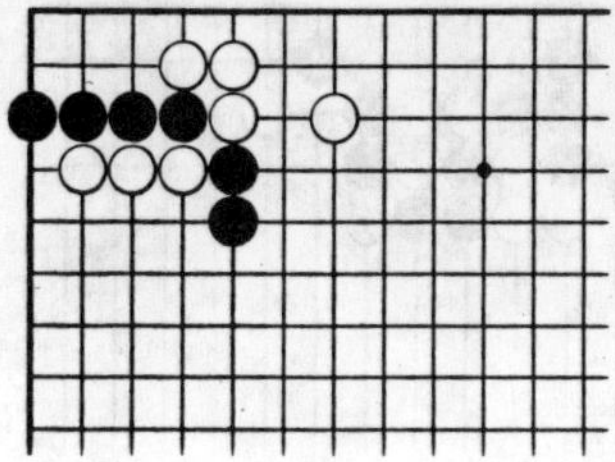

1 도

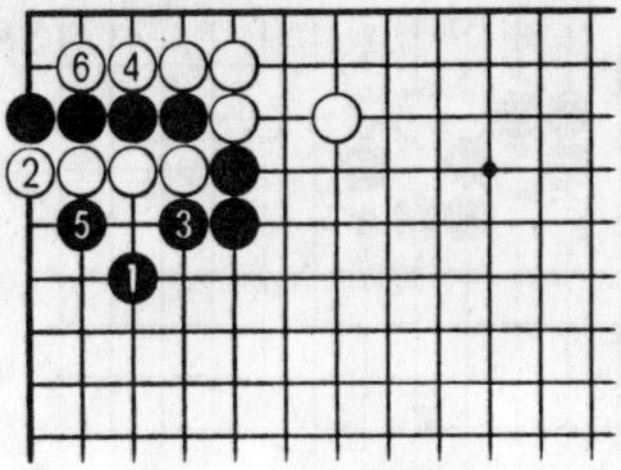

2 도

1 도〈흑선〉

흑이 귀에서 사는 수단을 강구하여야 한다. 백 3 점을 잡을 수밖에 없다.

2 도〈실패〉

흑 **1**의 날일자로 봉쇄를 하는 것은 백 **2** 이하 **6**까지 한 수가 부족하다.

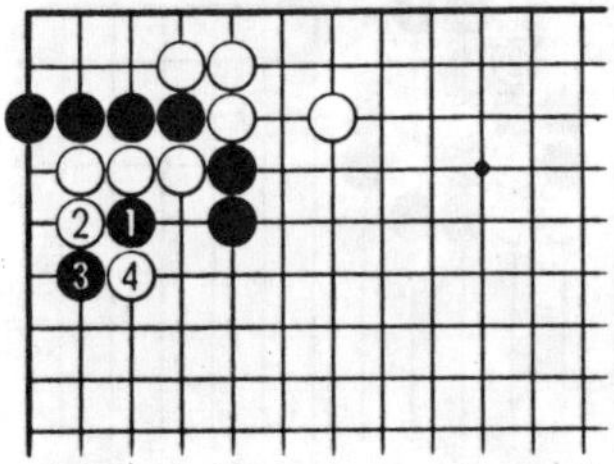

3 도

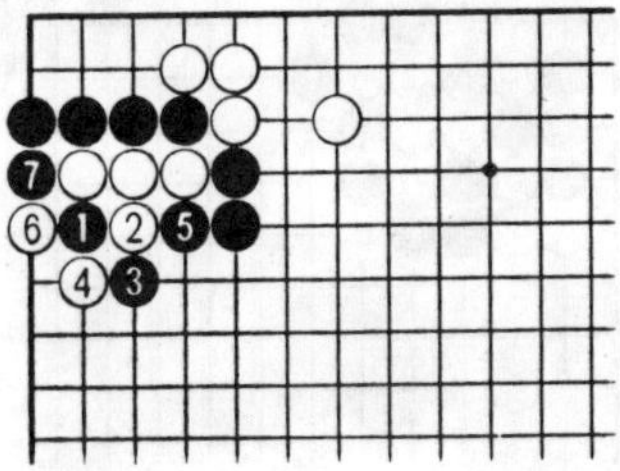

4 도

3 도〈실패〉

흑이 **1**의 곳 한 칸 뛰어 붙이는 것은 **2**, **4**의 끊음으로 그만이다.

4 도〈정해〉

흑 **1**의 붙임이 교묘한 맥점이다. 백 **2** 이하로 저항을 하여도 **7**까지 뒤떨구기를 당한다.

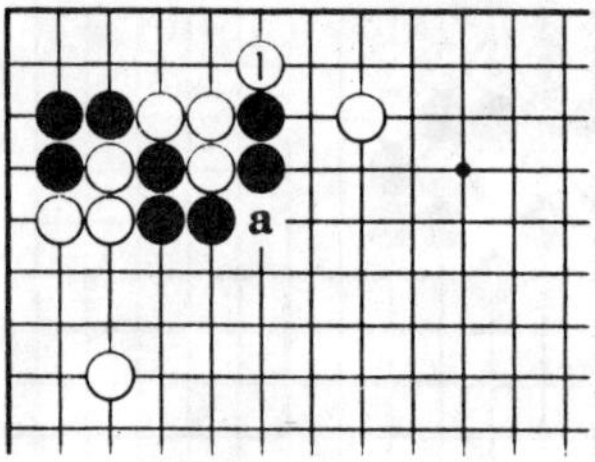

1 도

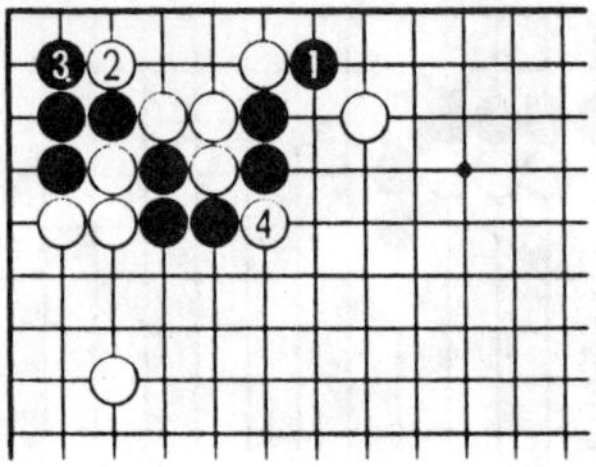

2 도

1 도〈흑선〉

백이 1의 곳을 젖혀왔다. 흑은 귀의 3점이 불안하다. 또한 a 의 곳 단점도 있다. 어떻게 두어야 할까?

2 도〈실패〉

흑 1로 받는 것은 백 2 다음에 4의 곳 끊음이 통렬하다. 흑은 수습을 할 수가 없다.

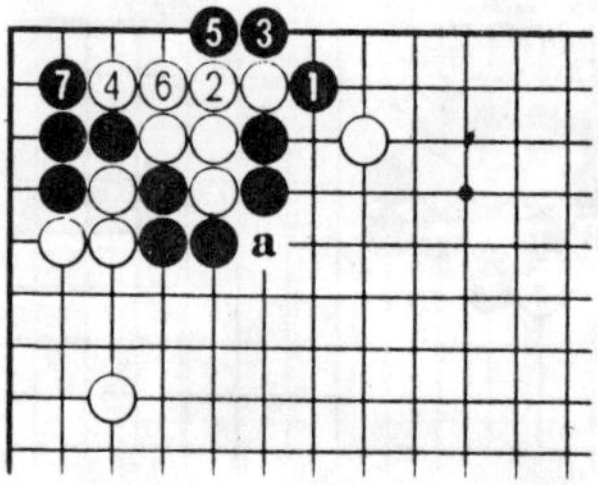

3 도

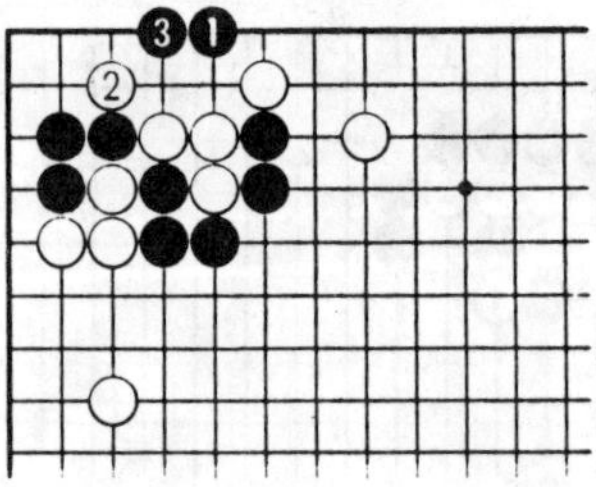

4 도

3 도 백 2로 잇는 것은 실패이다. 3의 곳 젖힘에서 7까지이다. 백은 a 의 곳을 끊을 시간이 없다.

4 도〈정해〉

흑 1의 치중이 맥이다. 백 2에는 3의 곳 늘음이 역시 맥이다.

〔12〕 모양의 삭감

서로의 모양을 삭감하는 것도 중요한 전술의 하나이다. 단순히 깊숙이 침입하는 것 보다는 대세에 입각하여 삭감하는 수단의 요령이 필요하다.

1도〈흑선〉

실전에서 자주 나타나는 모양이다. 이 모양에서의 삭감은?

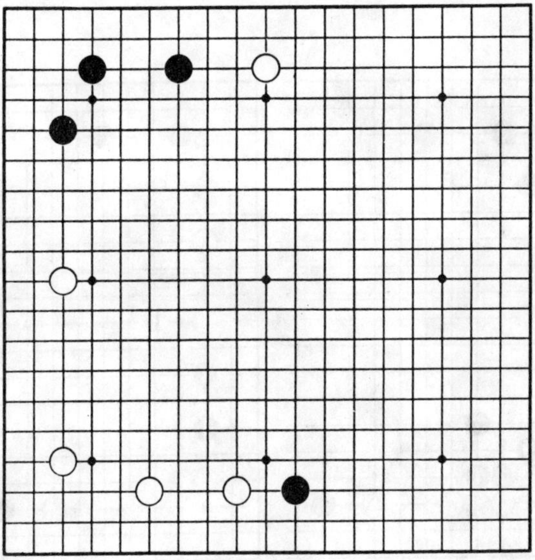

1도

2도〈정해〉

모양의 삭감이다. 흑 1부터 시작이다. 백 2 이하 7까지 가볍게 활용을 한다.

백 △가 전체에 중복이 된 의미가 있다.

3도〈깊숙하다〉

흑 1의 침입은 눈목자 굳힘에서 많이 두는 수이다.

백은 2의 곳을 지킨다. 흑 3을 강요하여 백 4의 지키는 수가 좋다.

백 4로는 b의 곳의 한 칸 뛰는 수도 있다.

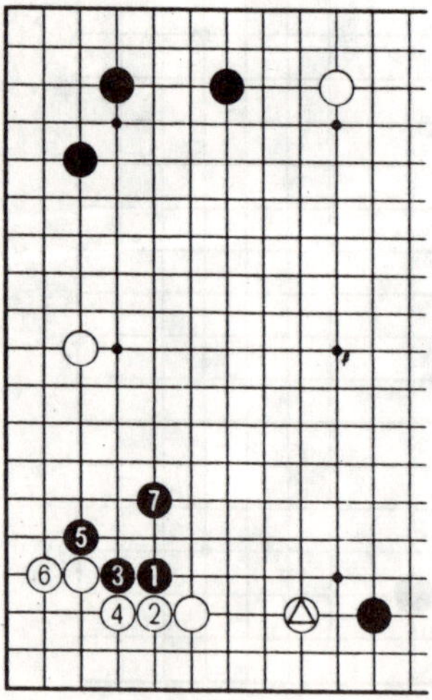

2도

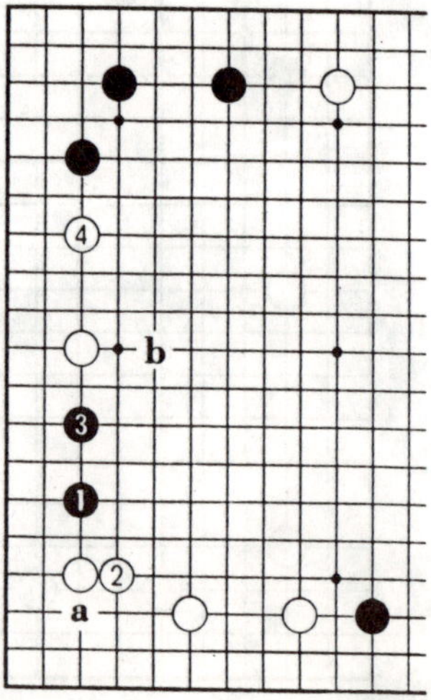

3도

4도 〈무겁다〉

흑 1의 모자씌움은 어떨까? 이 모양에서는 백 2, 4의 실리가 두터운 곳이다.

이 다음 흑a 에는 백b 이다.

백 ◬도 움직임이 없는 곳이다.

5도 〈흑의 주문〉

백 2의 받음이 보통의 모양이다. 흑 3에는 백 4다음 흑 5가 상용의 맥이다. 11까지 보통이다.

백10으로 11은 흑a 가 있다.

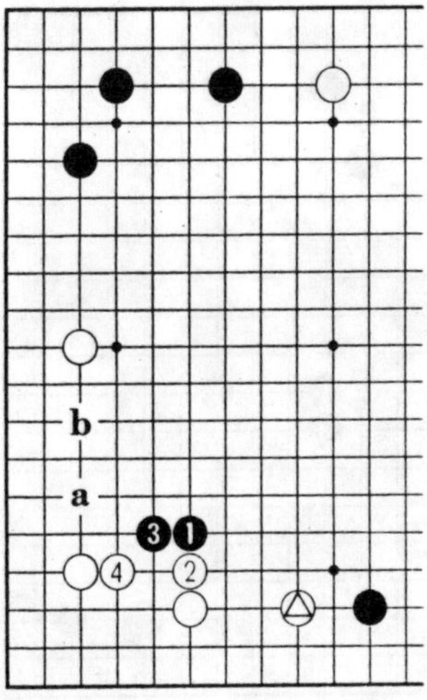

4도

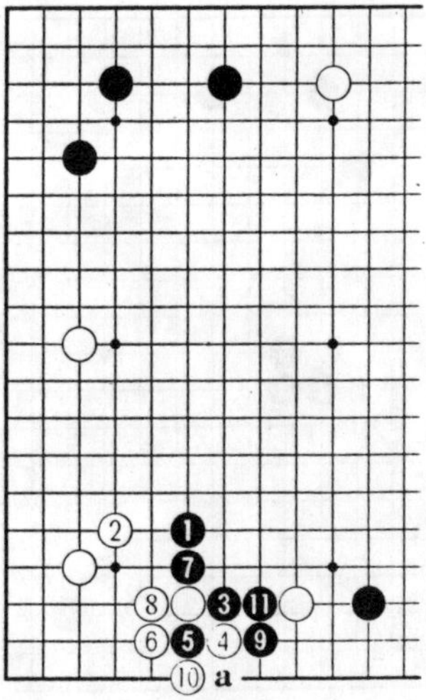

5도

6 도〈어깨짚기〉

흑 1의 어깨를 짚는 것도 정공법의 하나이다. 백은 2의 곳을 누른다.

백 4로 a 는 흑b 로 나가 끊는 맛이 있어 좋지가 않다. 서로의 대모양을 견제하는 특징이 있다.

7도 백 2로 누르는 방법이 있다. 흑 3에 대하여는 백 4의 날일자까지 모양이다. 흑 5까지 일단락이다.

6까지 된 모양에서 상방이 두텁다.

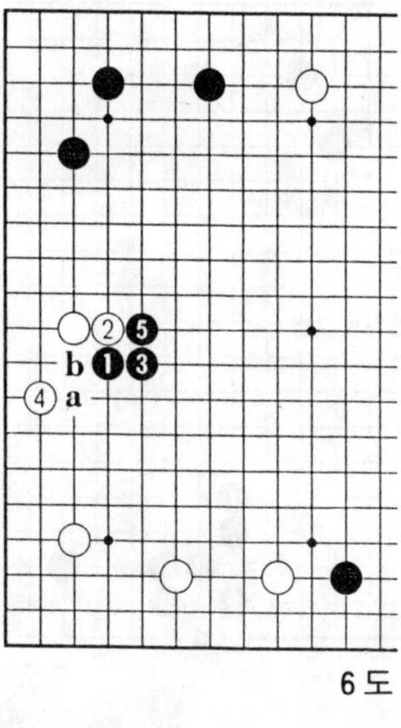

6 도

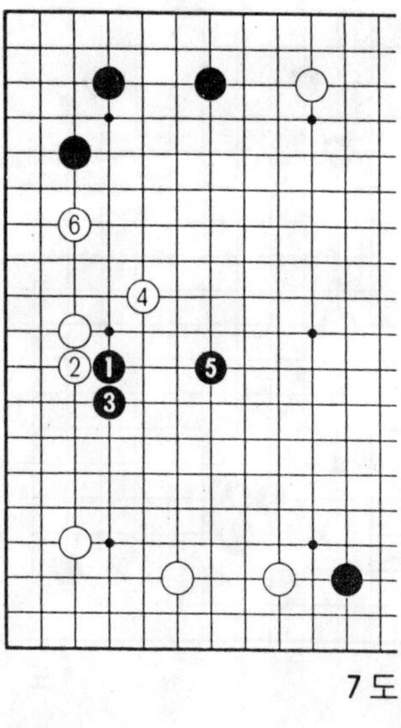

7 도

1. 모양의 삭감은 넓은 곳에서

서로의 모양을 삭감함에 있어서는 상대의 세를 삭감하며 자기의 세를 넓히는 것이 하나의 수단이다.

어떤 방향에서부터 시작을 할까? 진행 방향을 생각하여 보자.

1도〈흑선〉

상기의 모양에서는 수단의 여지가 없는 것일까?

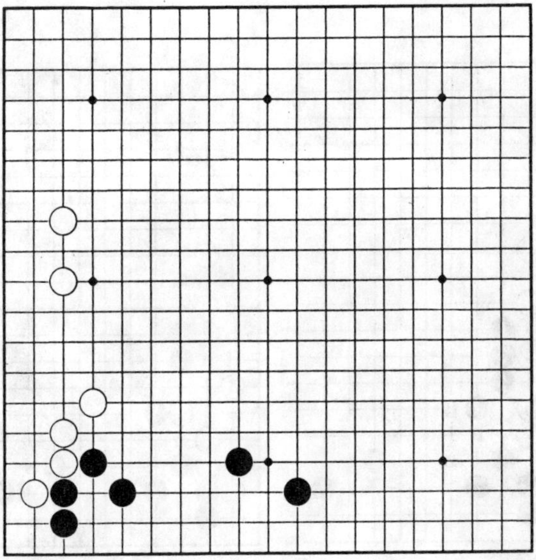

1도

2도 흑1로 두는 것이 맥이다. 백2 이하 7까지 봉쇄를 할 수 있다. 서로의 모양이 제한이 된다.

흑7 다음에 백이 a의 곳을 젖히면 흑b의 느는 수가 요령이다.

백에서는 4로는 b의 곳에 뛰는 수가 있다. 선악을 떠나서 전국과 관계가 된다.

3도 백4는 전도의 봉쇄를 피하는 수이다.

흑5의 붙임으로 대동소이하다. 백2로 a는 흑2로나가서 백b, 흑c, 백d로 될 자리이다.

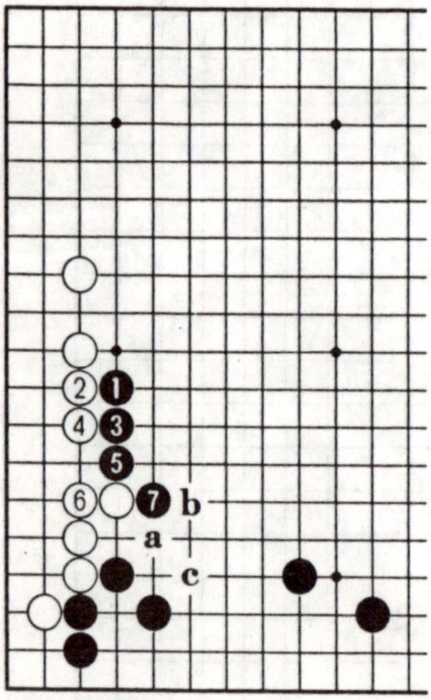

2도

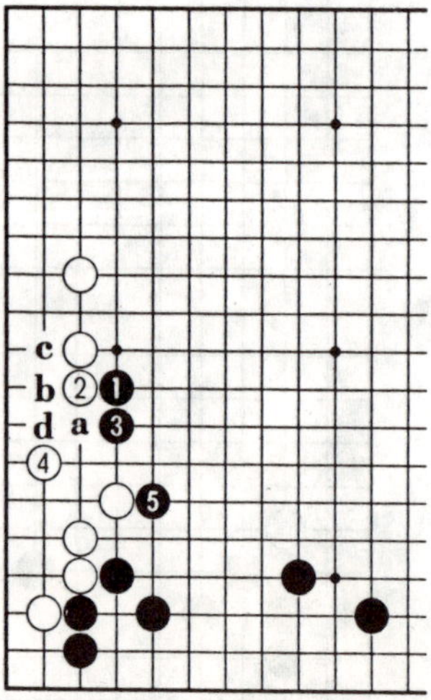

3도

4도 흑 1로 모양을 키우는 수이다. 백 2, 4로 모양을 키운다.

이 도에서 볼 수 있듯이 삭감의 방법이 대세에 끼치는 영향을 볼 수 있다.

5도 흑 1로 깊이 침입을 하면 백 2는 당연한 돌의 흐름이다.

흑 3 이하로 반발하여도 좋은 결과를 기대할 수는 없다.

모양의 삭감은 가볍게 움직이는 것이 당연하다고 할 수가 있다.

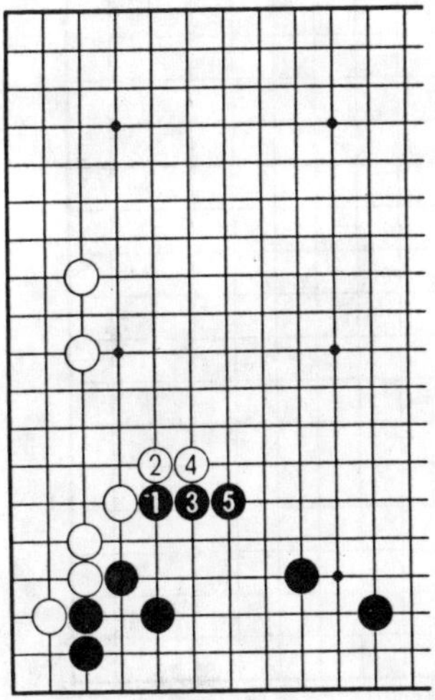

4도

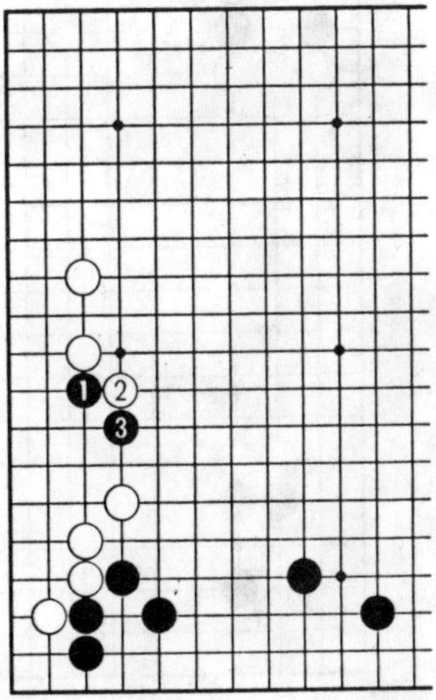

5도

2. 어디까지가 적당한가

1도 흑선

모양의 삭감방법도 급소나 맥이 없는 것이 아니어서 비교적 알고 있다면 어렵지 않은 곳이다.

자, 본도를 보자. 백의 대모양이 형성되었다. 여기에서 삭감은 어느 쪽부터 하여야 할까? 중간의 지점이 적당한 곳이긴 하다.

용이한 곳을 찾지 않으면 안된다.

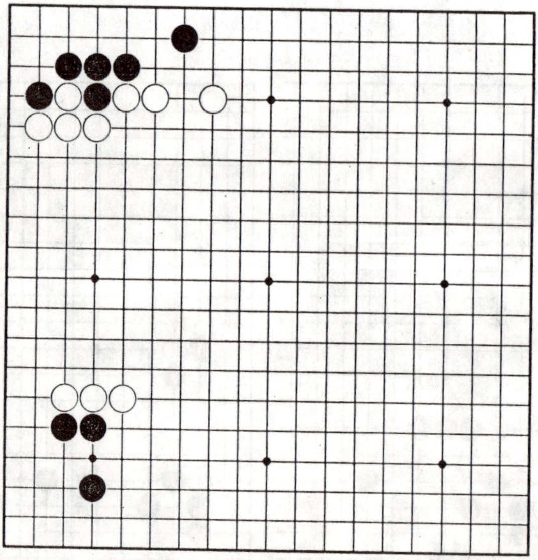

1도

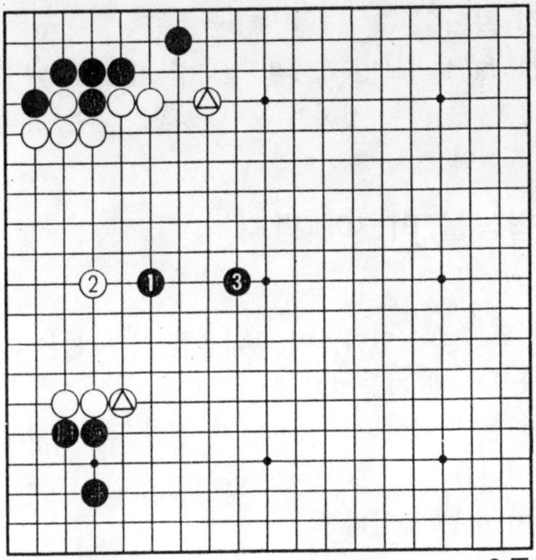

2도

2도〈정해〉

흑 1의 침입이 적당한 곳이다. 중앙을 침입하는 곳으로는 안성맞춤의 곳이다.

이모양을 살펴보면 백 △가 있어 깊이 침입하는 것은 무리가 아닐 수 없다. 이런 점으로 보아서 역시 흑 1이 적당한 곳이다.

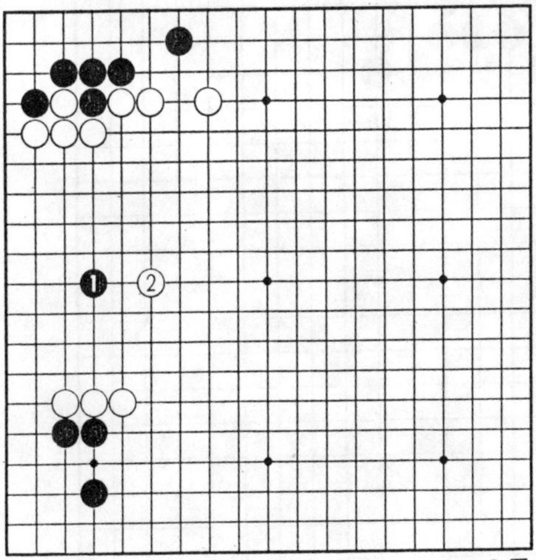

3도

3 도〈깊숙한 침입〉

상기의 원칙론을 살펴보면 흑 1의 깊숙한 침입은 백 2로 공격을 한다. 아무리 가정하여 보아도 흑은 좋은 결과를 기대할 수가 없다.

3. 모양형성을 미연에 방지

1 도〈백선〉

상변에 흑의 두터움이 있다. 이 두터움을 이용하여 흑의 대모양이 형성이 될 가능성이 높다.

모양을 삭감하는 전략이 필요하다. 그 전략은 미연에 방지하는 전략이다.

어떻게 두어야 하는 곳일까?

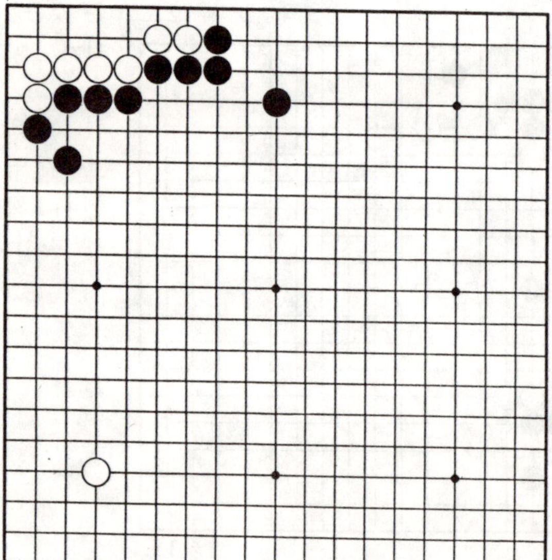

1 도

2도〈정해〉

백 1의 눈목자가 정해이다. 실전에서는 흔히 a의 곳까지 벌리고 있음을 많이 본다.

a의 곳은 집모양이 큰 곳이긴 하지만 다소 엷은 감이 있어서 침입이 우려된다.

그렇다면 다음 도에서 살펴보기로 하자.

3도 백 1까지 깊숙히 침입을 하는 것은 흑 2로 바짝 다가서는 수가 있다.

백은 좋은 결과를 기대할 수가 없다.

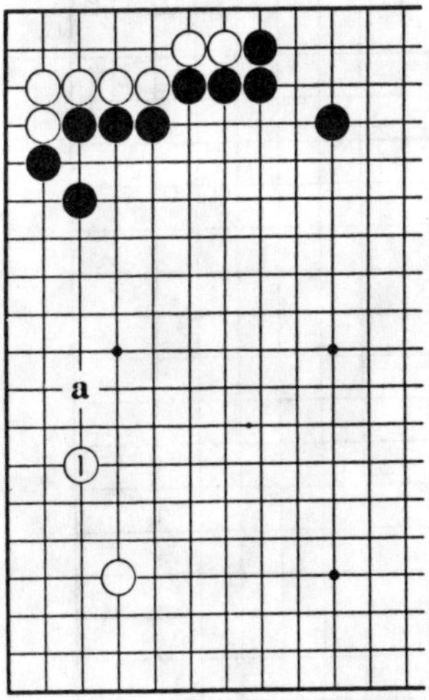

2도

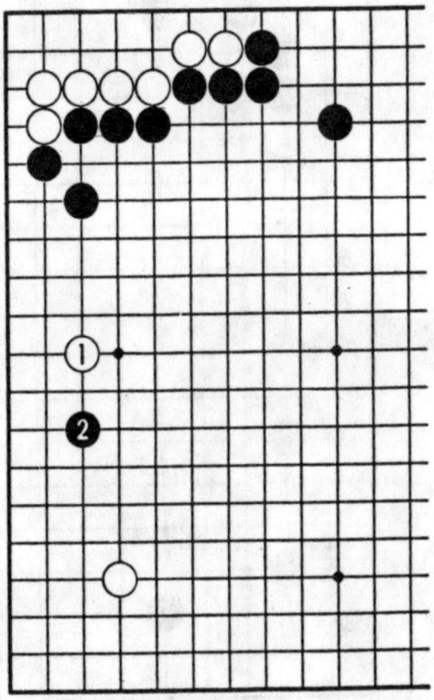

3도

〔13〕 침입

침입은 중반전에 잘 나타나는 모양이다. 이렇게 되면 중반전의 돌입이라고 생각하여도 과언이 아니다. 침입은 한판의 바둑을 좌우한다. 바둑을 두는 애기가라면 침입은 흔히 경험할 수가 있을 것이다.

모양에 따라 설명을 하고자 한다.

1도〈흑선〉

매회의 전투에서 자주 나타나는 모양이다. 침입의 급소는 어디일까?

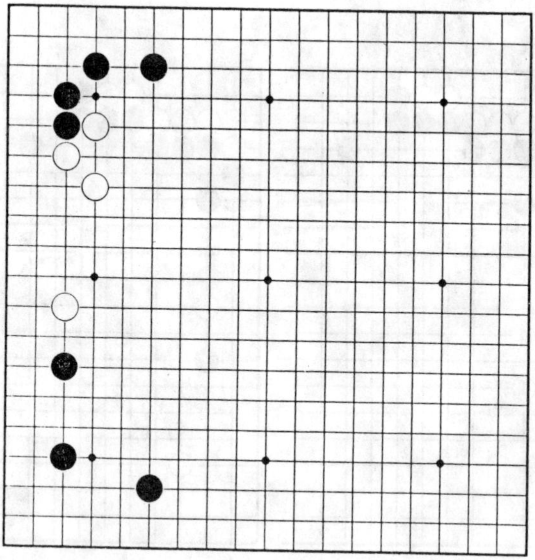

1도

2 도〈정해 1〉

많은 사람들이 알고 있다시피 흑 1이 침입의 급소이다. 백 2로 a 의 곳을 건너감을 막는다. 이때 3의 미끄러짐이 맥이다.

본도의 흑 1에는 b 의 곳을 막지 않는다.

3 도〈정해 2〉

전도의 다음 백 1에는 흑 2의 붙임이 맥이다. 이하 9까지 일단락이다.

이 모양에서 흑a 는 백이 b 의 곳을 둔다.

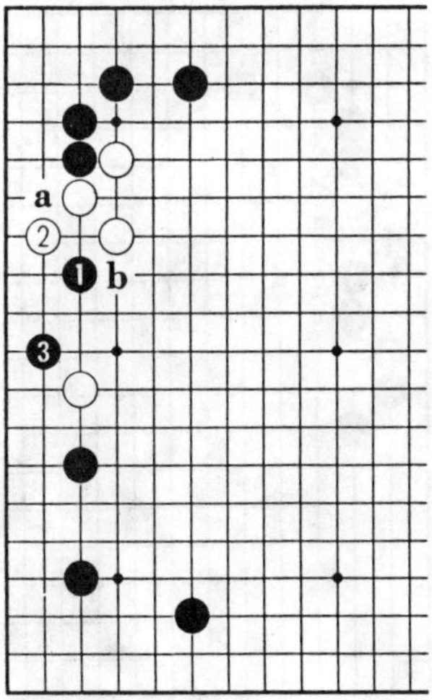

2 도

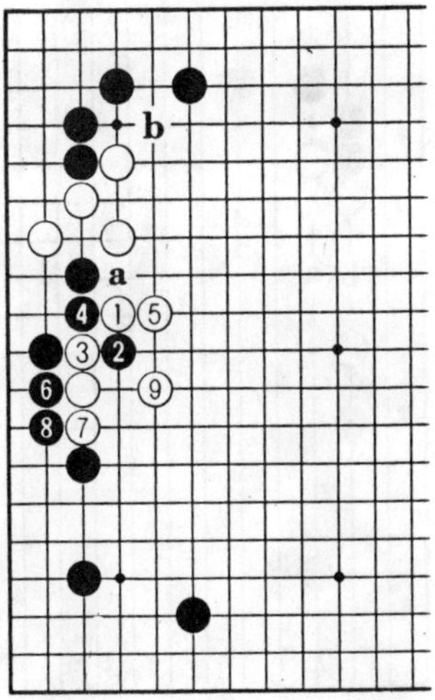

3 도

1도〈흑선〉

이것도 앞 모양과 같다. 소목의 한칸 높은 걸침의 정석이다.

침입의 급소는 어디일까? 흑a 에는 백이 b 로 받아 침입이 되지 않는다.

2도〈정해〉

흑1의 침입이 급소이다. 백2의 붙임에서 흑3이하 7까지이다. 백2로 4는 흑2, 백a, 다음에 흑b 로 되어 건너감을 맛보기로 한다.

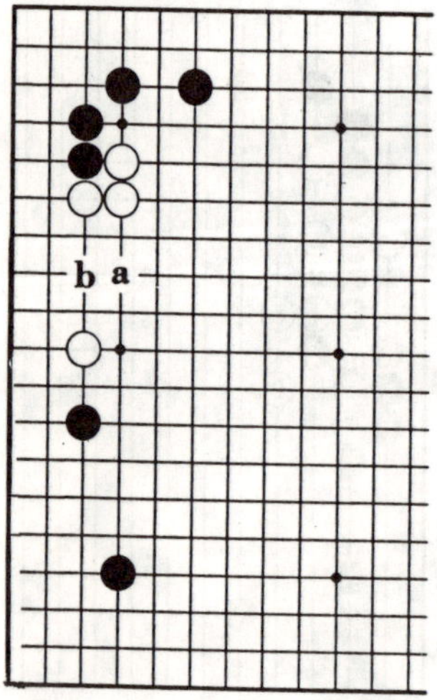

1도

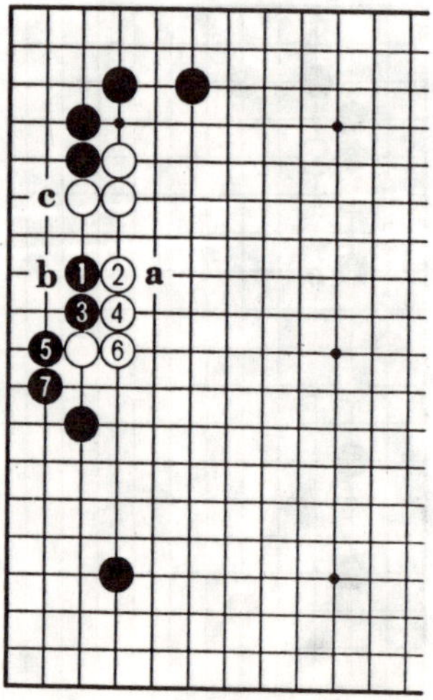

2도

1 도〈흑선〉

이 형은 모양의 삭감 방법의 하나이다.

침입에 관한 국세이다. 아래쪽은 눈목자 큰 힘이어서 약점이 있다.

2 도〈정해〉

흑 1의 침입이 급소이다. 백 2에서 일전을 하여 흑 3이다.

눈목자의 약점을 찔러 이하 15까지 흑은 3, 5의 2점을 사석으로 이용을 한다.

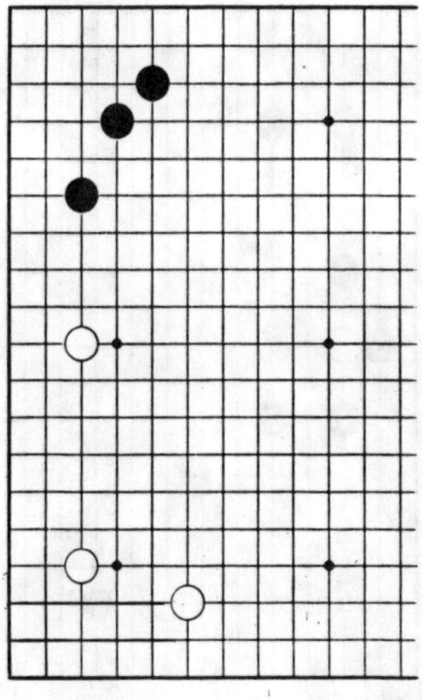

1 도

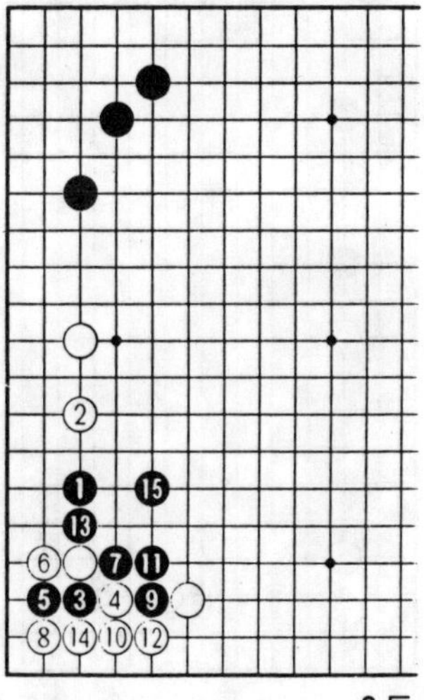

2 도

1 도〈흑선〉

이것도 실전에서 나타나는 모양의 하나이다.

흑a 의 붙임은 고등전술의 하나이다. 유력한 수법이 국세에 따라 있는 곳이다.

여기서 알기쉬운 보통의 착상이 있다.

2 도〈알기쉽다〉

흑 1의 침입이 알기쉽다. 백 2, 4에서 흑 5의 붙임까지이다.

백 2로 a 의 곳에 두는 수도 있다. 흑은 a 나 b 의 곳에 붙이는 맛을 남긴다.

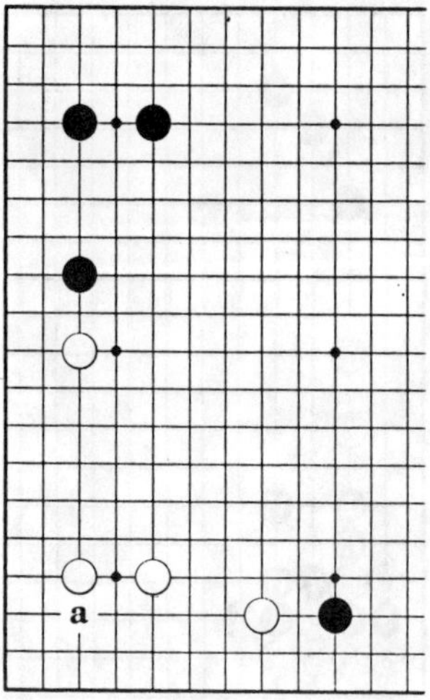

1 도

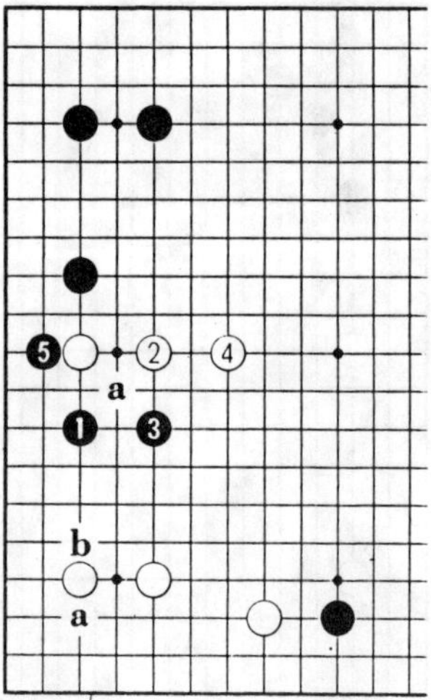

2 도

1 도〈흑선〉

고등전술에 관한 문제이다. 백에게는 침입의 여지가 많이 있다.

더구나 백 ◬까지 가미가 되어 있다.

자, 흑은 어디서부터 침입을 구사하여야 되는 것일까?

2 도〈정해 1〉

흑 1의 곳이다. 백 2의 건너감은 당연하다. 이다음 흑 3이 좋은 맥점이다.

흑 1은 3을 두기 위한 전제이다.

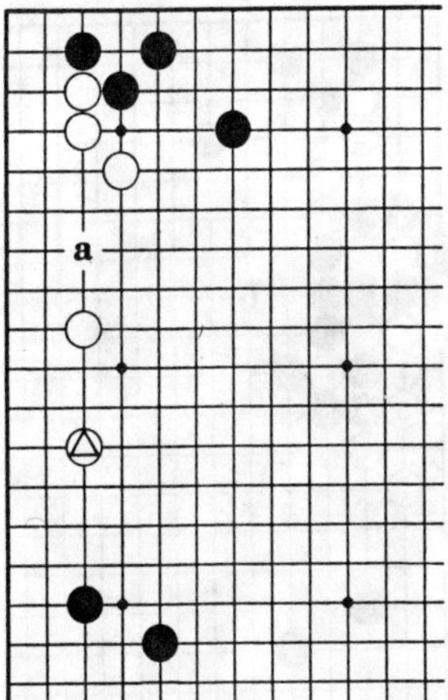

1 도

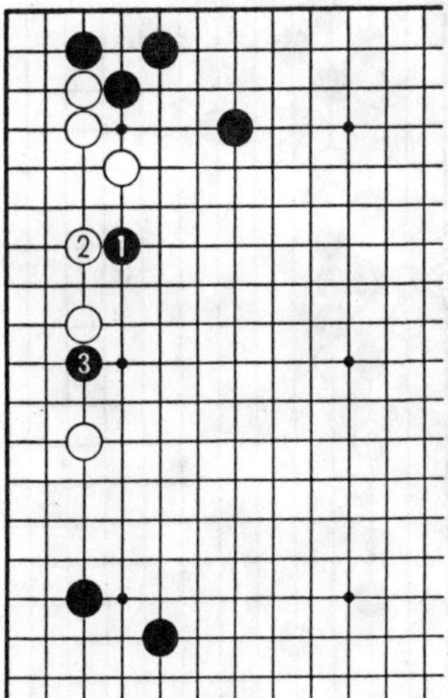

2 도

3 도〈정해 2〉

전도의 다음 백 1의 젖힘에서 흑 2다음 10까지 백의 집이 크게 파괴가 된다.

파괴가 된 이유는 다음의 도를 보면 쉽게 알 수가 있다.

4 도〈정해 3〉

전도의 다음 백 1에는 흑 2의 단수 다음에 4의 곳을 뻗는다. 백 5로 아래쪽을 지키면 흑 8로 때려낸다.

백 1로 2의 곳에 두면 흑b 로 급소를 지켜 1의 곳의 맛을 남긴다.

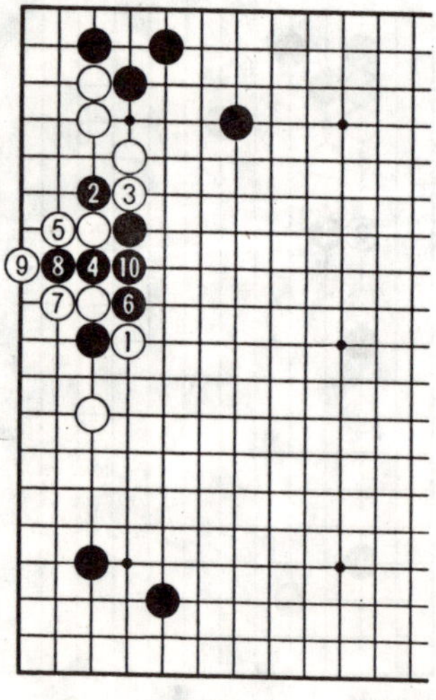

3 도

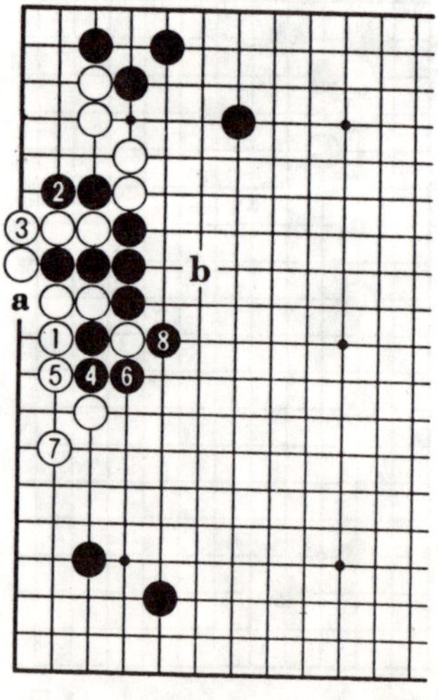

4 도

1 도〈흑선〉

이것은 침입의 감각이 아니다.

백 △의 1점의 미끄러짐이다. 이것은 실전에서 자주 나타나는 모양이다.

맥점이 있다. 제 1보는 어디일까?

2 도〈정해〉

흑 1의 침입이 맥점이다. 이하 7까지 외길의 수순이다. 백 2로 4의 곳에 두는 것은 흑은 2의 곳을 나가는 반격 수단이 있다.

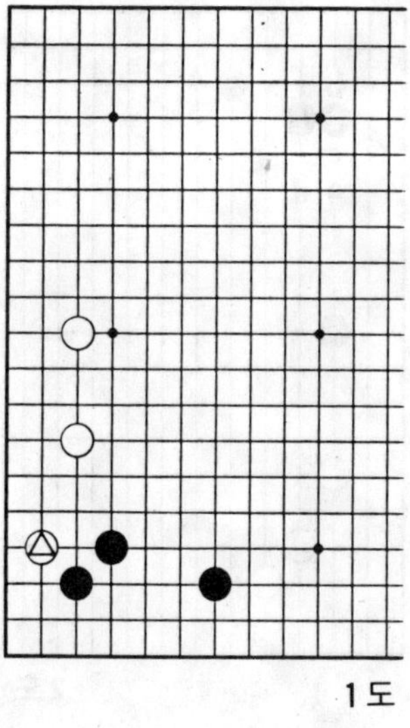

1 도

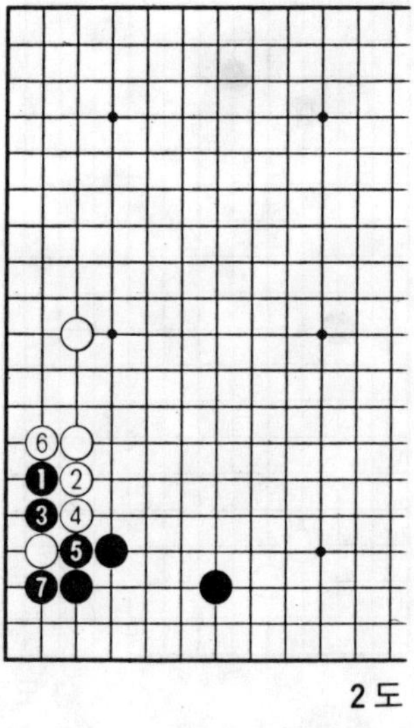

2 도

1 도〈백선〉

이런 모양에서는 어떨까? 근거를 빼앗으며 중앙으로 추격을 하여 나가는 문제이다. 형세판단이 매우 중요한 곳이다. 적에게 강렬하게 부딪히는 공격이 필요하다.

어느 곳에서부터 시작하여야 할까?

2 도〈정해 1〉

백 1로 두는 것이 좋은 수이다. 흑 2에서 백 3의 눈목자이다. 흑 2로 a 는 백은 b 의 3·3에 침입을 한다.

백 1로 a 의 걸침이 보통의 착상인데 이것은 c 의 곳을 눌러 좋지 않다. 자연 백의 모양이 무겁다.

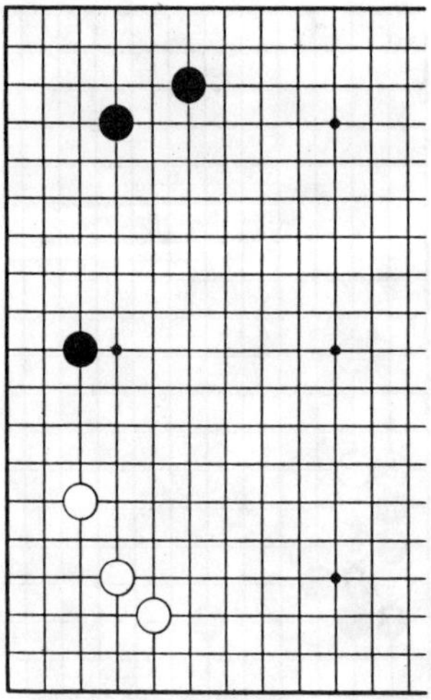

1 도

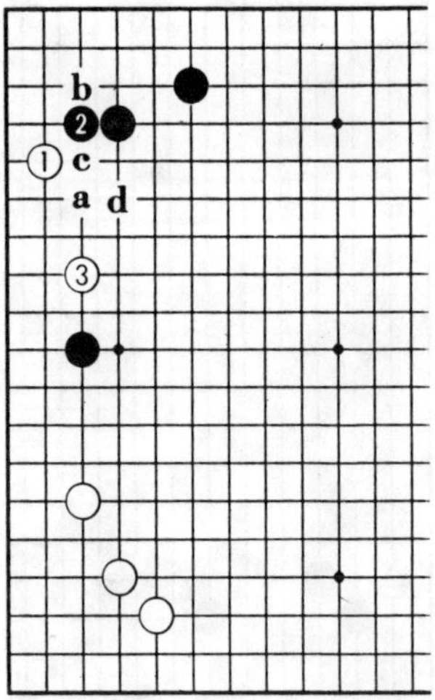

2 도

3 도〈정해 2〉

흑 1의 붙임에는 백 2의 젖혀끼움까지가 맥이다. 흑 3의 단수에서 백 4의 이음에서 6, 8까지이다.

수순중 백 2의 젖혀끼움으로 2의 곳을 그냥 느는 것은 쌍방의 두터움에 있어 큰 차이가 난다.

4 도〈정해 3〉

백의 끼움에 흑 1의 단수이면 2, 4 다음에 5, 7이며 3점을 사석으로 이용한다.

다음에 백 8의 붙임까지이다. 백은 a 의 끊음과 b 의 곳의 맛을 노리는 게 보통이다.

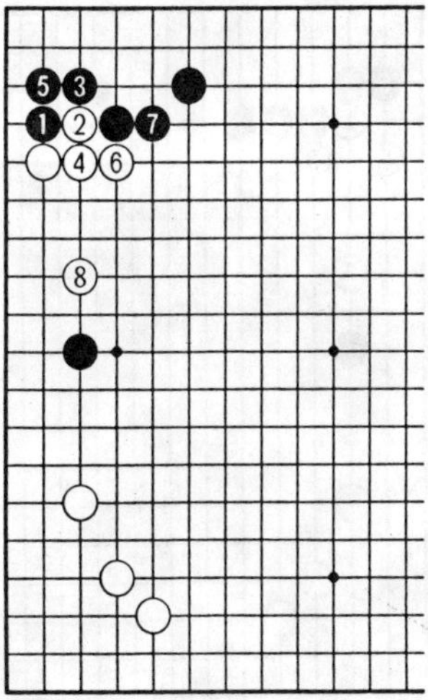

3 도

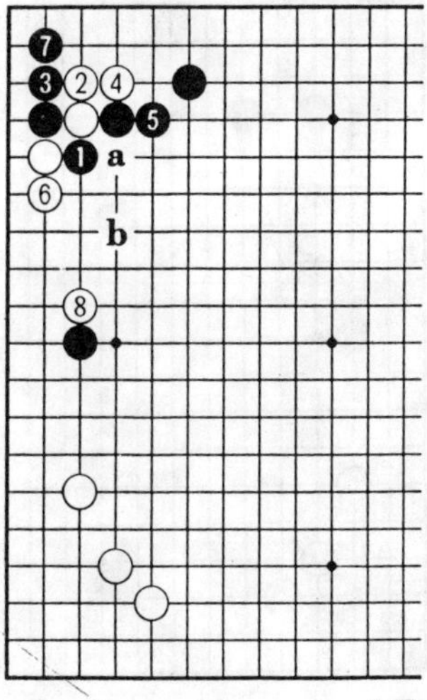

4 도

1 도 〈백선〉

본 문제는 범위가 넓다. 둘 수 있는 곳은 한정이 되어 있는 듯하다. 3·3에 두면 삶은 용이하다.

여기에는 일반 상식적인 알기쉬움인데 절대의 한 수로 모양을 가름이 있다.

2 도 〈모형〉

이런 배치에서는 백 1의 붙임이다. 흑 2에는 백 3의 젖힘이 맥이다. 백 7까지 일응 모양이 완성이 된다. 알기쉬운 모형이 아닐 수 없다.

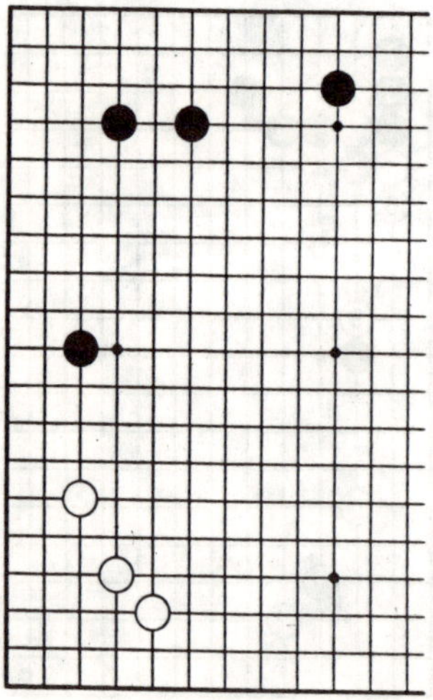

1 도

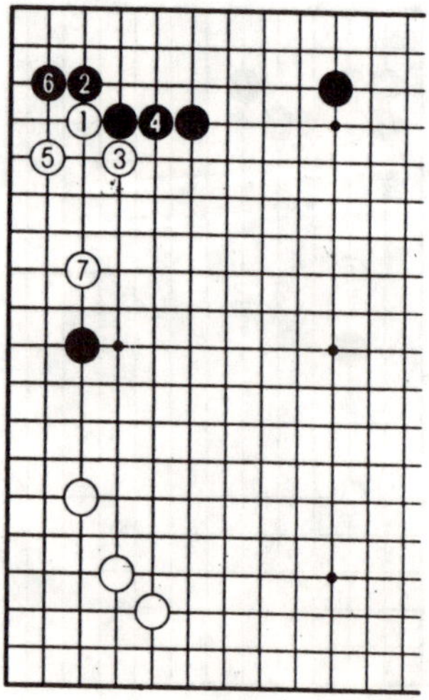

2 도

1 도〈흑선〉

고급스런 맥점이 필요하다. 백의 모양에서 수단의 여지가 있다.

흑은 어떻게 응수를 하여야 할까?

2 도〈흑의 전과〉

흑 1의 붙임에서 5, 7의 끊음까지이다.

수순중 백 4로는 5의 곳은 흑 6으로 귀에서 사는 모양이다.

흑 7의 끊음까지이다.

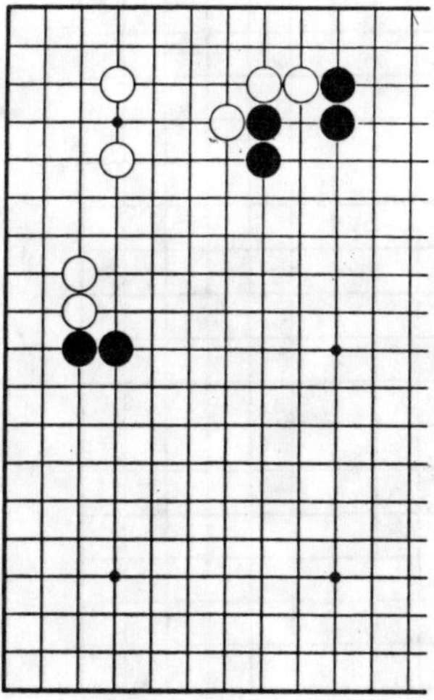

1 도

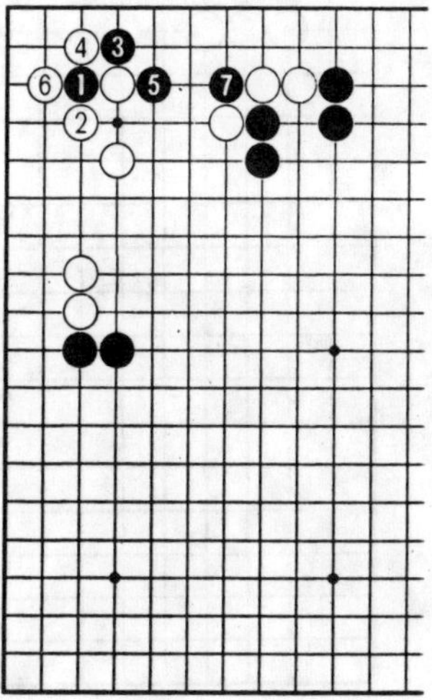

2 도

〔14〕 붙임 · 뒷맛 · 마무리

이 3개의 요점을 적절히 구사하여야만 기력이 상당하다고 할 것이다.

날카로운 세기(細技)가 필요하다.

1도〈백선〉

이런 모양도 흔히 볼 수가 있을 것이다. 이런 모양에서는 어떻게 두어야 할까?

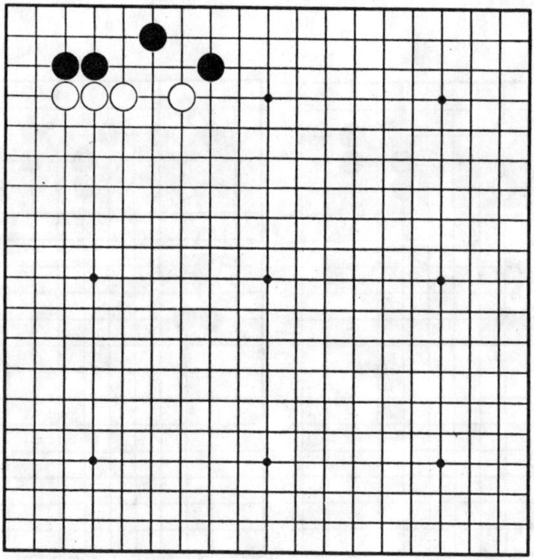

1도

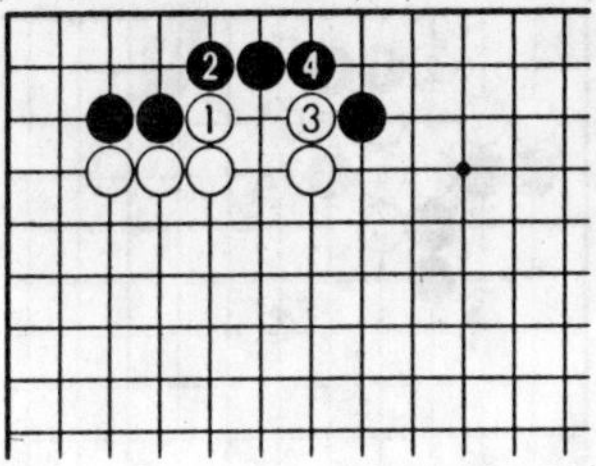

2 도

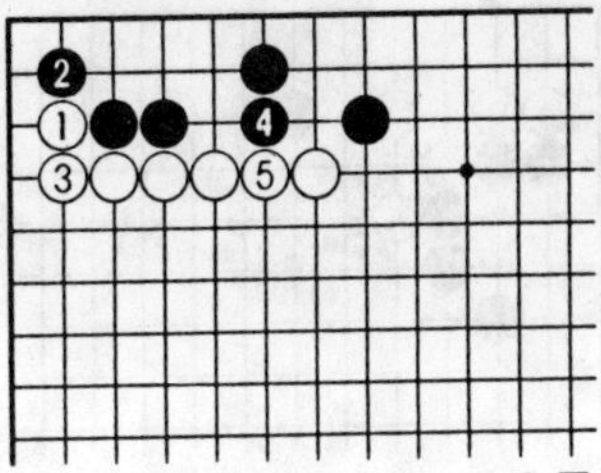

3 도

2 도〈속맥〉

일견 속되게 두는 점이다. 그것이 백 1, 3이다.

날일자를 돌파하지 못한 악수이다.

3 도 백 1,3으로 젖혀잇는 것은 부분적으로는 이득이다.

이곳은 끝내기로서는 매우 큰 수이다. 그러나 지금의 시점에서는 둘 필요가 없는 곳이다.

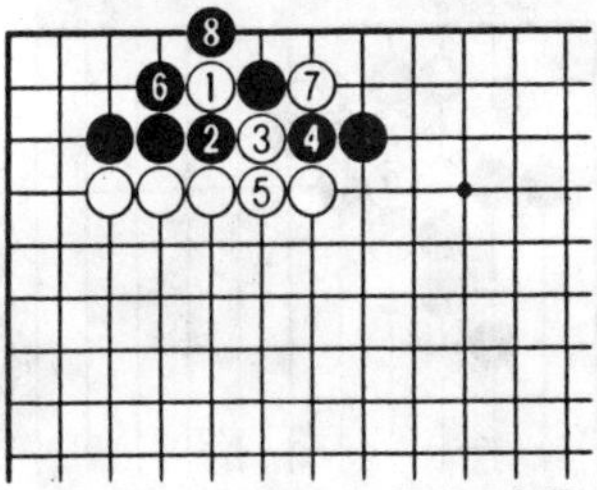

4 도

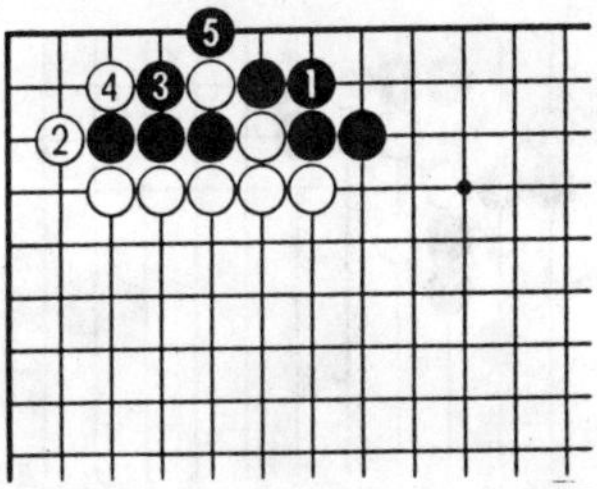

5 도

4 도〈정해〉

백 1의 건너붙임에서 8까지이다. 이하 8까지 일단락이다.

가치가 있는 점으로 장내의 움직임이 남는 곳이다.

5 도 그것을 겸하여 흑 1의 이음에서 백2 , 4 까지 진행된다. 이것도 또한 큰 변화를 가져온다.

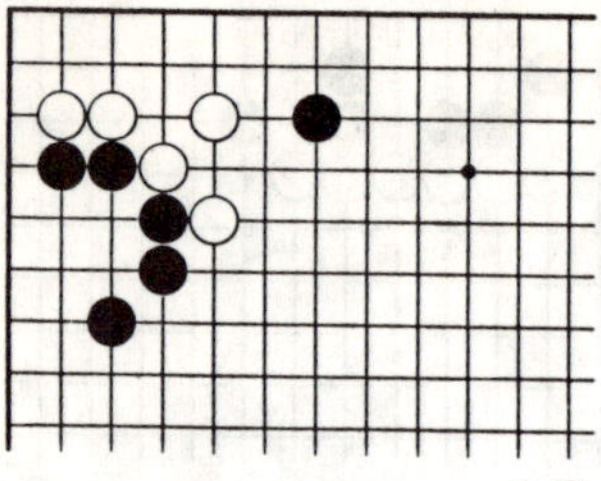

1도

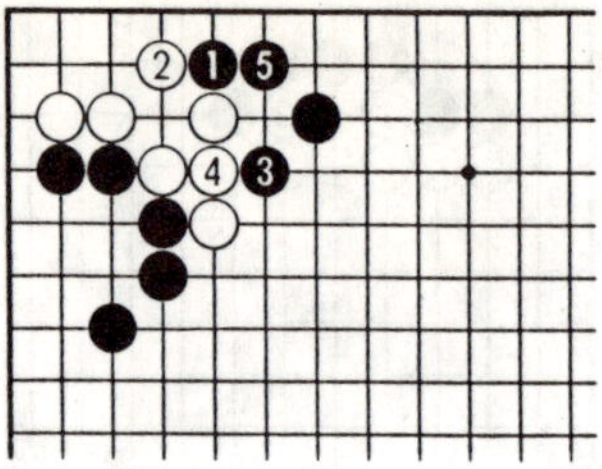

2도

1도〈흑선〉

귀의 백에 대하여 어떻게 두어야 할까? 수순이 문제이다.

2도〈정해〉

흑1의 붙임에서 백2, 흑3의 엿봄까지이다. 5의 뻗음까지 귀의 백은 2집을 낼 수밖에 없다.

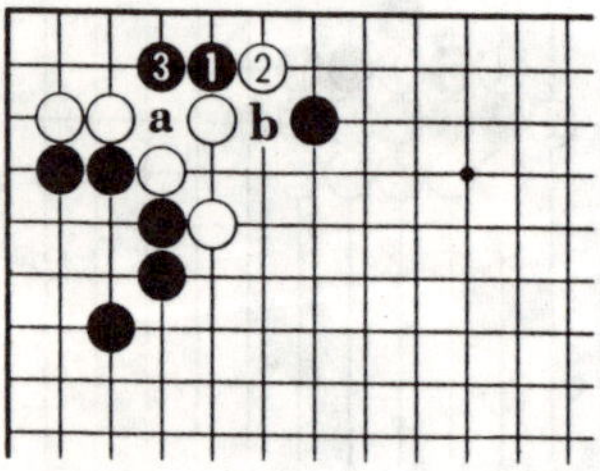

3도

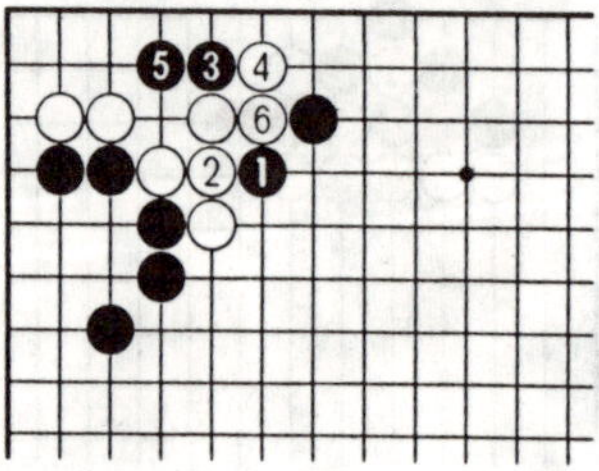

4도

3도〈정해〉

흑1의 붙임에 대하여 백2의 젖힘은 무리이다.

흑3의 뻗음으로 a, b의 곳이 맞보기이다.

4도〈수순전후〉

흑 1의 엿봄부터 두는 것은 흑3의 붙임에서는 4의 젖힘이 있다. 이점이 강수이다. 수순이 앞뒤로 바뀌고 있다.

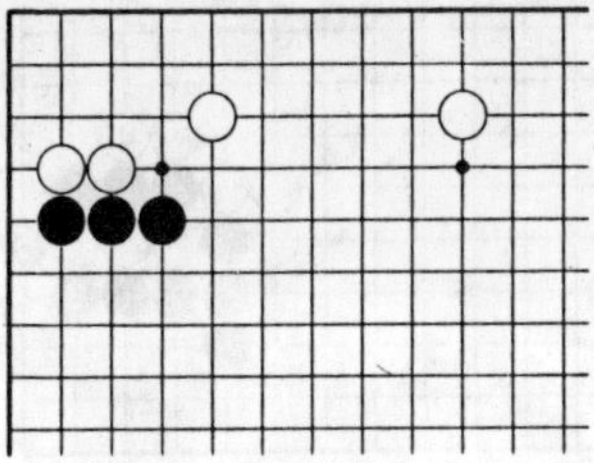

1 도

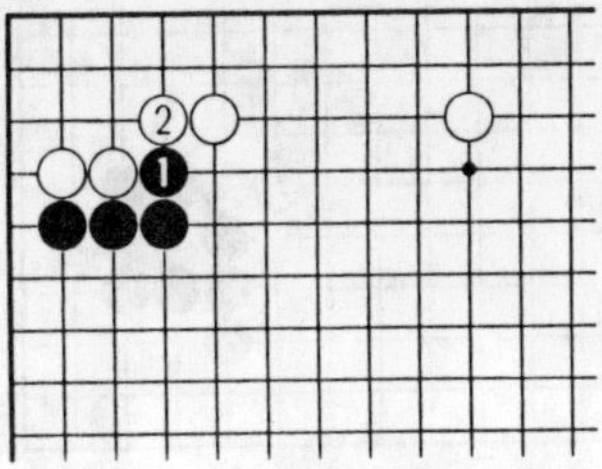

2 도

1 도〈흑선〉

귀의 백에 대하여 흑이 어떻게 두어야 할까?

모양의 급소를 찾아야 한 다.

2 도〈속맥〉

흑 1로 두는 것은 속맥이다. 이것은 전형적인 악수의 하나이다. 이것은 맛이 나쁘다.

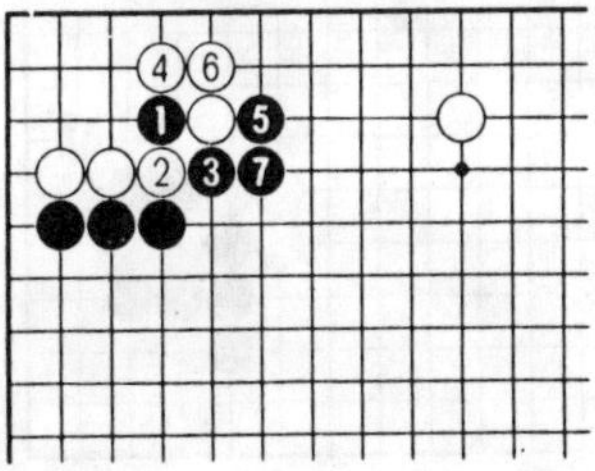

3 도

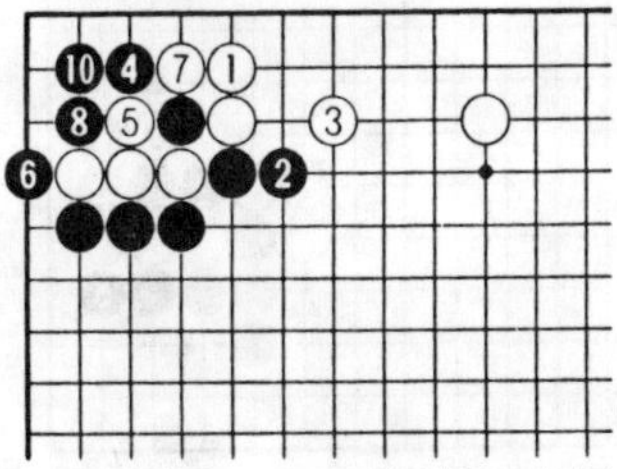

⑨ 이음 4 도

3 도〈정해〉

흑 1의 건너붙임이 맥이다. 백 2에는 흑 3이다. 이하 7까지이다. 모양을 만든다.

4 도 전도의 붕쇄를 겸하는 백 1의 내려섬은 흑 2의 뻗음이다. 이것은 4 이하의 끝내기의 수순이 있다.

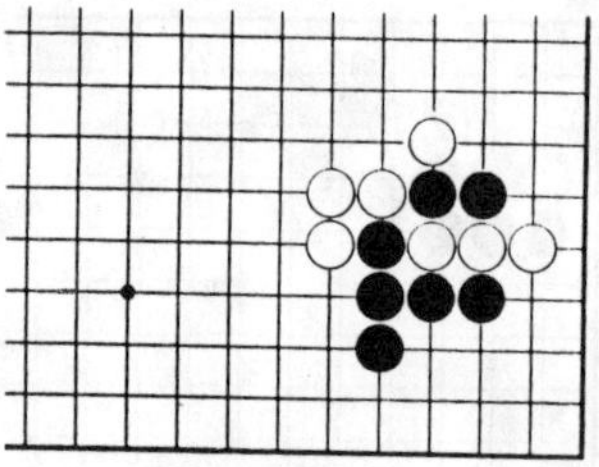

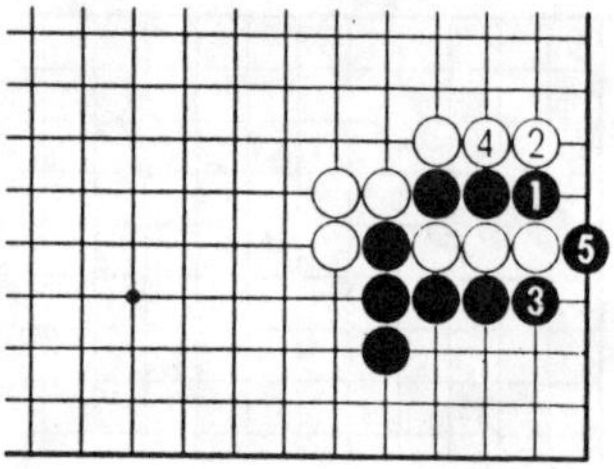

1 도〈흑선〉

백 3 점을 잡는 문제이다. 어떻게 잡을까 하는 것이 문제이다.

2 도〈흑 안이하다〉

흑 **1**로 그냥 내리는 것은 안이한 방법이다. 백 **2**의 붙임에서 **4**까지 봉쇄를 당한다.

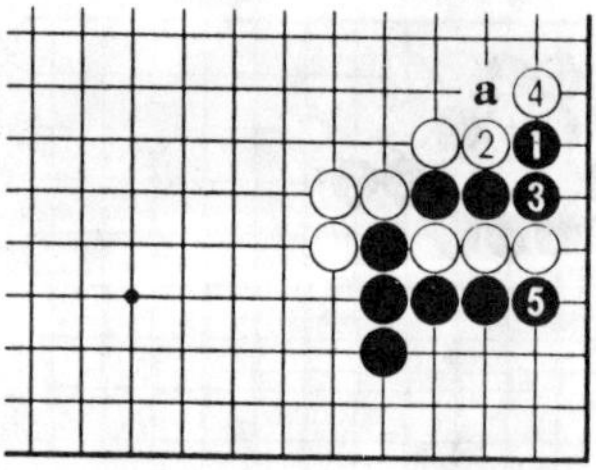

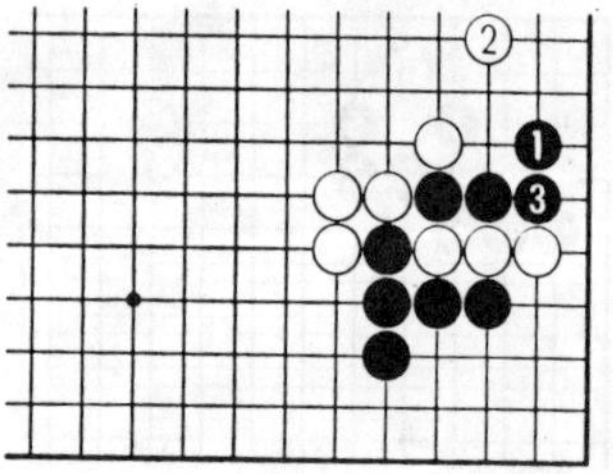

3 도〈정해〉

정해는 흑 **1**의 마늘모이다. 전도에 비하여 백은 a의 곳의 단점이 남는다. 흑이 이렇게 움직이는 것이 옳다.

4 도〈백의 차단〉

흑 **1**의 마늘모에 백이 차단하는 수법이다. 백 **2**의 마늘모에는 흑 **3**으로 둔다.

1 도〈흑선〉

백의 좌변 모양의 붙임정석이다.

흑 ⓐ와 백 ⓐ가 교환이 되어 있는 모양이다. 즉, 우형의 굴복이다. 공격을 계속하여야 하는 곳이다. 문제는 a의 단점을 어떻게 노리느냐 하는 점이다. b의 곳에 두는 것은 너무나 평범하다.

2 도〈정해〉

흑 1의 날일자이다. 백 2에는 흑 3으로 4를 강요하고 다음에 흑 5이다.

수순중 백 4로 5의 곳을 나가는 것은 흑 4로 두어 실리가 크다.

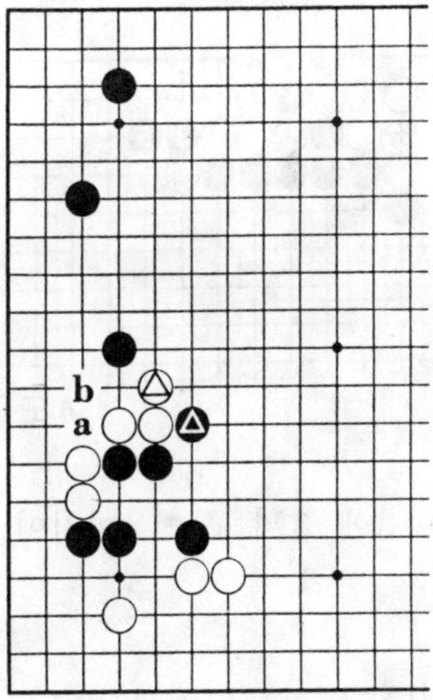

1 도

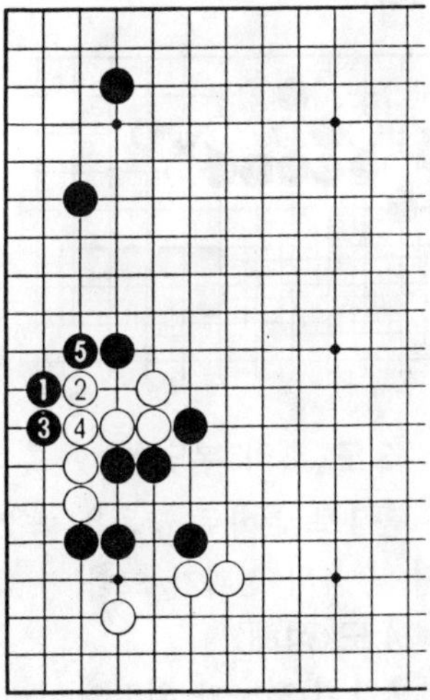

2 도

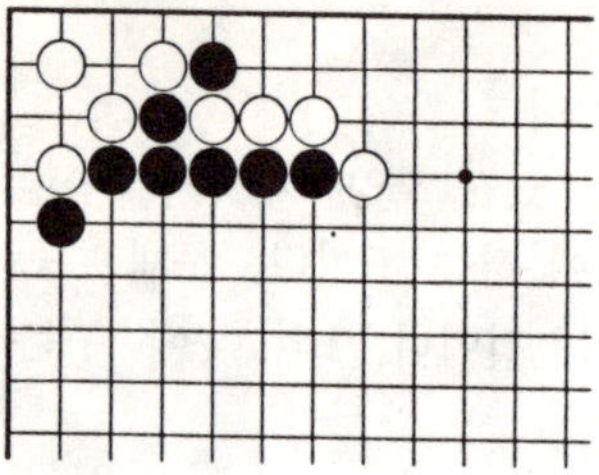

1 도

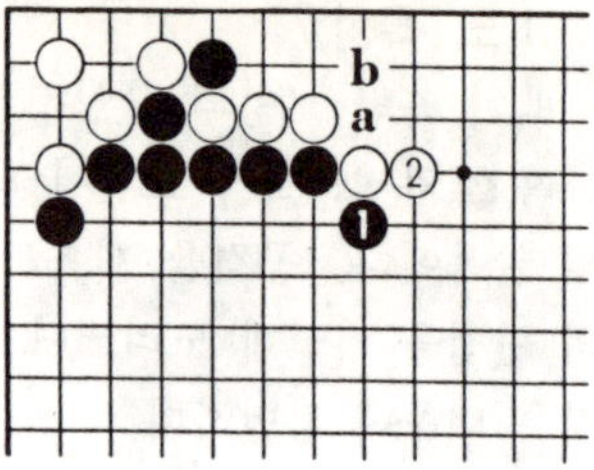

2 도

1 도〈흑선〉

백의 모양에 맛이 남아 있다. 흑의 수순을 생각하여 보자.

2 도〈속맥〉

흑 1의 젖힘에는 백 2의 뻗음이다. 이것은 속맥의 하나이다.

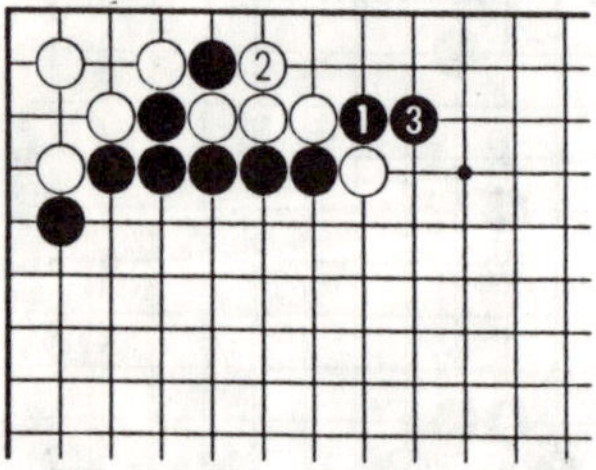

3 도

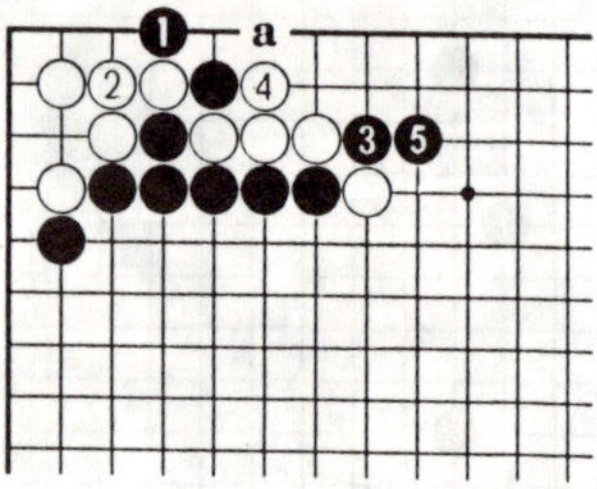

4 도

3 도〈흑의 부딪힘〉

흑 1로 곧바로 끊음은 백 2 다음에 3의 곳 뻗음까지이다. 흑의 전과가 크다.

4 도〈정해〉

흑 1의 단수가 외길의 수순이다. 이하 3, 5까지이다. 지금의 모양에서는 a의 곳의 젖힘으로 패의 맛이 남는다.

〔15〕 모양을 지킴

이런 모양에서의 수법은 고등전술의 하나이다. 상대의 나와 끊음을 역으로 찌르는 수법이다.

1도〈흑선〉

백a의 나오는 수가 있다. 이곳을 어떤 수로 두어야 할까?

a의 곳일까, b의 곳일까? 그것도 아니면 다른 수순이 있는 곳일까? 생각하여 보자.

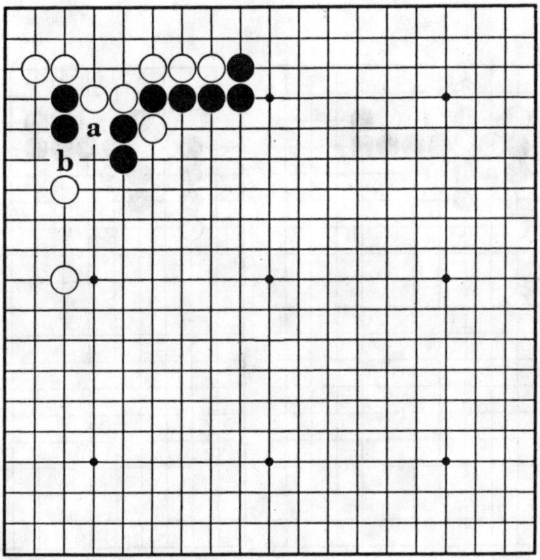

1도

2 도〈정해 1 〉

흑 1의 끊음이 모양의 한 수이다. 백 2의 단수이면 흑 2점이 a의 곳에 나와서 끊는 수는 없다. 물론 초급자라면 a, b의 곳을 이을 것이다.

여기에서는 선수와 후수에 상당한 차이가 있는 곳이다.

3 도〈정해 2 〉

백 2의 단수에서 흑 3의 지킴이다. 여기에서 이다음 흑 a의 내려섬에 백 b, 흑 c, 백 d의 선수 끝내기가 있는 곳이다.

최초에 흑 1의 끊음이 맥이다.

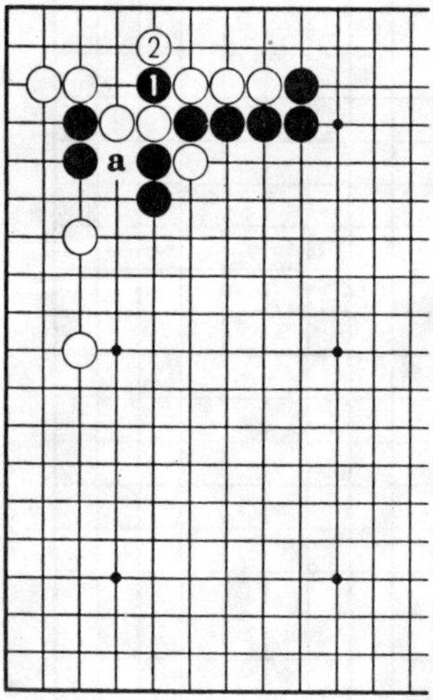

2 도

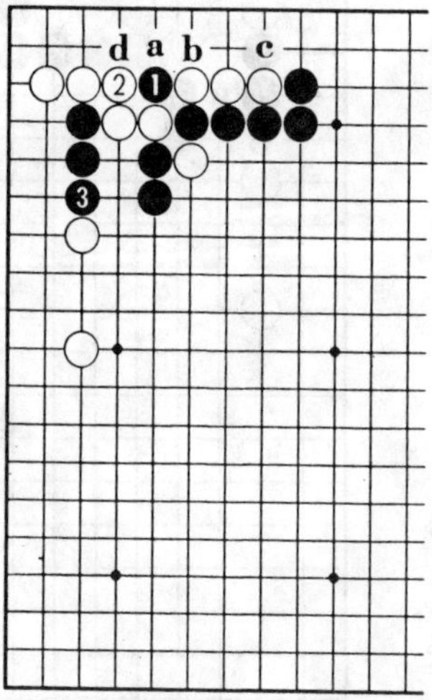

3 도

제3장

중반의 정석과 맥점

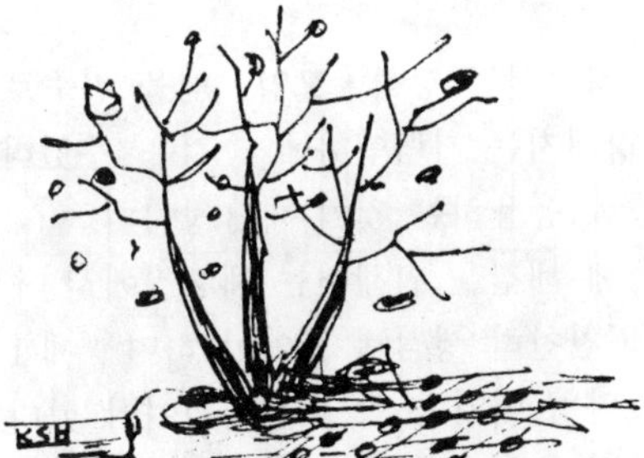

2 장에서는 정석 · 모양 · 맥을 위주로 하여 강해지는 기력연마에 중점을 두었다. 이것들을 응용하는 것이 제 3 장이다.

문제 해결을 위해서는 제 2 장에서 나오는 맥을 찬찬히 생각해 보아야 하며 제 1 감의 급소와 끝내기를 항상 생각하여야 한다.

그렇다면 자연히 돌의 흐름과 모양의 급소를 찾는데 실력은 인접을 할 것이다.

제 1 문 흑선

실전에서 자주 나타나는 모양이다. 흑 1의 부딪힘에 백 2이다. 이후의 진행을 나타내보자.

중반의 돌의 방향에 따른 기본적인 생각이 문제이다.

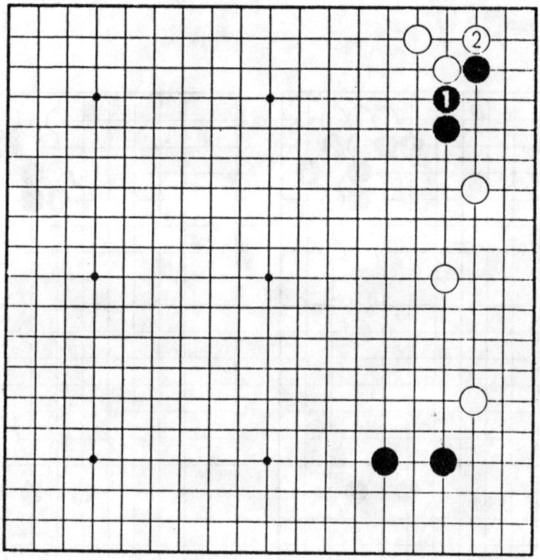

제 1 문

제 1 문 해답

정해〈바깥쪽 단수〉

흑 1 의 단수에서 7 까지 움직이는 방법이다.

사활이나 끝내기의 모양에서는 제외가 된다. 본도의 결과는 백은 귀에 실리를, 흑은 외세를 얻고 있다. 흑의 유리로 수순중 5, 7이 맥이다.

실패

흑 1 로 귀쪽을 내리는 것은 실패이다. 백 4 까지 조화가 있는 모양이다. 백의 모양이 완벽하다. a 의 곳의 급소가 남는다.

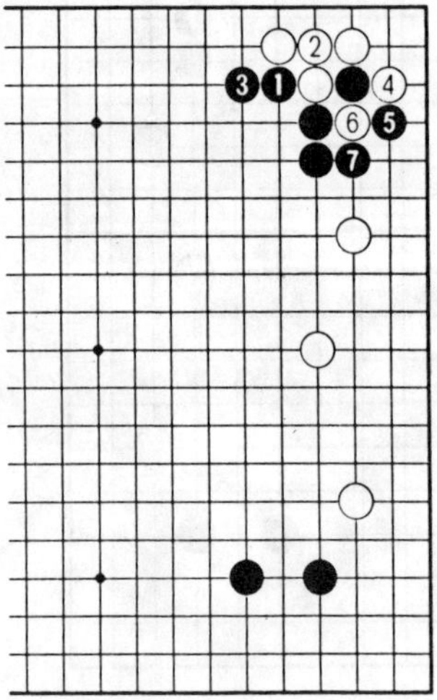

정해

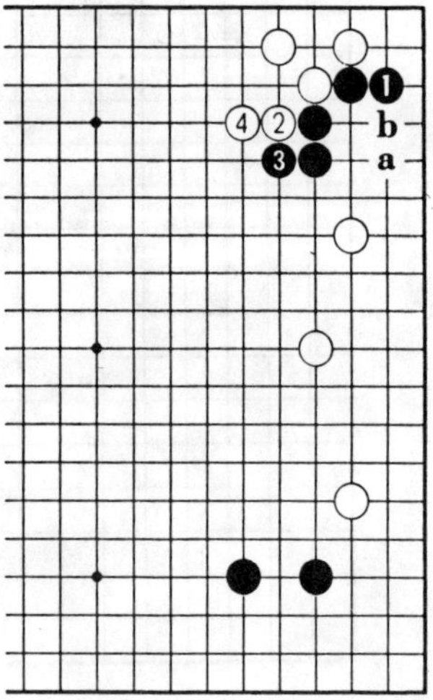

실패

제 2 문 흑선

이것은 붙여 뻗는 정석이다. 이 모양에서는 흑 ◬의 다가섬이다. 백이 a의 곳에 벌려잇지 않음을 유의하여야 한다.

제 1 착이 중요하다. 어느 곳에서부터 시작을 하여야 할까?

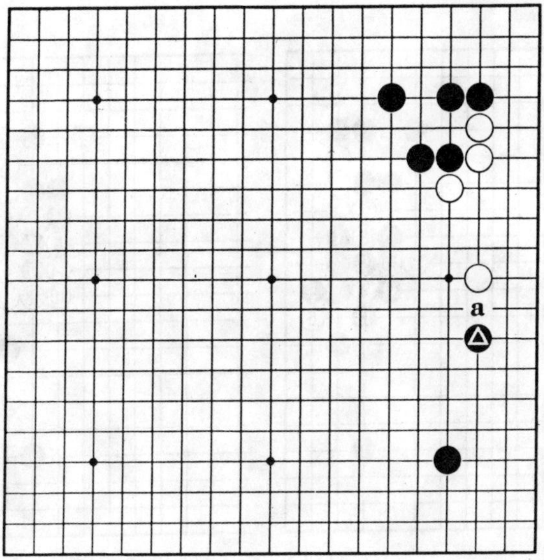

제 2 문

제 2 문 해답

정해 1

흑 1의 침입이다. 백 2의 이음에서 흑 3의 부딪힘까지이다. 이곳이 강렬한 수이다. 백 4 이하 13까지 파탄이다.

백 2 로 8이면 흑 3, 백 9, 흑 5로 된다.

정해 2

전도의 변화이다. 백은 2에서부터 사석작전을 펼친다.

백a 의 조임을 남기고 22의 침입까지이다. 주위의 상황에 따라 검토를 하여 결행을 한다.

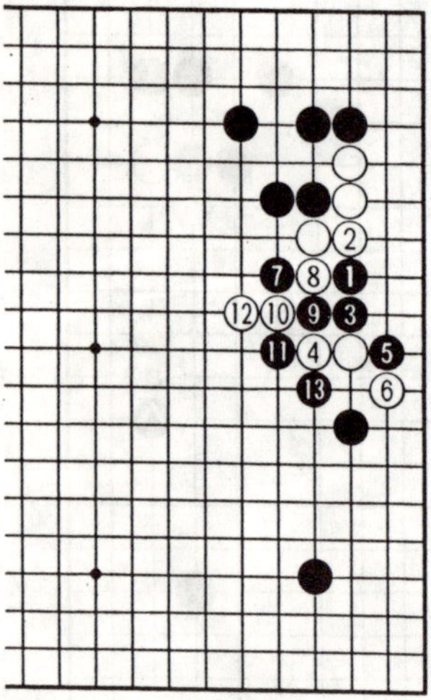

정해 1

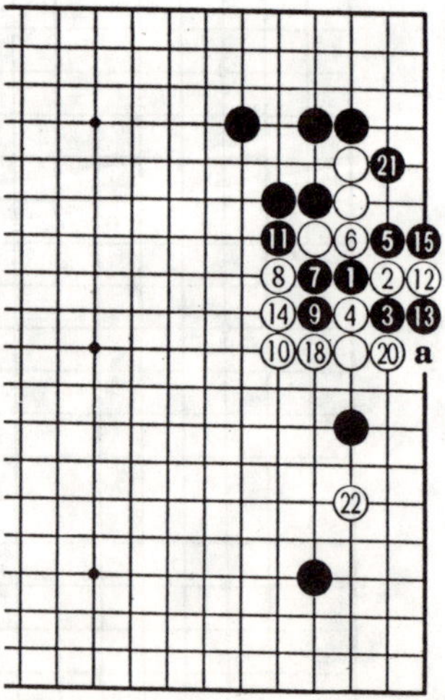

⑯ 먹여침 ⓱ 따냄 ⓳ 이음 정해 2

제 3 문 흑선

백 1의 붙임이다. 이것은 상수가 두는 상투수단이다.

흑 2의 젖힘에서 4의 단수까지이다. 백 5의 뻗음까지 일단락이다. 흑은 다음에 어떻게 두어야 할까?

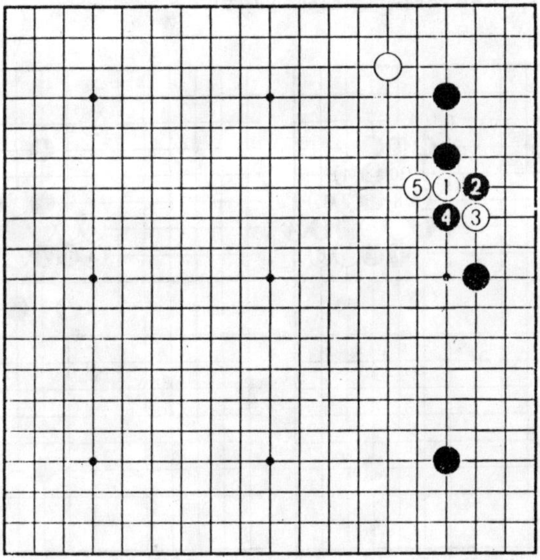

제 3 문

제 3 문 해답

정해 1

정해의 제 1 보는 흑 1 의 올라섬이다.

백 2, 다음에 4 에서 6 까지 흑 2 점을 공격하면 흑은 13까지 선수로 조인다. 수순중 7, 9 와 11 의 장문이 필요하다. 백14로 따내면 먹여친 다음 a 의 곳을 젖히는 수순이 좋다.

정해 2

전도의 백 4 로는 백 1 의 뻗음이 보통이다. 3 의 곳 꼬부림은 선수로 외세를 만드는 수이다.

이에 대한 선택권도 백에게 있다.

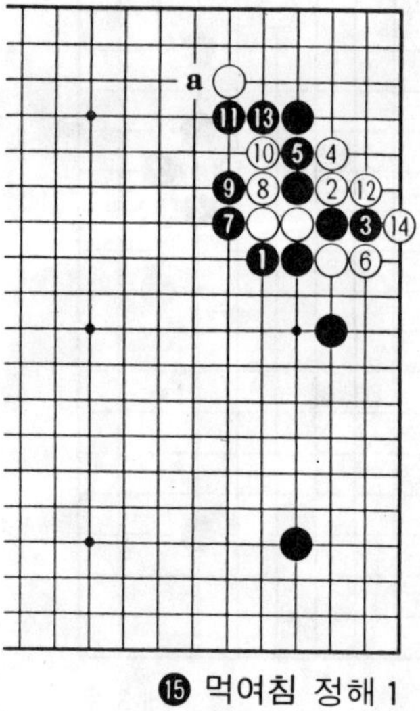

⓯ 먹여침 정해 1

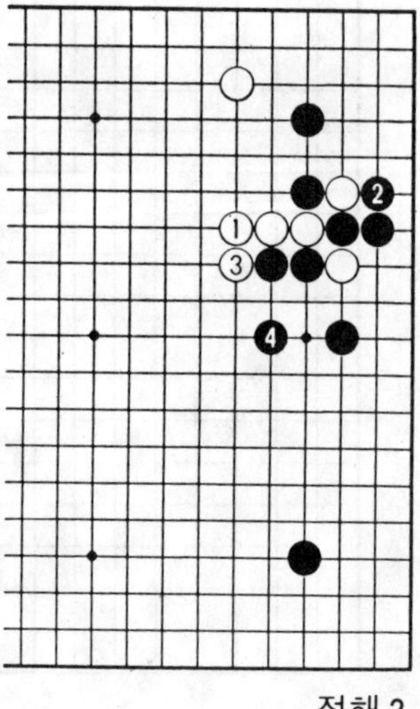

정해 2

제 4 문 백선

이것도 실전에서 많이 볼 수 있는 모양이다. 흑 1로 넓히는 수이다. 이에 대하여 백은 우변을 어떻게 받아야 하는가? 한 수로 본수를 나타내야 한다.

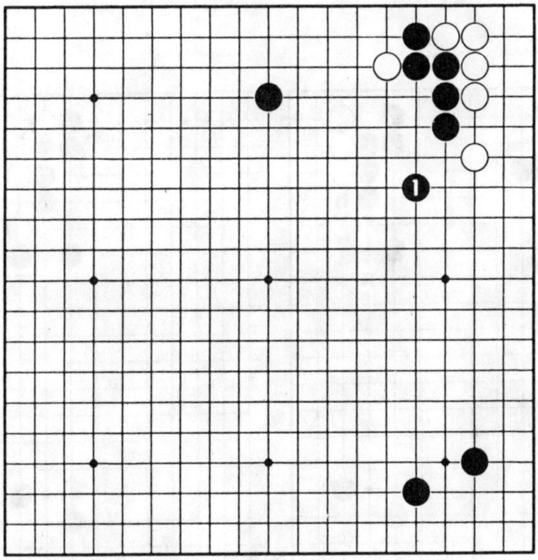

제 4 문

제 4 문 해답

정해

백 1의 늘음이 본수이다. 일견 둔중해 보이긴 하지만 모양의 한 수이다.

백이 a의 곳에 받으면 흑b의 나가는 수와 1의 곳에 붙이는 수가 있다.

참고도

백이 손을 뺀다면 흑 1의 붙임이 있다. 백 2로 저위여서 굴복이다.

절대 피하여야 할 모양이다.

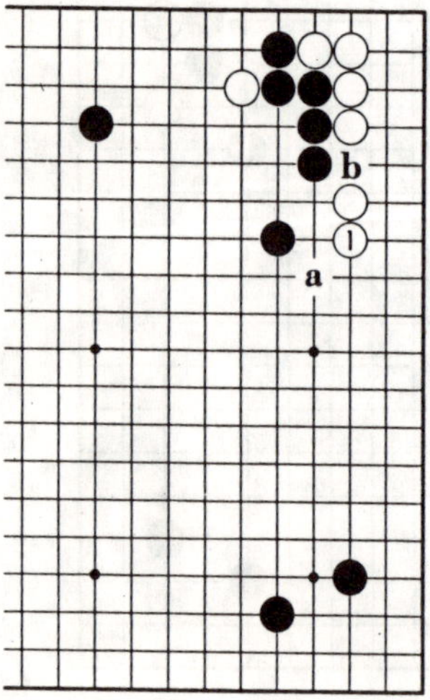

정해

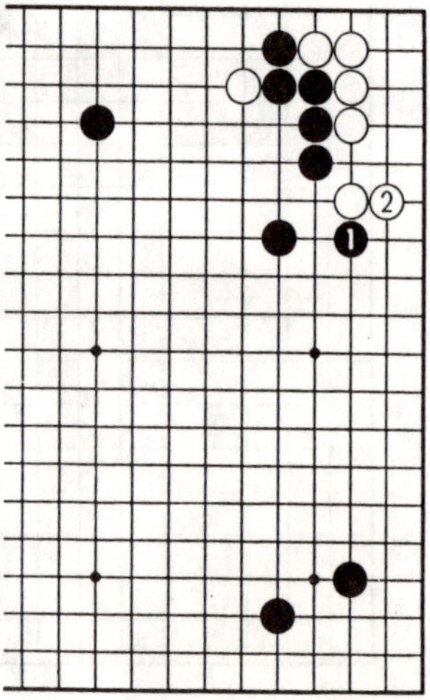

참고도

제 5 문 흑선

흑 1 의 부딪히는 수이다. 백의 머리에 부딪히는 수는 흔하지가 않다.

여기서 백은 2 의 곳으로 차단하였다. 이곳을 4 수 정도 표시를 하여보자.

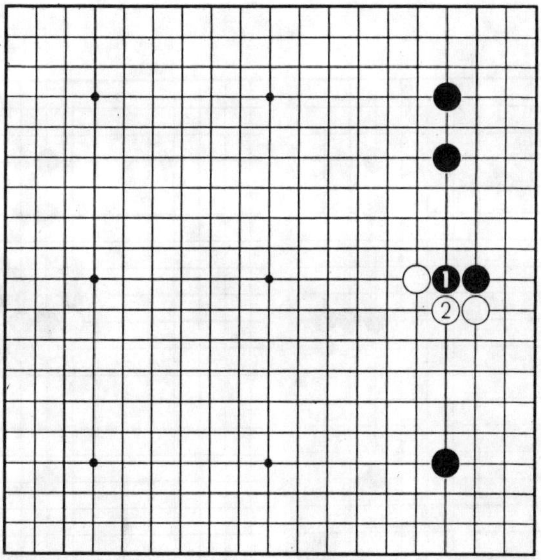

제 5 문

제 5 문 해답

정해

흑 1, 3의 젖혀 이음이 절대의 한 수이다. 2점 머리를 맞는 모양에서 흑 1, 3은 긴요하다.

흑 모양이 결점이 없이 단단해 보인다.

실패

흑 1로 두는 것은 실패이다. 초급자는 의외로 많이 둔다.

백 6까지 된 모양에서 흑은 a의 곳의 끊음이 남는다.

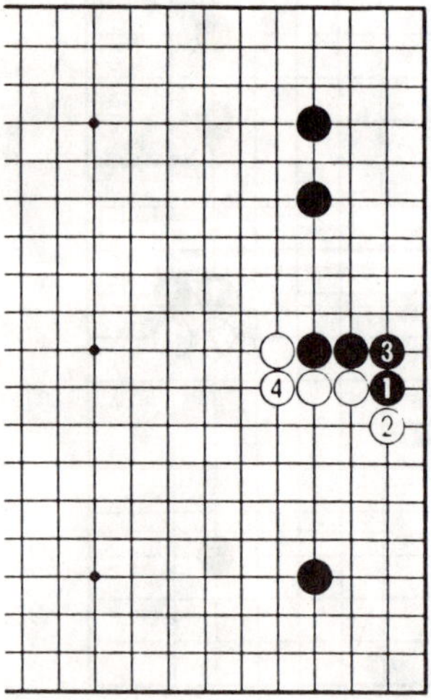

정해

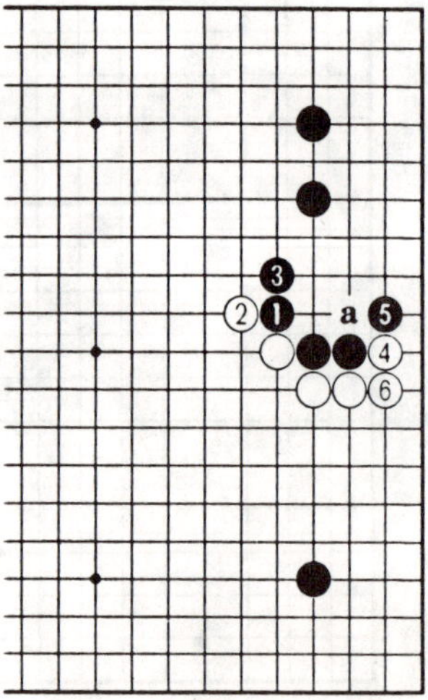

실패

제 6 문 흑선

앞 문제의 원래의 도형이다. 백 1로 붙이는 것은 실전에서 많이 두는 수이다. 이에 대하여 흑의 응수는?

흑a로 나감은 앞문제와 비슷하다.

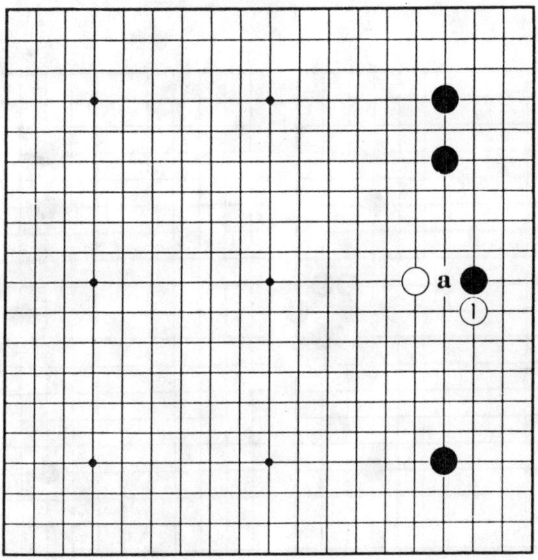

제 6 문

제 6 문 해답

정해 1

붙이거든 젖히라는 격언이다. 이 격언을 반추하여 보면 제 1의 수가 중요하다.

흑 3에 백 8까지 모양이 완성이 된다.

정해 2

백 2의 뻗음에는 흑 3의 벌림이다.

흑 3으로 a의 곳 뻗음은 주위의 상황에 따르는 수이다.

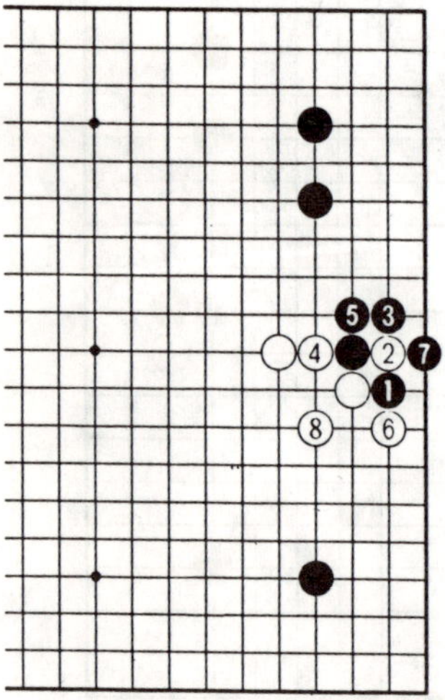

정해 1

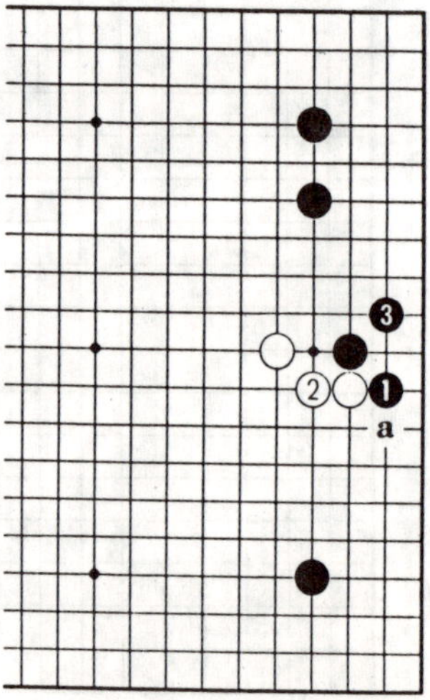

정해 2

제 7 문 흑선

쌍방 모양이 완성이 되지 않은 상태이다. 흑은 어떻게 두어야 할까?

일단은 자기를 지키는 모양이 필요하다. 어쨌거나 공격과 수비의 양쪽에서 싸우는 것이 이상적이다.

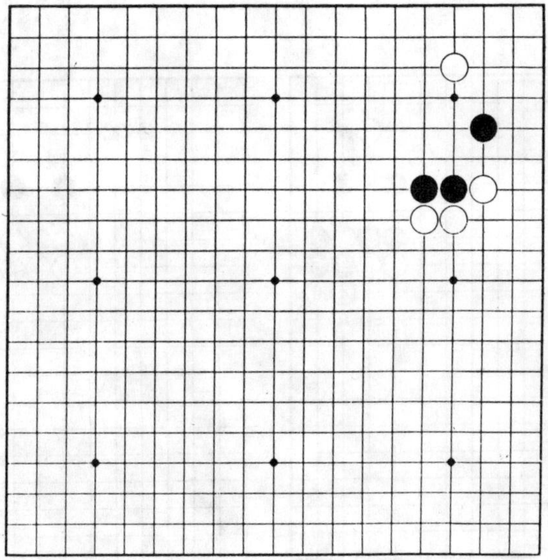

제 7 문

제 7 문 해답

정해

흑 1의 뜀이 모양이다. 백 2에서 흑 3의 끊임. 7까지이다. 백 2로 a는 3의 끊임이다. 이것은 흑b로 둔다. 3의 끊음과 b가 맞보기이다. 이 모양을 정비한다.

실패

흑 1의 뻗음도 백이 2의 곳을 잇는다. 흑 3에는 백 4의 지킴이다.

백 2의 이음에서 결국 흑은 3의 곳을 지킬 수밖에 없다.

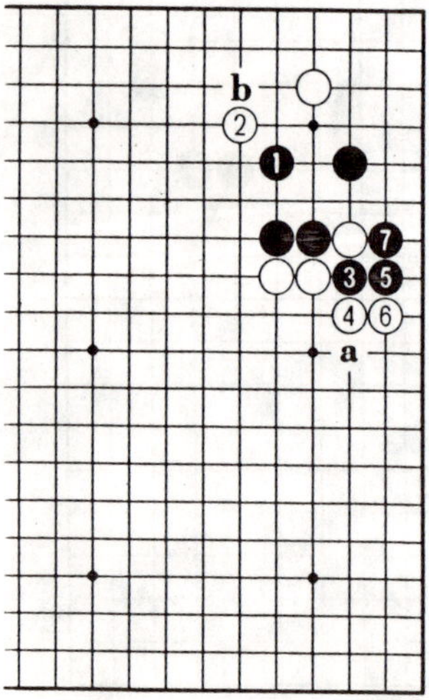

정해

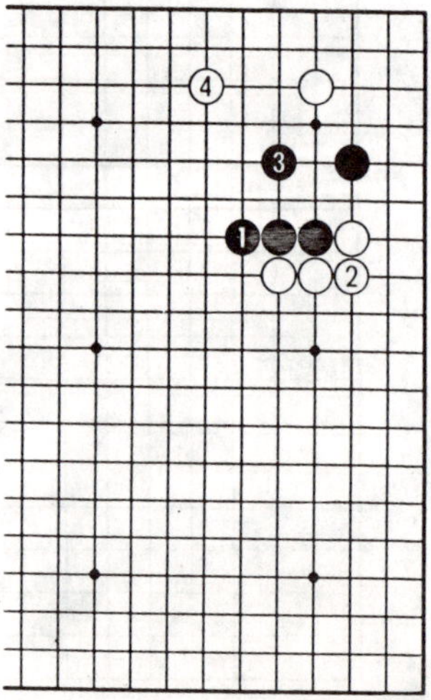

실패

제 8 문 흑선

백 1 의 급소에 다가섬이다. 변의 백에 공격하는 수순을 찾아야 한다.

흑이 a 의 곳을 잇는 것은 나쁘다. 어떤 무리를 응징할 수 있을까?

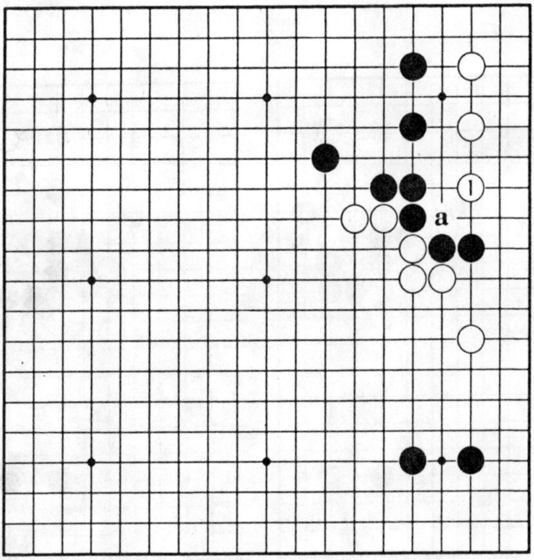

제 8 문

제 8 문 해답

정해 1

흑 1의 엿봄이 맥점이다. 이것은 고등전술이다. 백 2의 이음에는 흑 3으로 둔다. 이것은 후수이다. 나중에 흑a로 두는 것이 크다.

정해 2

흑 1에 백 2의 내려섬이다.

여기에는 흑 3으로 막는 수이다. 흑 1의 뻗음이 성공이다.

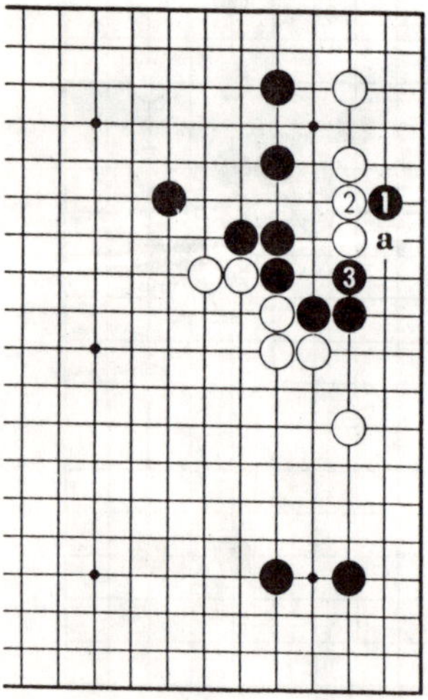

정해 1

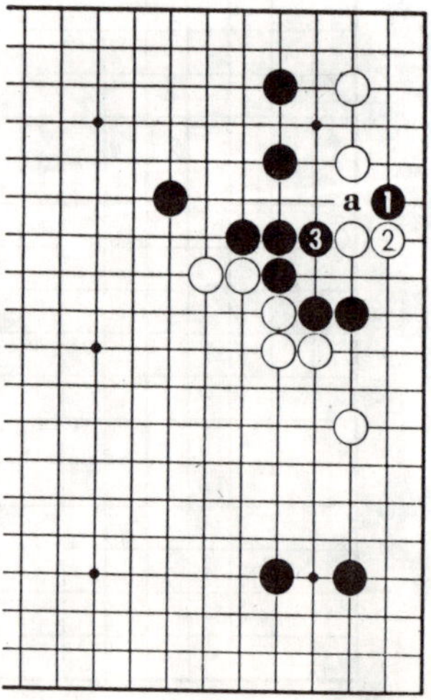

정해 2

제 9 문 흑선

전도와 같은 엿봄의 문제이다.

흑a의 끊음을 노리며 백 1로 다가왔다.

이것도 모양의 하나이다. 흑은 여기에서 어떻게 두어야 할까?

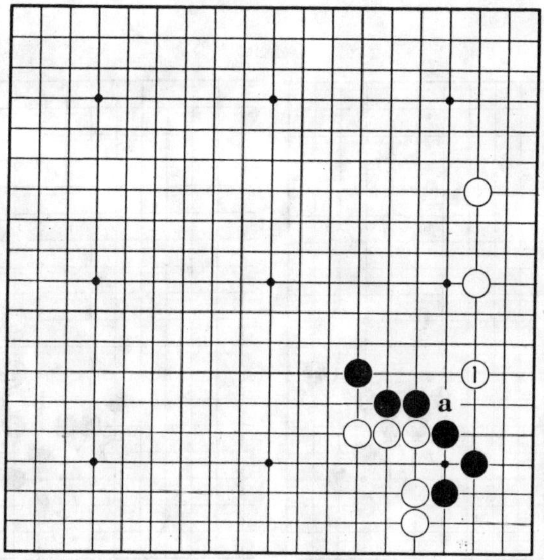

제·9 문

제 9 문 해답

정해 1

흑 1의 엿봄에서 시작한다. 이곳이 맥점이다. 백 2의 내려섬에는 흑 3으로 두는 수이다. 즉시 흑a로는 두지 않는다. 백이 a의 곳을 두지 않으면 흑은 a의 곳을 둔다.

정해 2

흑 1에 대하여 백 2의 늘음이다.

흑 3에 응수한다. 백이 손을 빼면 a의 곳을 둔다.

백b로 두면 흑c로 잇지 않을 수 없다.

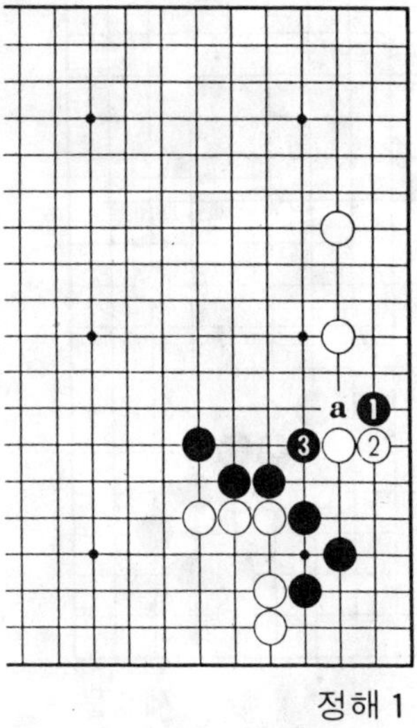

정해 1

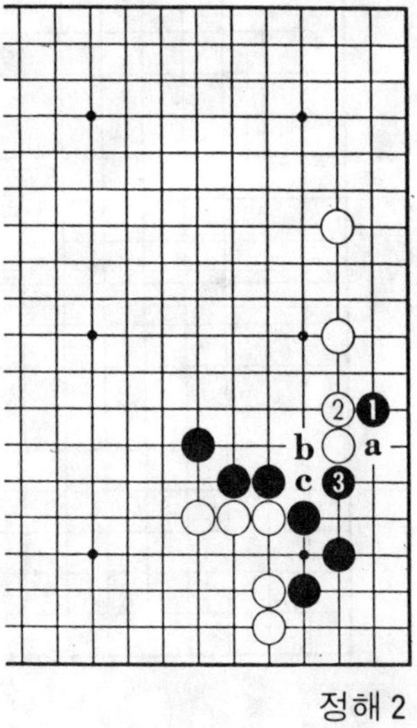

정해 2

제10문 흑선

백 1로 진출을 하였다. 실전에서 자주 나타나는 모양이다. 이런 곳을 쉽게 알 수 있다면 대단한 노고와 경험이 필요하다.

바른 응접은? 이것도 테크닉의 하나이다.

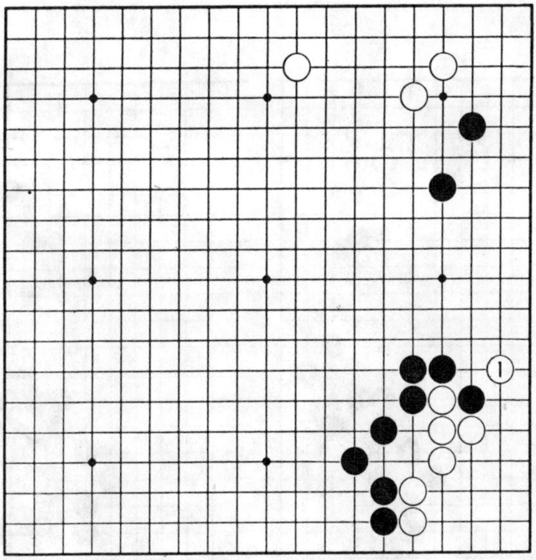

제10문

제10문 해답

정해

흑 1의 곳이 맥이다. 백 2에는 3의 곳으로 둔다. 백a에는 흑b로 둔다.

여기에서 흑 1에 대하여 c의 곳을 백이 젖히면 흑a와 2의 곳 다음에 귀의 생사가 문제된다.

실패

흑 1, 3으로 응수하는 수를 생각할 수가 있다.

여기에는 백a의 엿봄, b의 곳 붙임 등이 남아 있는 곳이다.

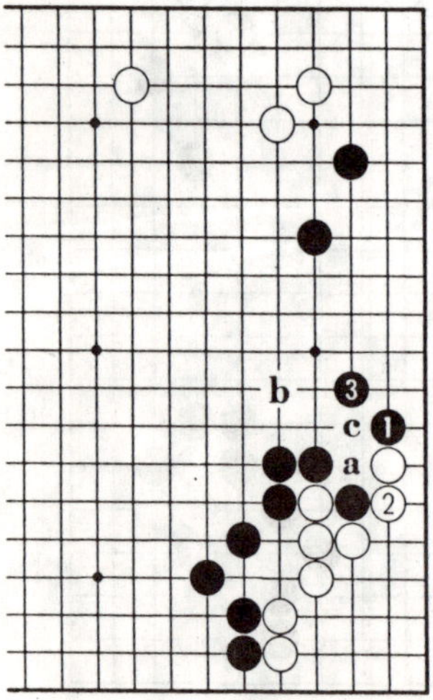

정해

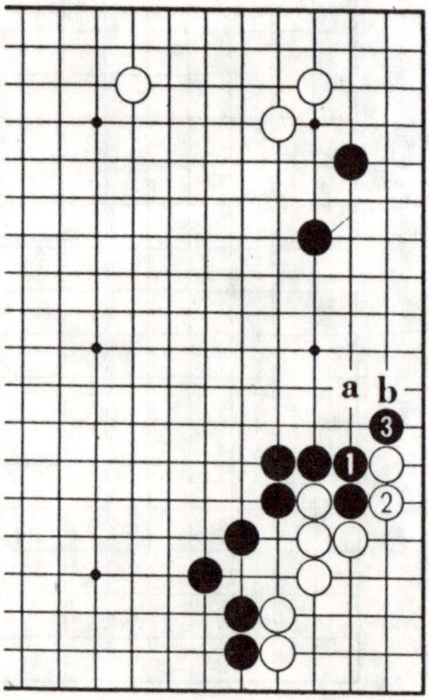

실패

제11문 흑선

돌의 사석을 이용하는 것이 문제이다.

조금 복잡한 것 같지만 자주 나타나는 모양이다. 간단하게 생각하면 만만치가 않다.

본 문제도 기본적인 문제이다. 백 1의 끊음에서 흑의 응수가 쉽지 않다.

자, 어떻게 두어야 할까?

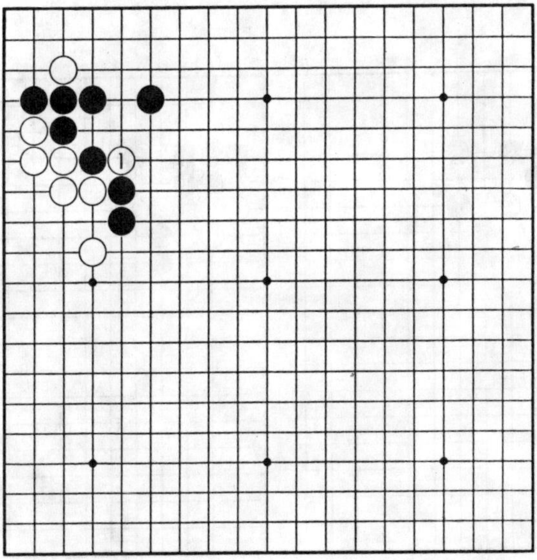

제11문

제11문 해답

정해

처음에 단수하는 것이 중요하다. 여기에서 바둑의 기력을 높이는 것이 중요하다. 돌을 어떻게 이용하여야 할까?

흑 1이 옳은 방법이다. 흑 ▲를 폐석으로 이용한다.

실패

흑 1로 두는 수는 백 2로 뻗어 가치가 있다.

백의 요석을 잡을 수가 없어서 고전이다. 돌의 수효가 많다고 하여도 한 점을 사석으로 이용하는 것이 좋다.

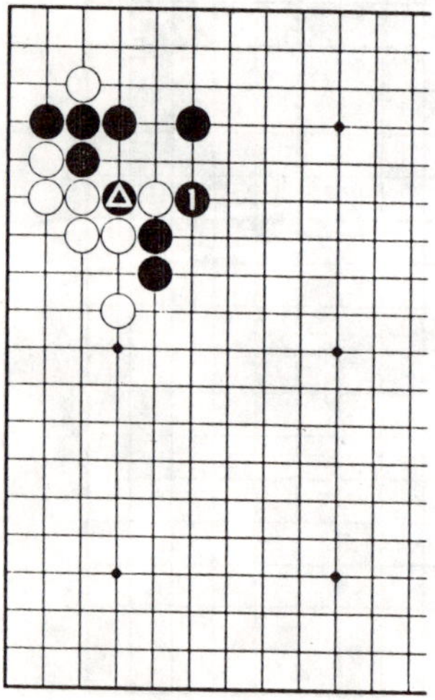

정해

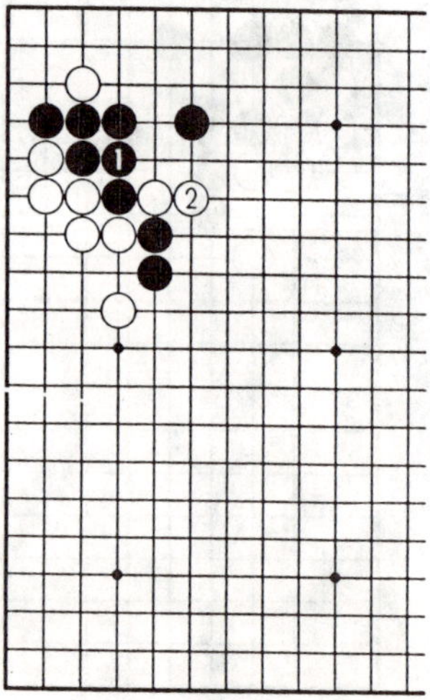

실패

제12문 흑선

흑은 a의 곳 단점이 있다.

흑a의 끊음을 방지하며 백을 공격하는 효과적인 수단이 없을까? 조화있는 모양이 필요하다.

여기에서도 a의 곳을 잇는 것은 실패이다.

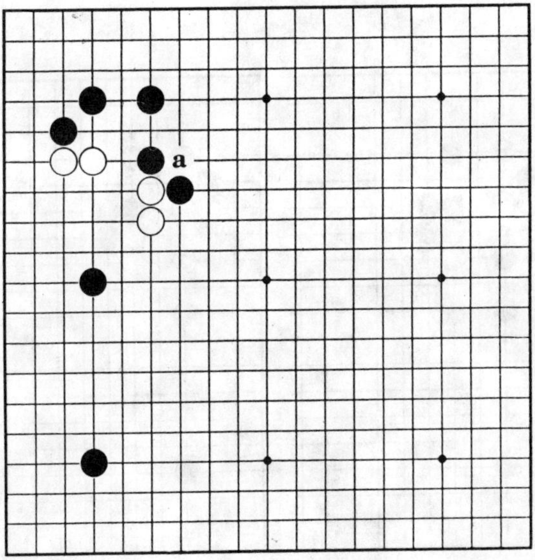

제12문

제12문 해답

정해

흑 1로 다가서는 수가 맥점이다. 백 2에는 3으로 잇는다. 3의 이음이 조화가 있는 모양이다.

백 2로 a이면 흑b, 백c로 움직인다.

실패

수순을 바꾸어 흑 1부터 먼저 두는 것은 백 2의 이음이다. 전도와는 반대의 형태다.

쌍방의 급소는 1의 곳(백 2)이다.

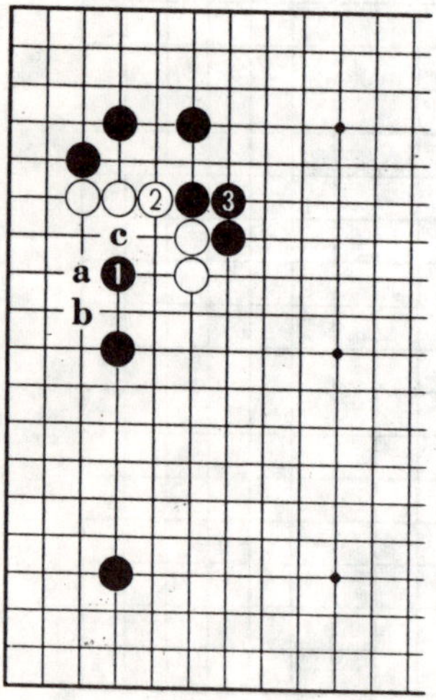

정해

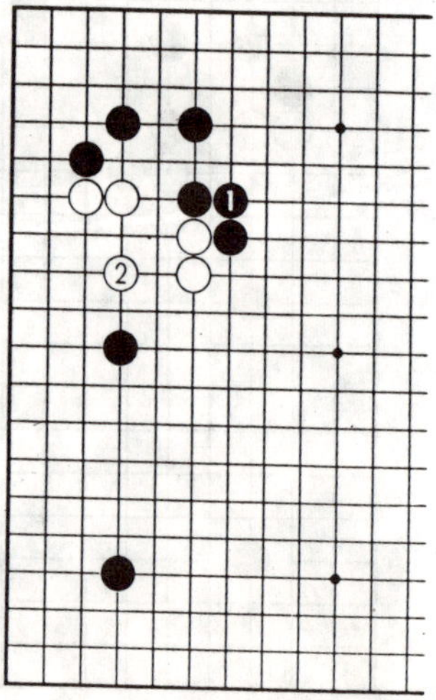

실패

제13문 흑선

돌의 기본적인 돌에 관한 문제이다.

백 1은 두터운 꼬부림이다. 여기에서는 상식적인 수가 필요하다.

이 모양에서 한 수로 나타내 보자.

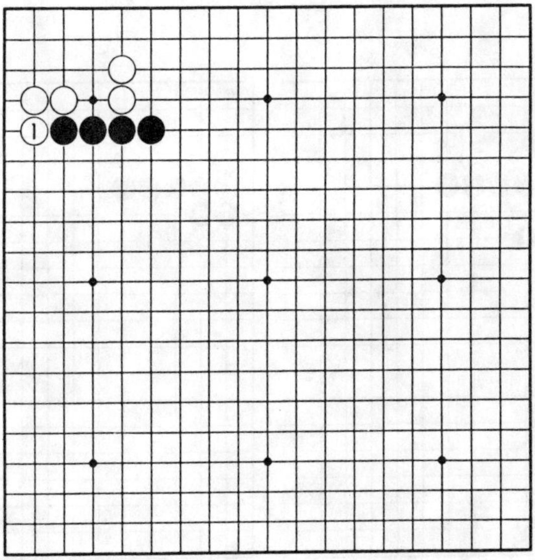

제13문

제13문 해답

정해

흑 1의 한칸이 정해이다. 평범한 수인 것 같지만 이 점이 기본적인 돌의 모양이다.

이런 자리가 모양의 상식이다.

실패

흑 1의 젖힘은 실패이다.

흑 1은 백 2의 약점의 노림에서 4의 뜀까지이다. 기분 나쁜 맛이 있는 곳이다.

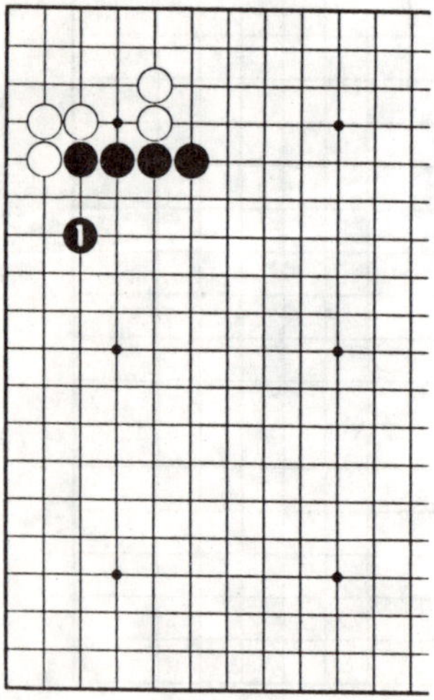

정해

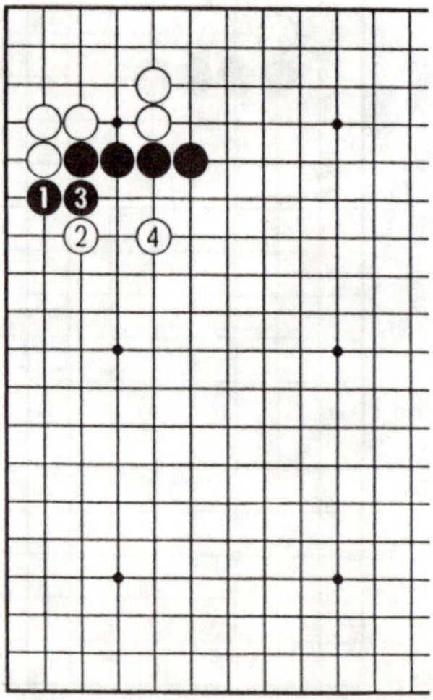

실패

제14문 흑선

고급스런 맥점이 있다. 흑은 일승 포위가 되어 있다. 좌변을 살려야 하는 과제가 있다.

어쨌거나 탈출을 도모하여야 하는데 흑은 어떻게 두어야 할까?

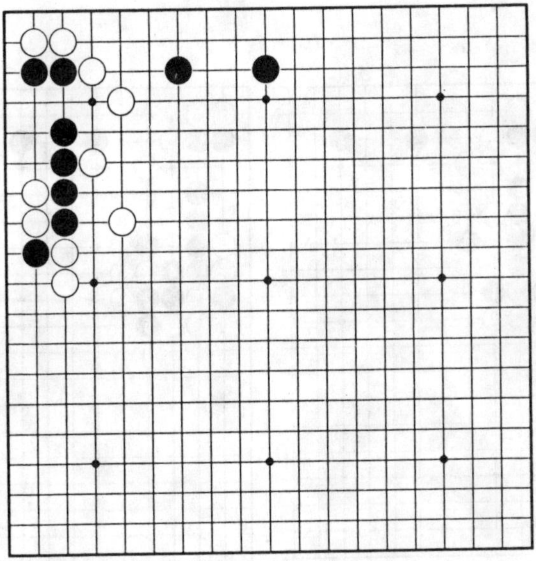

제14문

제14문 해답

정해 1

포위가 되어 있는 모양에서 흑이 삶을 구하는 수는 흑 1의 선수가 당연하다.

다음에 흑이 3의 곳을 건너 붙인다.

정해 2

전도의 다음에 백 1에서 3으로 흑을 봉쇄하는 것은 흑 6까지 무리이다.

다음에 흑은 a의 곳을 젖히는 수와 b의 곳을 뻗는 수를 맞보기로 한다.

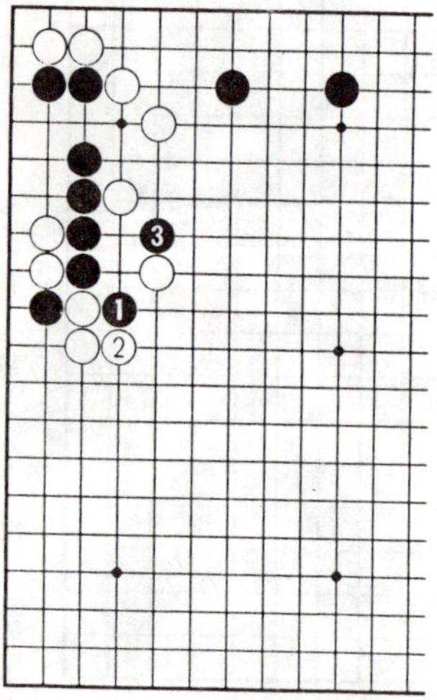

정해 1

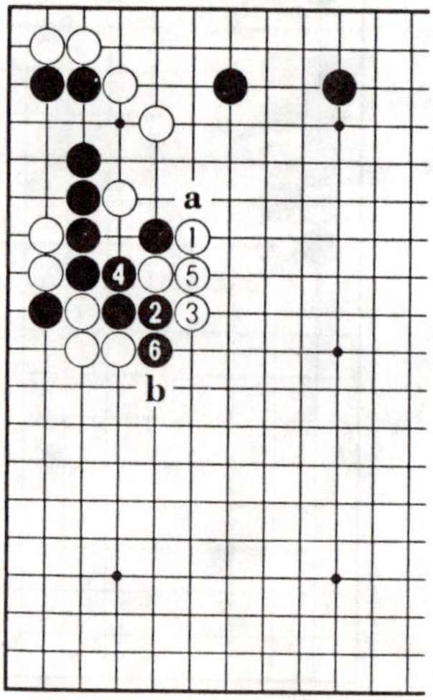

정해 2

제15문 흑선

흑백이 서로 대치하여 있는 모양이다. 흑은 돌을 사석으로 이용하는 작전이 필요하다.

가볍게 생각하면 안된다. 본 문제는 실전에서도 자주 나타나는 모양이다.

기본 테크닉을 습득하여 보자.

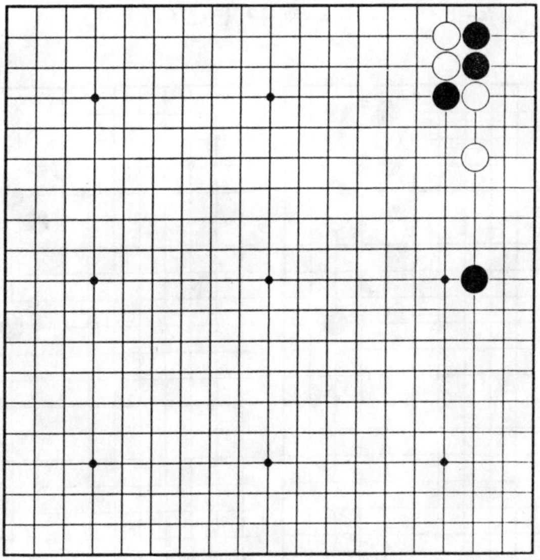

제15문

제15문 해답

정해

여기에서는 흑 1의 껴붙임이 급소이다.

백 2는 외길의 한 수이다. 흑 3의 조임은 놓칠 수가 없는 곳이다. 다음에 흑은 5의 곳을 젖힌다. 이것이 테크닉의 기본이다.

참고도

흑 1의 뻗음으로서는 실패이다. 백은 2의 곳을 붙이는 것이 좋은 수이다.

흑은 7까지 돌파할 수가 있지만 원래의 목적과는 다르다. 전도의 테크닉으로 움직이는 것이 좋다.

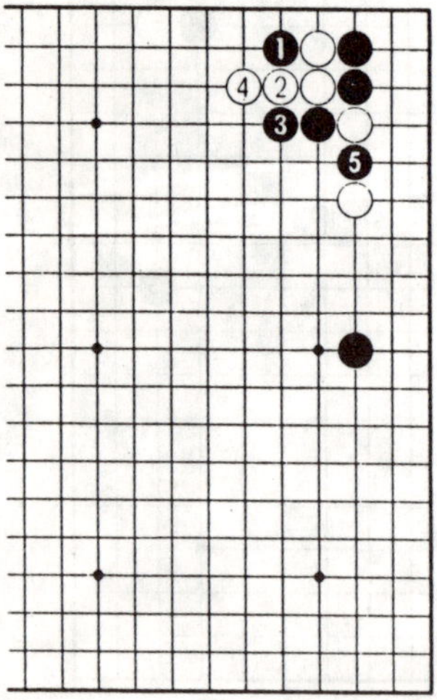

정해

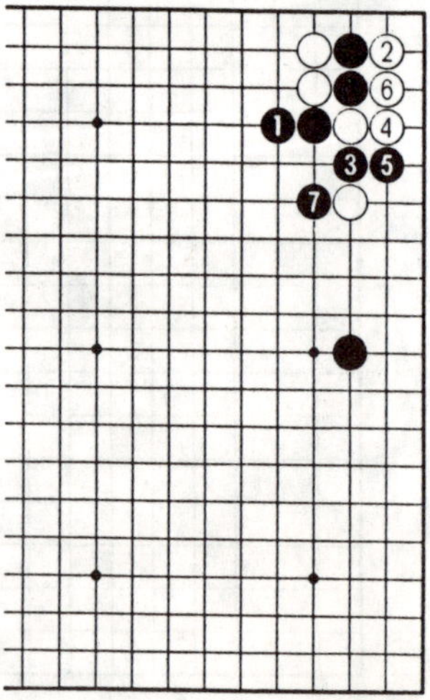

참고도

39. 초보자를 위한 중반전의 기술

2013년 3월 15일 인쇄
2013년 3월 30일 펴냄

옮긴이/ 프로바둑연구회
펴낸이/ 최 상 일
펴낸곳/ 구.진화당(태을출판사)
서울특별시 중구 신당6동 52-107 (동아빌딩내)
등록/1973년 1월 10일(제4-10호)

■ 주문 및 연락처
우편번호 100-456
서울특별시 중구 신당6동 52-107 (동아빌딩 내)
전화 / 2237-5577 팩스 / 2233-6166

ISBN 89-493-0355-8 13690